Hans-Wolf Steinig

Jeder Tag ein Abenteuer

Unsere Weltumseglung
mit der „Seven Seas"

DELIUS KLASING VERLAG

ISBN 3-7688-0567-0

© Copyright by Delius Klasing & Co, Bielefeld
Zeichnungen: Hans-Wolf Steinig
Fotos: Hans-Wolf und Brigitte Steinig
Klaus Mumme, Alfred Sauser
Printed in Germany 1987
Druck und Bindung: Clausen & Bosse, Leck

Unserer Familie gewidmet
und all denen,
die uns in Gedanken oft
bangend begleiteten

KAPITELÜBERSICHT

Folgenschwere Entscheidung

Februar 1969. Der Gedanke, mich in das Heer geplagter Bootseigner einzureihen, komplizierte Knoten und die nicht minder komplizierte Seemannssprache zu pauken, liegt mir genauso fern wie die Absicht, jemals eine längere Seereise zu machen. Von der Idee einer Weltumseglung auf eigenem Kiel ganz zu schweigen.

Zwei Monate später. Ich bin stolzer Besitzer einer stählernen Slup: elf Meter lang, schneeweiß, absolut hochseetüchtig und voll ausgerüstet für eine Weltumseglung. Folgenschwerer Auftakt zu einer Serie schneller Entscheidungen und das Resultat philosophischer Betrachtungen aus der Sicht des Verkaufsleiters einer angesehenen Konfektionsfirma.

Ich hätte ebensogut ein Luftschiff, einen Freiballon oder die zerbrechliche Zelle eines Fieseler-Storchs erworben, hätte ihr Besitz ebensoviel Freiheit und Abenteuer versprochen wie der einer hochseetüchtigen Segelyacht. Aber ich hatte rein zufällig Hiscock gelesen, war gerade fest entschlossen, alles andere, nur nicht das zu tun, was ich gerade tat, und geriet noch viel zufälliger an Walter Thurner aus Flensburg – Eigner der ANTARES. Erstes und einziges Schiff meiner Wahl, das ich vorausschauend sogleich in SEVEN SEAS umtaufte. (Ein anderer Name wäre mir nie in den Sinn gekommen.) Jetzt, da ich das Instrument besaß, mußte ich versuchen, die Tasten zu beherrschen. Und zwar im Eilverfahren. Denn der Plan, mit SEVEN SEAS noch im gleichen Herbst zu einer Weltumsegelung zu starten, kam mit der Sekunde der Kaufabsicht.

Mit nur dieser einen Idee im Kopf beginnt ein fieberhaftes Vorbereiten.

Ob ich je vorher gesegelt bin? Nein, ich bin es nicht; auf Schiffen war ich stets seekrank und immer heilfroh, wenn ich wieder festen Boden unter den Füßen spürte. Aber das sollte sich ändern. Schon das erste

Vortasten unter der vertrauensvollen Anleitung von Walter Thurner auf der Flensburger Förde ist ein voller Erfolg.

Auch für Brigitte ist es die erste Fahrt auf einem Segelboot. Gemeinsam genießen wir das Fremdartige unserer neuen Erfahrungen, saugen den kleinsten Hinweis in uns auf, registrieren jede Beobachtung und denken heimlich an den großen Törn. Noch ein paar Monate . . .

Nach einem weiteren Probeschlag auf der Förde bin ich bereit, als Skipper zu debütieren. Daß eine Schot kein Seil ist, ist inzwischen klar, und daß der erste Schluck aus der Rumbuddel stets Rasmus gehört, längst eine Selbstverständlichkeit. Nun gilt es, unsere eigene Geschicklichkeit unter Beweis zu stellen und jede freie Minute darauf zu verwenden, Erfahrungen zu sammeln. Die Wochenenden eines ganzen Sommers stehen uns zur Verfügung. Im kleinen Hafen von Neustadt haben wir uns einen Liegeplatz reserviert – unser Trainingslager. Von dort aus soll dann im Herbst die große Reise starten.

Regelmäßigem Segeln an den Wochenenden folgt weitreichendes Theoretisieren während der freien Stunden der Arbeitstage. Und Theorie heißt lesen: Seehandbücher, Klimakarten, Stromatlanten, das „Ocean Passages for the World" und natürlich die gesamte Palette der Erfahrungsberichte anderer Segler, der Weltumsegler. Wir verschlingen jeden einzelnen davon, erfahren um das enge Band der Freundschaft, das die Fahrtensegler aller Nationen verbindet, lesen von Freiheit und Unabhängigkeit und saugen verheißungsvolle Namen in uns auf: Marquesas, Tonga, Samoa . . . Doch es wird uns auch unbehaglich bei dem Gedanken an Zyklone und tropische Stürme, wo man Trossen ausbringen und haushohe Wellenberge mit Öl glätten muß, oder an riffverseuchte Korallengewässer und endlose Wasserwüsten, in denen man allein auf die eigenen Fähigkeiten und Geschicklichkeiten angewiesen ist. Eine unumgängliche Notwendigkeit ist also, daß ich mich eiligst zum Navigator ausbilde.

Also kaufe ich einen ganzen Stoß einschlägiger Literatur über dieses Thema. Dicke Bände mit aufwendigen und umständlichen Erklärungen. Um Himmels willen, das schaffe ich nie! Sogar jene Werke, die sich in der Einführung brüsten, alte Zöpfe an den Nagel zu hängen, erscheinen mir noch immer so kompliziert wie das Kursbuch der Bundesbahn. Eingeschüchtert und entmutigt grübele ich über weitere Methoden.

Ich zögere noch, mich einem Navigationslehrer anzuvertrauen oder gar eine Seefahrtsschule zu besuchen, als mir zu guter Letzt ein anderes

Buch Hiscocks in die Hände fällt. Diesmal ist es „Segeln über sieben Meere". Ein unerschöpfliches Werk, das wir längst die Bibel nennen und das von zahllosen Eselsohren, Randbemerkungen und fett unterstrichenen Sätzen strotzt. Auf Seite 282 entdecke ich ein Kapitel, das auf den ersten Blick wie eine oberflächliche Einführung in die Astro-Navigation anmutet und bei näherer Betrachtung eine exakte Anleitung darstellt: „. . . Sobald du mit dem Sextanten vertraut geworden bist, wirst du . . ." Na also!

Ich kaufe einen Sextanten, steige aufs Dach und spiele mit der dunstverhangenen Berliner Sonne. Vormittags lege ich sie über das dichte Häusermeer der Steglitzer Innenstadt, am Nachmittag über die grüne Fichtenkette des Grunewalds. Anschließend hantiere ich mit dem Nautischen Almanach und den amerikanischen H.O.-Tafeln und zeichne Standlinien auf Millimeterpapier.

Auf Seite 329 angelangt, bin ich in der Lage, einen Standort zu errechnen. Der Bann ist gebrochen.

Im Sommer machen wir die ersten praktischen Versuche. In der Lübecker Bucht. Ich schieße die Sonne, Brigitte notiert die Daten. Ein voller Erfolg. Dann sind wir bereit für einen längeren Bewährungstörn. Wir sehen vor, mehrere Tage auf See zu verbringen, mindestens ein Dutzend Häfen anzusteuern, Anlegemanöver unter Segeln zu üben und soweit wie möglich unser gesamtes theoretisches Wissen in die Praxis umzusetzen. Ein Intensivkursus, der in der gegenseitigen Abnahme einer Art B-Schein gipfeln wird.

SEVEN SEAS ist ausgerüstet, das Ziel gesteckt. Zunächst heißt es Helgoland, danach England. Aber dann kommt etwa 80 Meilen vor der englischen Küste heftiger Westwind auf. Ein Blick auf den Terminkalender, wir ziehen den Schwanz ein und drehen entschlossen auf Rückkurs. Als wir Delfzijl in Holland erreichen, liegen acht zum Teil stürmische Tage ohne Landsicht sicher im Kielwasser. Das Selbstvertrauen wächst, die Zuversicht schlägt Purzelbäume. Nichts wird uns jetzt zurückwerfen.

Doch auf welchen Zeitraum sollen wir uns für die bevorstehende Reise eigentlich festlegen? Auf drei, sechs oder gar acht Jahre? Ehrlich gesagt, wir wissen es nicht. Aber es ist auch gar nicht so wichtig.

Schließlich geben wir ohnehin alles auf: Jobs, Wohnung und Auto. Nichts wird zurückbleiben, was uns bindet oder verpflichtet. Außerdem fragen wir uns, ob es überhaupt ratsam ist, sich auf Jahre hinaus zu

Perspektivzeichnung der SEVEN SEAS:

1 Selbststeueranlage • 2 Stauraum für Anker, Trossen, Fender
3 Stauraum für Segel unter der Cockpitbank an Backbord
4 Niedergang mit zusammenklappbarer Spritzpersenning
5 Plexiglaskuppel • 6 Antenne Funkpeiler • 7 Rettungsinsel für 6 Personen
8 Trommel mit 180 Meter Nylontrosse • 9 Kettenkasten • 10 Vorschiffskojen (2)
11 Kleiderschrank • 12 abgetrennter WC-Raum • 13 kardanisch aufgehängter Tisch
14 170-Liter-Wassertank unter den Bodenbrettern • 15 Bleiballast (mit Bitumen versiegelt)
16 Kartentisch • 17 Navigatorsitz – dahinter Sextant und Regale für 1000 Seekarten
18 Maschinenraum • 19 Stauraum für Lebensmittel (unter beiden Salonkojen)
20 Pantry mit zweiflammigem Primuskocher • 21 Eisschrank, elektrisch (lief nie)
22 70-Liter-Dieseltank unter dem Cockpit • 23 Stauraum für Reservekanister für Wasser, Diesel, Petroleum und Spiritus unter der Cockpitbank an Steuerbord
24 Wantenleiter zum Salingsausguck • 25 Großsegel mit Rollreffeinrichtung, 25 m²
26 Ankerwinsch, automatisch • 27 Arbeitsgenua, 30 m²

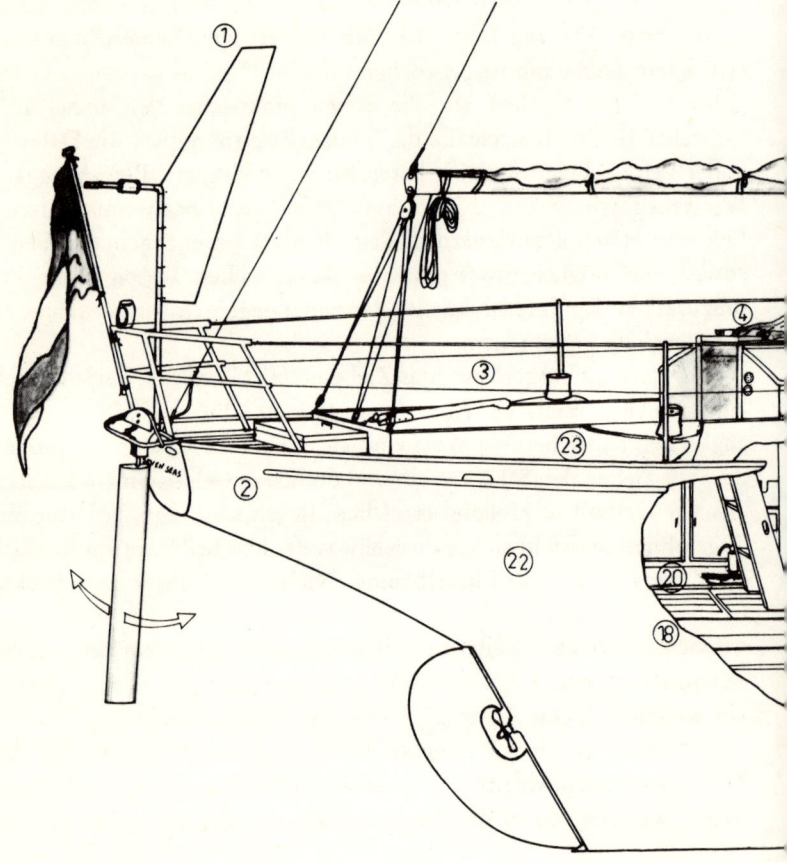

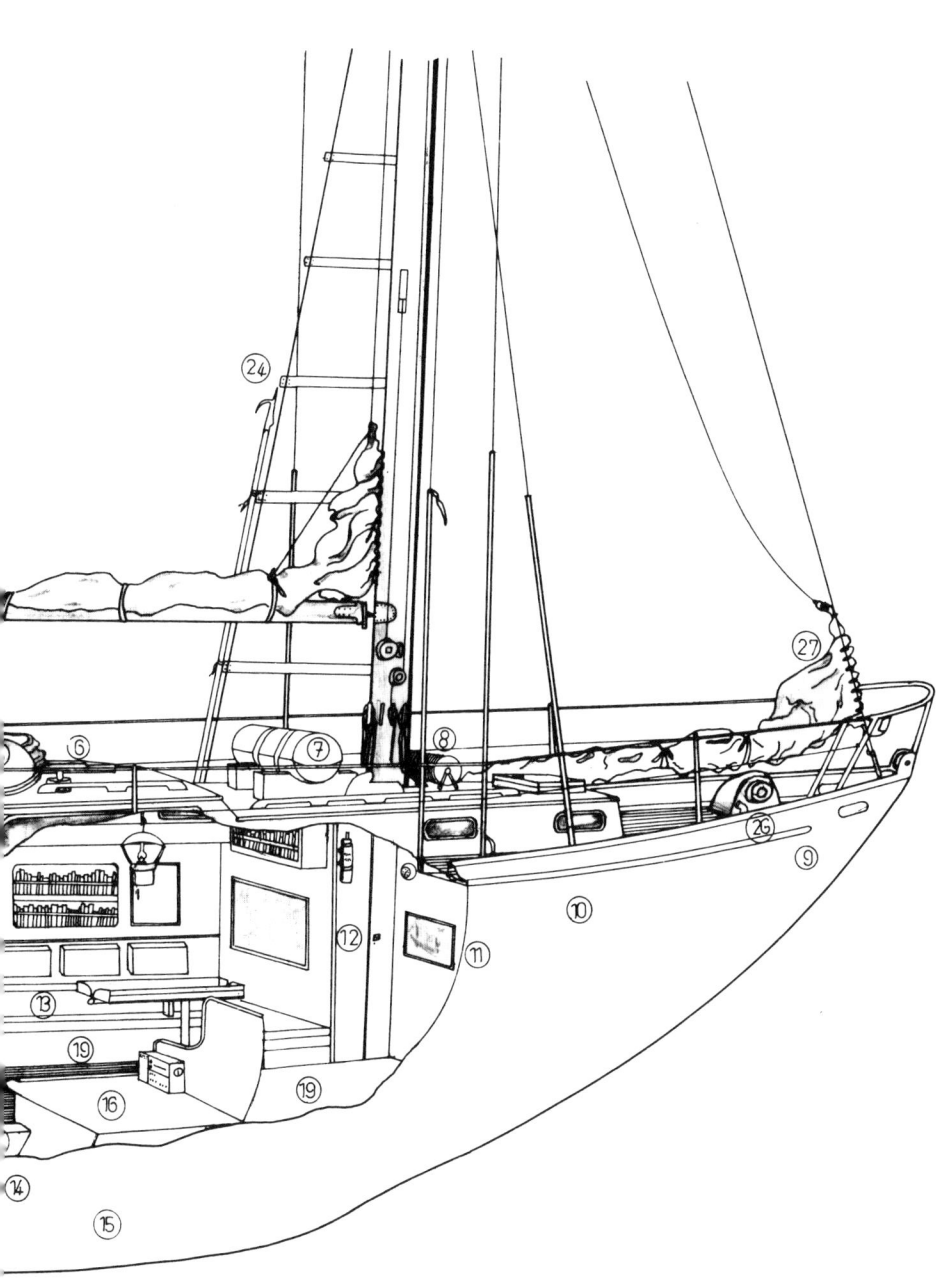

verpflichten, ohne Spielraum für das Unverhoffte oder die Möglichkeit, unterwegs plötzlich anders zu entscheiden. Nein, wir werden lossegeln, völlig ins Blaue, und die Dinge auf uns zukommen lassen, um erst auf halbem Weg festzustellen, ob es vielleicht wichtig erscheint, sich gelegentlich an ein Ziel zu klammern.

Doch so offen wie der Verlauf der bevorstehenden Reise, so vage ist auf einmal der Termin unseres Aufbruchs. Erste Verzögerungen treten ein. Lange schon bestellte und längst überfällige Ausrüstung für SEVEN SEAS nehmen wir als Alibi für die wahren Ursachen: für meine vorausschauende und immer wieder aufgeschobene Blinddarmoperation und die Tatsache, daß wir einfach noch nicht soweit sind. Im Klartext: Eine kleine Firma, die wir erst kürzlich gegründet haben und die unter der Regie von Brigitte läuft, soll – bevor wir sie endgültig liquidieren – noch letzte Früchte abwerfen. Und dann kommen endlose Dinge zusammen, die selbst im Winter noch keine Übersicht darüber zulassen, wann es nun wirklich soweit sein wird.

Dafür verfügt SEVEN SEAS inzwischen über eine nagelneue Hasler-Windselbststeueranlage, unentbehrliches Gerät für lange Überseepassagen und unser ganzer Stolz. Außerdem hat sich unsere Notausrüstung vervollständigt. Wir besitzen eine vollautomatische Rettungsinsel für sechs Personen, ein stabiles Schlauchboot mit kleiner Hilfsbesegelung, Fallschirmraketen, brandneue Schwimmwesten und ein aufwendiges Sprechfunkgerät, das wir nie benutzen sollten. Genau wie eine weitere und nicht weniger vorschnelle Anschaffung, die damals in bestimmten Seglerkreisen gewissermaßen als der letzte Schrei galt und ohne deren Besitz uns SEVEN SEAS kahl und unvollständig erschienen wäre: eine stoß- und schußfeste, wasserdichte Plexiglaskuppel. Eine Art Kommandostand gleich neben dem Niedergang, aus dem man, wie uns suggeriert wurde, in aller Behaglichkeit völlig trocken und sicher den draußen wild rasenden Wirbelsturm beobachten kann, ohne die Vorhänge beiseite schieben zu müsssen. Indes, wir sollten uns nur die Köpfe daran stoßen und uns über das unangenehm grelle Sonnenlicht ärgern, das morgens gebündelt in die Geborgenheit unserer Kojen drang. Ganz zu schweigen von den bohrenden Fragen der zahllosen Bordbesucher, denen wir immer wieder ebenso gleichgültig wie höflich mit der einleuchtenden Version vom Wirbelsturm begegneten. Ein kleiner Junge wollte einmal wissen, ob unser Schiff eine Blase hätte.

Mit dem Vorsatz, zunächst ins Mittelmeer zu segeln, werfen wir im Frühjahr 1970 entschlossen die Leinen los. Doch der lange Törn, den wir so unvoreingenommen antreten, als gelte es, mal eben quer über den Hafen zu verholen, erweist sich als ernste Bewährungsprobe, als aufregendes und erfahrungsreiches Unternehmen, das uns bis auf Mast- und Schotbruch, Wirbelstürme und Eisberge durch eine Fülle ungeahnter und zum Teil haarsträubender Situationen all das bietet, was wir nach sicherer Landung in Torrevieja an der spanischen Ostküste als unentbehrliches Fundament für unsere seglerische Laufbahn umschreiben sollten.

Mit dichtem Schiffsverkehr und Nebel im Englischen Kanal fing es an und endete mit der Erkenntnis, daß peinlich genaue Vorausplanung von Strecken und Zeit eine Sache, die exakte Ausführung in der Praxis jedoch eine andere ist. Aus den drei Wochen, die wir für die rund 2300 Seemeilen veranschlagt hatten, wurden im Handumdrehen zwei volle Monate. Aber mit reibungsloser Planung scheinen wir ja ohnehin keine besonders glückliche Hand zu haben.

Erneut verzögern wir die Geschäftsaufgabe, lassen uns entschlußlos treiben und erliegen gelegentlich Perioden, in denen wir zweifeln, jemals den Absprung zu finden.

Zwei weitere Jahre vergehen. Dann sind wir endgültig bereit, alle Zelte abzubrechen. Es ist Februar 1972. In wenigen Tagen werden Brigitte und ich erleichtert Berlin verlassen. Allerdings getrennt und mit der Verabredung, uns erst auf Korsika wiederzutreffen. Und zwar aus zwei Gründen. Der eine reell und handfest, der andere eher denkwürdig und das Ergebnis zu vieler ,,Einhandliteratur" und meiner neuesten Bemühungen um Selbstbestätigung. Ich werde allein von Torrevieja nach Korsika segeln und dort während der Sommermonate gemeinsam mit Brigitte in einem Hotel arbeiten, um die Bordkasse aufzufüllen. Sie als Reiseleiterin, ich als Strandwart und Barkeeper. Anschließend wollen wir zu den Kanarischen Inseln kreuzen, von wo ich allein über den Atlantik voraussegeln werde. Irgendwo im Westen werden wir uns dann wiedertreffen.

Allein nach Panama

Barkeeper auf Korsika – Ente mit Rotkohl oder
Um Haaresbreite – Trennung in Las Palmas – Im Passat –
Karibische Freibeuter – Probleme in der Kanalzone –
Taboga, eine Oase des Friedens

Von Berlin bis nach Torrevieja brauche ich volle vier Tage. Eine haarsträubende Bahnfahrt mit Übergepäck. Zweimal verpasse ich den Anschlußzug, werde zur Beute zahlloser Kofferträger und gerate schließlich ins Räderwerk spanischer Zollbehörden. Da kommt dann alles ans Tageslicht!

Ich sei überführt: 30 Kilo Bootslacke, 200 nagelneue Bücher und 100 Kilo Schiffsausrüstung? Und alles für den privaten Segelurlaub? Schmuggel sei das. Abführen! Die Folge: Waffenkontrolle – Untersuchungen – Beteuerungen – Schwüre . . . und schließlich: Freilassung. Denn der milde Zollinspektor von Port Bou ist selbst Segler.

Aber das war gestern. Heute ist der große Tag, der 5. März, Beginn langjähriger Abenteuer. Und was für ein Beginn! Die Sonne strahlt ungetrübt vom wolkenlosen Himmel, SEVEN SEAS zurrt friedlich an der Ankerkette, und das Klopfen und Hämmern loser Fallen im benachbarten Mastenwald schlägt einen vertrauten Takt dazu. Ich sitze an Deck. Meine Gedanken wandern zurück – der endgültige Entschluß . . . die letzten Wochen voller Vorbereitungen . . . und: wie wohl alles werden wird.

Mit dem Termin im Kopf, Anfang Mai nach Korsika zu segeln, bleiben mir zwei volle Monate. Aber die brauche ich auch gut und gerne. Zunächst lasse ich einen Stapel engbeschriebener Listen entstehen: eine Aufstellung der bevorstehenden Überholungsarbeiten. Ein komplexer Vorgang will schließlich organisiert sein. Mit dicken Bleistiftstrichen durch einen erledigten Posten verbindet sich dann jedesmal ein Erfolgserlebnis.

Eine Knochenarbeit besonderer Art erstreckt sich gleich über die ersten vierzehn Tage. Gewarnt vor dem ständigen Ärger, den klarlackiertes Holz bereitet, greife ich zur Ziehklinge. Zentimeterweise kratze ich mich über die Teakaufbauten, schleife und öle und ziehe den ersten Bleistiftstrich in der Liste. Dann folgen diverse Holzumbauten unter Deck. Aus der oberen Backbordkoje im Salon entsteht wertvoller Stauraum. Neben einem doppelten Regal für 250 Taschenbücher installiere ich auf der einen Seite einen neuen Eisschrank, auf der anderen ein Schapp für Papiere und Schreibutensilien. Bleiben noch fünf Kojen. Doch wozu die vielen Schlafplätze? Wir benötigen Stauraum.

Kurz entschlossen verwandele ich die Hundekoje hinter der Navigationsecke in ein tiefes, dreistufiges Schapp und erhalte Platz für 1500 Seekarten. Dann lasse ich im Salon zwei weitere Bücherregale entstehen und verbreitere meine Schlafstelle im Vorschiff um bescheidene 30 Zentimeter. Nach der Büßerhaltung, zu der sie mich bisher zwang, empfinde ich sie anschließend geradezu als Doppelkoje.

Nach den Holzarbeiten wende ich mich der elektrischen Anlage zu. Wegen des häufigen Ärgers, den schwächliche Batterien mit sich bringen, besorge ich einen nagelneuen Alternator. Er tritt an die Stelle des alten Dynamos. Nachdem ich ihn eigenhändig angeschlossen und laut Gebrauchsanweisung verkabelt habe, schlägt der Anzeiger schon beim ersten Versuch auf volle 30 Ampere aus. Ich bin nicht nur überrascht, sondern völlig aus dem Häuschen. Mehr gehört nicht dazu? Plus, Minus, ein bißchen Erde, fertig! Da muß ich weiter vordringen! Endlich werde ich selbst tun, was ich eigentlich schon längst den bewährten Händen von Fachleuten überlassen wollte: das Verlegen der Motorinstrumente aus dem Cockpit in den Schutz der Kajüte.

Im Jahr zuvor hatte ich, in der irrigen Annahme, ein weißer Anstrich sei zu schmutzempfindlich, die Außenhaut in mattes Flaschengrün verwandelt. Eine erbärmliche Fehlentscheidung! Nein, SEVEN SEAS sollte wieder in hellem Glanz erstrahlen, aussehen wie eine Yacht. Entschlossen segele ich daher eines Morgens ins nahe Santa Pola. Auf der alten Slipanlage der großen Fischereiflotte wollen wir allerletzten Schliff anlegen.

Wir, das sind übrigens Yogi und ich. Yogi, Sohn eines stadtbekannten Streuners vom Wochenmarkt in Torrevieja, ist seit drei Tagen festes

Crewmitglied an Bord. Zwar liegt der Bursche fast ausschließlich auf der faulen Haut – aber das wird sich ändern. Schließlich blinzelt er erst seit Tagen träge in die Sonne und bedarf noch täglich der Flasche. Es wird nicht lange dauern, bis er seine ständig feuchte Holzkiste hinter dem Niedergang verläßt, um an Deck mit furchtbarem Kläffen jeden Eindringling in die Flucht zu schlagen.

Mittlerweile ist es Ende April. Zeit, mein Debüt als Einhandsegler zu geben. Zwei Tage nach dem Auslaufen aus Torrevieja erreiche ich nach ruhiger Überfahrt unter stark gerefftem Großsegel den kleinen Hafen von Pt. de Sóller an Mallorcas Nordwestküste. Fast hätte es mich doch noch erwischt. Eine Stunde danach ist draußen die Hölle los. Während einer ganzen Woche fegen schwere Sturmböen und Regenschauer über die Insel.

Als Grasse Radio eines Morgens von Wetterbesserung spricht, bin ich sofort auf den Beinen. Ein Franzose übersetzt mir die Wettermeldung ins Englische. Ein untersetzter Mittvierziger mit gewaltigem schwarzem Vollbart, an dessen Ketsch ich längsseits liege: „No problem eh, thy weather will be very good eh." Daraufhin laufe ich aus.

Kaum versinkt am Abend Mallorcas Silhouette im Kielwasser, ist das Wetter schon weniger gut. Genauer gesagt: Es ist miserabel. Je mehr die bisher leichte Zirrusbewölkung einer eisig klaren Atmosphäre weicht, desto stärker beginnt es zu wehen. Aber das ist erst der Anfang. Bald dreht der Wind auf Südost und erreicht gegen Mitternacht bereits gute 40 Knoten. In den Böen ist es erheblich mehr.

Als mich Müdigkeit überfällt, bin ich unsicher über die Taktik, mit der ich dem schweren Wetter begegnen soll. Ob ich SEVEN SEAS einfach vor Topp und Takel treiben lasse? Oder sollte ich unter Sturmfock zur Küste hin ablaufen oder am Ende gar Trossen ausbringen? Trossen ausbringen? Allein der Gedanke läßt mich erschaudern. Das klingt ja nach Roaring Forties und Atlantik! Namen wie Dumas, Voss und Slocum kommen mir in den Sinn. Um Himmels willen!

Für einen Moment blättere ich sogar bei Adlard Coles nach, trete dann aber entschlossen ins Cockpit und drehe bei. Ganz schlicht, vor backgesetzter Sturmfock. Das dauert 72 Stunden. Meine Furcht vor Schiffsverkehr und der beklemmende Argwohn, etwas könne doch schiefgehen, gipfeln dabei in völliger Schlaflosigkeit.

Nach weiteren drei Tagen erreiche ich bei wechselnden Winden eine Position etwa 80 Meilen westlich der Straße von Bonifacio, als mich ein wütender Mistral erfaßt und erneut zum Beidrehen zwingt. Zu weit nach Süden abgetrieben, beschließe ich zwei Tage später, den nächsten Hafen anzusteuern. Unter Sturmfock und mit schäumender Bugwelle laufe ich zehn Tage nach dem Verlassen Mallorcas in den Hafen von Alghero im Nordwesten Sardiniens ein. Die Einhand-Feuertaufe liegt hinter mir.

Noch ist mir die unkomplizierte Abfertigung in spanischen Häfen gegenwärtig, da überrascht mich das Operettengehabe der lokalen Zollbehörde: prächtiges Auftreten, Handschlag, schwarze Limousine zum Amtsgebäude. Dort Listen, Bögen und Blaupapier. Ich habe das Gefühl, einen Ozean überquert zu haben.

Nach wenigen Ruhetagen, in denen ich – diesmal selbst und ohne Fremdhilfe – den Wetterbericht verfolge, kreuze ich quer über den Golf von Asinara, besuche den Hafen von Bonifacio an Korsikas Südspitze und erreiche schließlich die Bucht von Favone an der Ostküste. Nur zwanzig Meter vor dem Strand fällt der Anker in weißen, festen Sandboden. Brigitte erwartet mich bereits einweisend am Ufer. Seit drei Wochen ist sie hier und erkundigt sich sofort besorgt nach dem Mistral, denn hier hätte es auch recht ordentlich geweht. Dann führt sie mich über den schmalen Strand. Umgeben von Liegestühlen und Sonnenschirmen ein dunkler Steinbau mit Veranda: die Strandbaude – mein Wirkungsbereich für die kommenden Monate. Hier schlichte ich Keilereien um umkämpfte Liegestühle, organisiere Volleyballspiele, verkaufe Eis, vermiete Segeljollen oder lege die Schnulze „Korsika" von Mireille Mathieu auf den Plattenteller und erfahre dabei den Kummer der Gäste.

Nachdem die letzten Gäste Mitte Oktober die Hotels verlassen haben, brechen bereits die ersten schweren Herbstgewitter über die Insel herein und erinnern uns an das Nahen des Winters und den Aufbruch zu den Kanarischen Inseln.

Den ursprünglichen Plan, in einem langen Schlag nach Gibraltar zu segeln, haben wir längst aufgegeben. Wir verspüren nur wenig Lust, auf halber Strecke erneut in einen Mistral oder Schirokko zu geraten, und finden es ohnehin weitaus gemütlicher, beschaulich zu segeln. Also von Hafen zu Hafen, dabei jede Nacht zu ankern, um nur dann auszulaufen, wenn der Wind von achtern weht. Bevor wir jedoch überhaupt die Küste erreichen, lernen wir das Mittelmeer von einer uns bisher völlig unbekannten Seite kennen.

Nachdem wir bei mäßiger Brise Cap Corse umrundet haben und für 24 Stunden unter Vollzeug in eine Richtung unterhalb der Hyèrischen Inseln steuern, bricht es schlagartig über uns herein. Kein Mistral, nein – diesmal ist es Flaute, bleierne, scheinbar grenzenlose Flaute. Für ganze elf Tage liegt SEVEN SEAS reglos über ihrem ungebrochenen Spiegelbild. Es herrscht keine Dünung, der Himmel ist wolkenlos, die Stille erdrückend. Dabei trennen uns keine hundert Meilen von der rettenden Küste. Vielleicht reicht der Dieselvorrat sogar; der Tank ist noch halbvoll, wir könnten . . .

Aber nein, wir werden abwarten. Sicher brauchen wir den wertvollen Kraftstoff später in Landnähe weitaus dringender, und wahrscheinlich beginnt es ohnehin bald wieder kräftig zu wehen.

Am elften Tag um die Mittagszeit bringt ein schwach aufkommender Wind wieder Leben ins Schiff. Hastig verstauen wir ein gutes Dutzend Bücher, Badeutensilien, Geschirr und was sich sonst so an Deck angesammelt hat, setzen Groß und Genua und streben erleichtert der Küste zu. Zwei Tage später laufen wir in den französischen Hafen Port de la Nouvelle nördlich der spanischen Grenze ein. Die beschauliche Küstenfahrt nach Gibraltar kann beginnen.

Trotz nie versiegender Lokalstürme, unbeleuchteter Fischerboote und manch schlafloser Nacht vor Anker genießen wir sie sehr. Wir folgen dem Küstenverlauf, lassen die ungeahnte Idylle der Costa Brava kulissenhaft an uns vorübergleiten und genießen die Gastfreundschaft der Fischer von Buriana, Altea und Adra. Aber die Jahreszeit schreitet fort, und immer häufiger hängen wir schlotternd über dem brennenden Primuskocher, um uns aufzuwärmen. Unsere Gedanken eilen voraus in tropische Gefilde. Besonders gegen Morgen, wenn Schwitzwasser von der Decke tropft und die Kälte an allen Ecken unter die Bettdecke kriecht.

Gibraltar, zwölfter Hafen nach Korsika, erreichen wir mitten in der Nacht. In aller Frühe hatten wir Malaga verlassen und sind jetzt froh, nach hartem Törn auf Anhieb einen freien Platz an der Pier zu finden. Eine Menge Yachten liegt hier im Päckchen: unter englischer, französischer und holländischer Flagge, aber auch eine aus Übersee.

Am nächsten Morgen zieht es uns schon früh in die Stadt. Die halbe Nacht haben wir über endlosen Proviantlisten gesessen. Jetzt wollen wir in einem Durchgang die Vorräte für die nächsten drei Monate besorgen. Ein Vorhaben, das uns seit langem beschäftigt: Wie soll ein ausgewogener Vorrat überhaupt aussehen, welche Kost ist besonders wichtig, und was hält sich am längsten? Fragen, die uns zu allerhand Spekulationen hinreißen. Um in unserer Unerfahrenheit jedoch nichts dem Zufall zu überlassen, besorgen wir ein paar hundert Multivitamin-Tabletten, eine Dose mit Ascorbinsäure und einen Liter Lebertran. Erst dann lassen wir uns durch die wohlsortierten Reihen des erstbesten Supermarktes treiben. Aber das Angebot ist erdrückend. Überall bieten sich verlockende Alternativen. Unsere wohldurchdachten Listen weichen bald blindem Drauflosgreifen. Wo ist der bewährte Tante-Emma-Laden, der uns davon befreit. Oder noch besser: Warum kaufen wir nicht einfach einen Sack Zwiebeln, einen mit Knoblauch und einen großen Beutel Sonnenblumenkerne und fertig! Oder halten es wie der französische Einhandsegler, der ebenfalls in wenigen Tagen über den Atlantik will. Seine Pantryausstattung besteht lediglich in einem gewaltigen verzinkten Fleischwolf. Ein Apparat, der ihn sämtlicher Sorgen enthebt: Vor einer Mahlzeit greift er tief in die Bilge, kramt zwei Äpfel und eine Handvoll Samen hervor, läßt sie in den breiten Trichter des Fleischwolfs fallen, und nach ein paar Drehungen ist das Essen zubereitet. Die marternde Qual der Menüwahl entfällt ebenfalls. Denn morgens gibt es wieder Apfelbrei.

Yogi ist übrigens inzwischen flügge geworden. Er besitzt natürlich längst die ersten Zähne und verfügt außerdem über stattlich entwickelte Krallen. Werkzeuge, unter denen schon so mancher Tampen oder Fender dran glauben mußte. Als wir eines Abends bei strömendem Regen mit letzten Besorgungen an Bord zurückkommen, trauen wir unseren Augen nicht. Yogi hat voll zugeschlagen! Alles, was morgens noch auf dem Tisch stand, liegt jetzt zertrümmert am Boden. Aus einem Kojenkissen quellen weiße Federn. Die Titelseite von Juan Baaders „Segelsport Segeltechnik Segelyachten" und ein paar Seiten „Schwerwettersegeln" von Adlard Coles sind ihm ebenfalls zum Opfer gefallen.

Mitte Dezember erreichen wir den Hafen von Tanger. Einen ganzen Tag lang haben wir damit zugebracht, durch Strömung und Kabbelwasser der Straße von Gibraltar zu kreuzen. Ständig schralender Wind zwang uns zu immer neuen Segelmanövern, und die unaufhörliche

Prozession kreuz und quer laufender Frachtschiffe tat ihr übriges, so daß wir uns bei der Ankunft mit gutem Gewissen nach der Koje sehnen. Aber daran ist vorerst gar nicht zu denken.

Wir haben gerade festgemacht, als ein Mann auf der Pier erscheint und sich als Zollbeamter ausgibt. Er weist sich nicht aus, trägt keine Uniform, schlägt sich nur unablässig mit der rechten Faust in die linke Handfläche und verlangt unerbittlich die sofortige Preisgabe unserer Pässe. Der blaumelierte Anzug, den er trägt, sieht aus, als wäre er gestohlen. Unsere Pässe herausgeben? Keinesfalls, da kann ja jeder kommen. Nein, sein Name sei Mohammed Lofty Beshay, und jeder kenne ihn. Mag schon sein, geben wir zu bedenken, aber die Pässe – niemals! Na schön, ob wir wenigstens ein Döschen Haschisch kaufen wollten, nur ein paar Gramm vielleicht. Dabei zieht er ein graues Paket aus dem Anzug, das so groß ist, daß wir uns wundern, wie es überhaupt in seine Tasche paßt. Als inzwischen der „richtige" Zoll auftaucht, zeigt er sich völlig unbeeindruckt. Ja, die Staatsbeamten selbst fordern uns jetzt lebhaft auf, den Mann als Wache anzuheuern. Sein Name sei Ali, und er wäre ihnen bestens bekannt.

Anschließend erfahren wir, daß für Deutsche neuerdings Visazwang bestehe und man daher außerstande sei, uns einzuklarieren. Wir palavern hin und her. Ich mache begreiflich, daß wir doch lediglich kamen, um Tanger für den Yacht-Tourismus zu erschließen, nur wenige Tage . . .

Schließlich erteilt man mir die Besuchsgenehmigung, weist jedoch darauf hin, daß Brigitte leider an Bord bleiben müsse. Ihr Personalausweis, der hier vor zwei Jahren noch akzeptiert wurde, reicht heute nicht mal für eine Ausnahme.

Unser Vorhaben, zwei Tage später wieder auszulaufen, verzögert sich unerwartet. Denn bereits am folgenden Morgen beginnt es schlagartig zu wehen. Tagelang fegen schwere Sturmböen über die Stadt. Und sogar im engen Hafenbecken läßt kabbeliger Schwell das Schiff hart gegen die Kaimauer drücken. Wir verdoppeln Leinen, bringen weitere Fender aus und warten. Sogar Brigitte darf bleiben, denn in besonderen Härtefällen sei man berechtigt, gewisse Ausnahmen zu machen – doch auf keinen Fall dürfe sie an Land. Für ganze zehn Tage ist sie gezwungen, an Bord zu bleiben.

Abends besuchen wir die Pegasus, eine kleine Slup auf dem Weg zum Pazifik. Die Eigner Marc und Martine sind Franzosen. Erst kürzlich haben sie ihre Heimat verlassen, um im fernen Noumea (Neukaledonien) eine neue Existenz zu gründen. Während es draußen stürmt, sitzen wir versunken über Handbüchern und Seekarten und erliegen dem Zauber noch weit entfernter Ziele: Ua Huka, Nengo Nengo, Puka Puka, Fangataufa . . .

Mit dem ersten Tageslicht des 23. Dezember werfen wir gemeinsam mit der Pegasus die Leinen los, um auf direktem Kurs zu den Kanarischen Inseln zu segeln. Bald herrscht strahlender Sonnenschein, kräftiger Wind aus östlichen Richtungen läßt uns zügig der offenen See zustreben. Eigentlich beginnt die große Reise erst jetzt. Hier an der Straße von Gibraltar, dem Tor zum Atlantischen Ozean.

Als die Sonne glutrot am Horizont versinkt, sind die breiten Landmassen im Nordosten längst zu schmalen, kaum erkennbaren Streifen verschmolzen. Unter vollstehendem Groß und weit aufgefierter Arbeitsfock laufen wir zügig in südwestlicher Richtung. Brigitte lehnt am Mast. Angestrengt beobachtet sie den nördlichen Horizont. Aber die Pegasus liegt bereits weit achteraus.

Am nächsten Abend liegen wir irgendwo westlich von Rabat in totaler Flaute. Es ist der 24. Dezember 1972. Erstes Weihnachten auf See. Brigitte war den halben Tag damit beschäftigt, das Festessen vorzubereiten. Einladende Düfte kräftigen Bratens verbreiten sich über das ganze Schiff: Ente mit Rotkohl.

Das Ereignis, das im weiteren Verlauf des Abends unvermittelt über uns hereinbricht und das Weihnachtsfest mit Schrecken beschließt, sitzt uns noch tagelang in den Knochen. Das war passiert:

Es ist fast Mitternacht, der Festschmaus längst beendet. Wir sitzen gemütlich in der Kajüte und lauschen dem Weihnachtsprogramm im Radio, als zu unserer Überraschung eine leichte Brise einsetzt. Noch recht kraftlos zwar, aber genügend, um Seven Seas unter voller Besegelung schwach in Richtung Südwesten zu treiben. So gemächlich die Fahrt auch sein mag, allein das Wissen, auf Kurs zu liegen und voranzukommen, ist für die Moral an Bord oft ebenso entscheidend wie trockene Kojen oder warmes Essen. Doch wie auch immer. Nachdem wir Seven Seas sich selbst überlassen, losen wir die erste Wache aus. Sie fällt auf Brigitte. Während ich mich zur Koje begebe, dreht sie – offenbar einer Eingebung folgend – das Radio aus, um für den nächtlichen Wachgang alle Sinne vollständig beisammenzuhaben.

Aber da scheint es bereits zu spät. Als die letzten Radioklänge versiegen, überträgt die stählerne Bordwand unheilvolles Hämmern und Knistern. Es klingt so nah, daß kein Zweifel besteht: Noch ein paar Sekunden vielleicht, dann wird uns der haushohe Bug eines eisernen Frachters in zwei Teile schneiden. Für einen Atemzug noch verharren wir wie gelähmt, tauschen einen vielsagenden Blick und stolpern in fieberhafter Eile den Niedergang hoch. Ich nehme nur den gewaltigen schwarzen Bug wahr, sehe die meterhohe Schaumwelle davor und erkenne den drohenden Beweis für unser bevorstehendes Ende: das grelle Rot und Grün der Positionslampen. Wir verspüren keine Angst, sind nur starr vor Schrecken. In fliegender Hast stürze ich an die Pinne, reiße das Ruder hart nach Backbord und drücke es bis zum Anschlag durch. Seven Seas dreht, Lichter kreisen, Segel schlagen. Für Sekunden verliere ich die Orientierung, stehe benommen an Deck und starre auf ein fließendes Band vorbeihuschender, hellerleuchteter Bullaugen. Meterdicht läuft die Gefahr an uns vorüber. Wir erkennen das Muster der Handtücher in der Kombüse und die Gesichter der Matrosen, die an langen Tischen sitzen. Im grellen Lampenschein der Neonröhren wirken sie wie Wesen aus einer fremden Welt. Scheinbar im selben Augenblick ertönt das metallene Hämmern der Schraube, dann erfaßt uns die mächtige Heckwelle, dreht Seven Seas auf der Stelle und läßt die Segel schlagen. Mit zitternden Händen bereiten wir heißen Kaffee und verlieren uns bis in die frühen Morgenstunden in philosophischen Betrachtungen.

24 Stunden später liegt Seven Seas beigedreht. Vor backgesetzter Fock und Trysegel treiben wir quer zum Wind in südwestliche Richtung. Draußen tobt ein Sturm, der in Böen 55 Knoten erreicht. Massige Quellwolken jagen im Tiefflug dahin, und gelegentlich bricht grünes Wasser über Deck und Aufbauten, um in wilden Sturzbächen aus den Speigatten zu drängen. Das dauert drei Tage. Stundenlang stehen wir gebannt im zugigen Viereck des Niedergangs und beobachten fasziniert die weißschäumende Sturmsee: Wie häßlich sie doch ist! Aber kein Zustand dauert ewig. Nachdem das Unwetter schließlich in einen beständigen Nordwind übergegangen ist, setzt wieder geregelte Bordroutine ein.

Im fahlen Licht eines frühen Morgens erfüllt sich, was wir ersehnt haben: Zehn Tage lang waren wir ohne Landsicht, und wie vorausberechnet, wachsen jetzt die ersten kahlen Berghänge der Kanarischen

Inseln durch den weißen Dunst am Horizont – das Wüsteneiland Lanzarote und seine nur schwach davon zu unterscheidenden Außenposten Alegranza und Garciosa. Außer uns vor Freude, blicken wir wie die alten Entdecker gebannt auf die kulissenhafte Erscheinung. Unser Selbstvertrauen ist wiederhergestellt. Kein noch so entfernter Ort auf den sieben Weltmeeren, den wir jetzt nicht auffinden würden.

Als wir mit letztem Tageslicht der schroffen Küste von Lanzarote folgen, weicht unsere gehobene Stimmung bald trüber Ernüchterung. Arrecife, den geschützten Fischerhafen an der Südostküste, werden wir nicht vor einbrechender Dunkelheit erreichen. Der Gedanke, dort während der Nacht auf vorgelagerten und unbezeichneten Klippen zu scheitern, läßt uns nur wenige Meilen vorm Ziel die Segel streichen. Wohl oder übel lassen wir uns in der Nacht mit dem Wind nach Süden treiben, gehen mit dem ersten Tageslicht auf neuen Kurs und segeln mittags in den Hafen von Puerto del Rosario auf Fuerteventura. Der zur See hin offene Hafen bietet jedoch nur wenig Schutz und kann bei auflandigem Wind sogar zur üblen Falle werden. Ein Umstand, der uns nur mit Unruhe das Schiff verlassen läßt.

Daher beschließen wir bereits tags darauf, wieder den Anker zu lichten. Ein paar Tage verbringen wir auf Reede vor den weißen Stränden von Jandia Playa und erreichen nach stürmischer Nachtfahrt den Hafen von Las Palmas (Gran Canaria), Puerto de la Luz.

Wo bleiben übrigens Marc und Martine mit der Pegasus? Seit mehr als zwei Wochen sind wir jetzt hier, aber von den beiden fehlt jedes Zeichen. Ob sie bei dem schweren Wetter in Schwierigkeiten geraten sind? Oder liegen sie nur in einer Flaute fest?

Eines Tages besucht uns ein älterer Herr. Er ist ortsansässiger Geschäftsmann aus Frankreich und ein guter Bekannter der beiden. Ob wir schon gehört hätten, was passiert ist? Erschrocken bitten wir den Fremden an Bord und erfahren, daß Marc und Martine Schiffbruch erlitten haben und sich zur Zeit in psychisch denkbar schlechter Verfassung in Rabat aufhalten.

Es begann am zweiten Weihnachtstag weit draußen vor der marokkanischen Küste. Zu einem Zeitpunkt, als Seven Seas nur wenige Meilen entfernt beigedreht in südwestliche Richtung treibt. Marc ist sich nach Ausbruch des plötzlichen Starkwindes zunächst unsicher über die Taktik, mit der er dem Unwetter begegnen soll. Vorübergehend läßt er die kleine Slup vor Topp und Takel treiben, beschließt aber endlich, unter Sturmbesegelung den vermeintlichen Schutz der nahen Küste anzusteuern. Er hat sich in den Kopf gesetzt, auf Biegen oder Brechen in den erstbesten Hafen zu gelangen.

Ein verhängnisvoller Entschluß. Schon als sie die ersten der der Küste weit vorgelagerten flachen Sandbänke erreichen, ist es zu spät, um noch abzudrehen. In wenigen Sekunden ist das Schiff von den schweren Brechern zerschlagen. Marc und Martine können in letzter Minute gerettet werden – aber sie haben alles verloren. Völlig mittellos und auf fremde Hilfe angewiesen, warten sie auf ihre Rückreise nach Frankreich. Wir haben nie wieder von ihnen gehört.

Anfang Februar 1973 fliegt Brigitte schweren Herzens nach Berlin zurück. Irgendwann im Laufe des kommenden Winters werden wir uns wiedersehen. Wahrscheinlich in der Karibik, vielleicht sogar weiter im Westen – irgendwo auf den pazifischen Inseln. Aber das wird hauptsächlich davon abhängen, wie stark mich das Alleinsegeln überhaupt in seinen Bann zieht.

Nachdem ich Trinkwasser, Petroleum und Diesel ergänzt habe, sitze ich eine halbe Nacht gedankenversunken über Pilotbüchern, Wind- und Stromkarten und zeichne meinen geplanten Kurs in den großen Übersegler des Atlantischen Ozeans. Bin ich nervös oder ängstlich, hege ich gar Bedenken oder Befürchtungen? Vielleicht von jedem etwas. Angst empfinde ich jedenfalls keine. Warum auch. Ich vertraue in die Seetüchtigkeit der Seven Seas, auf meine eigenen Fähigkeiten, und außerdem glaube ich gut vorauszuempfinden, was da in etwa auf mich zukommen wird: Die Jahreszeit ist günstig, Wind und See werden mich größtenteils von achtern treffen, die Sturmhäufigkeit ist gering. Außerdem sollte sich das Wetter meist klar und sonnig zeigen, und sogar der Schiffsverkehr wird auf meiner Route verhältnismäßig gering sein. Und da Angst meist aus Ungewißheit oder Unkenntnis entsteht, bleiben also nur die leichten Bedenken, die eigentlich vor jedem Törn mehr oder weniger vorhanden sind – die hoffende Frage, ob auch tatsächlich alles klargehen wird, und der flüchtige Gedanke an die dummen Zufälle. Morgen früh werde ich auslaufen.

Die letzten Abschiedssirenen der zurückbleibenden Yachten sind eben verklungen, da strebe ich bereits der offenen See entgegen, setze das im

Hafen gereffte Groß und bringe die Sturmfock in Position. Dann erfaßt mich der Schwell des Ozeans.

3000 Seemeilen liegen voraus. Der Kurs liegt an, die Selbststeueranlage versieht ihren Dienst, Gischt weht über Deck und Aufbauten. Ich schließe das Luk und strecke mich behaglich auf der Backbordkoje aus. Spät in der Nacht mache ich erste Logbucheintragungen, esse mit wenig Appetit einige Scheiben Schinken und etwas Schokolade, dann übermannt mich der Schlaf. Als ich aufwache, ist es schon später Vormittag. Doch meine Umgebung scheint unverändert. Noch immer fliegen Gischtschwaden über das Deck, und nach wie vor weht es stürmisch mit 35 Knoten. Wenn ich dem Log trauen darf, liegen bereits die ersten 120 Meilen im Kielwasser. Die Hälfte davon ist mir im Schlaf zugefallen.

Dann läßt der Wind nach, die See beruhigt sich; ich setze die Arbeitsfock und schütte ein Reff aus. Nach einem Rundgang an Deck bereite ich die erste warme Mahlzeit: Hamburger Steak aus der Dose mit Spaghetti. Yogi bekommt einen doppelten Schlag Hundefleisch und bezieht wohlig Platz im Leesegel der Steuerbordkoje.

Während der folgenden Tage flaut der Wind weiter ab. Meine ganze Hoffnung liegt daher im Einsetzen der Passatwinde. Aber dafür liegen wir noch viel zu weit nördlich. Erst am Abend des fünften Tages, etwa 200 Meilen vor den Kapverdischen Inseln, erfaßt uns der stete Nordost mit seiner ganzen Stärke. Das Lila bis Rosa, in das die untergehende Sonne von nun an den von Schäfchenwolken betupften Himmel taucht, nimmt mir jeden Zweifel: Das ist endlich der Passat! Die Aufregung und Unsicherheit der letzten Tage vor dem Start weichen jetzt uneingeschränkter Zuversicht. Das Selbstvertrauen wächst, und die Anpassungsfähigkeit an die Schiffsbewegungen wird mit jeder Meile größer. Welch herrliches Gefühl, dieses ungebundene Segeln, dieser Einklang mit dem Schiff und das stärkende Bewußtsein, das grenzenlose Wasser des Atlantiks mit eigener Kraft zu durchfahren!

So unregelmäßig wie die Mahlzeiten, die ich einnehme, ist auch mein Schlafbedürfnis. Obwohl ich aus Gründen der Sicherheit anfänglich tagsüber zu schlafen versuche, verfalle ich doch bald wieder den verlockenden Stunden der Dunkelheit. Schließlich entsteht ein Kompromiß. Ich absolviere mein durchschnittliches Schlafpensum von etwa zehn Stunden täglich erst ab zwei Uhr morgens, halbstündlich unterbrochen vom verheerenden Klang des Weckers. Dann blinzele ich verschlafen auf den Kompaß an der Kajütwand gegenüber der Koje. – Kurs liegt an! Im

Liegen fühle ich die Schiffsbewegungen, die Segelstellung, den Wind und die Stärke des Seeganges. Ich spüre den Druck am Ruder und auf den Schoten, höre das gurgelnde Geräusch der vorbeihastenden See, nehme durch einen Spalt zwischen den Vorhängen die gemächlich ziehenden Passatwölkchen wahr, höre das vertraute Geräusch der Steuerleinen an der Ruderpinne, blicke auf den blinzelnden Yogi und weiß, es ist alles in bester Ordnung. Dann stecke ich den Kopf aus dem Niedergang und suche den Horizont nach Schiffen ab. Aber ich sehe keine, sooft und wann immer ich auch an Deck trete. Wie viele Frachter haben wohl im Laufe der Nacht um Haaresbreite meinen Kurs gekreuzt? Ich habe keine Ahnung, will es auch gar nicht wissen.

Sollte ich noch kürzere Wachabstände halten? Vielleicht alle zehn Minuten? Denn viel länger dauert es nicht, bis ein Containerschiff mit 32 Knoten Fahrt hinter dem Horizont aus steillaufenden Wellenbergen bis auf Rufweite herangerast ist. Mein alter Wecker hilft mir da wenig. Der läßt sich auf so kurze Abstände überhaupt nicht einstellen.

Kurz vor der geplanten Ankunft auf Martinique entgehe ich um Haaresbreite einer erneuten Frontalkollision. Und wieder inmitten tiefster Nacht: knisterndes Maschinengeräusch, Rot und Grün, schwarze Bugwelle – ein Frachtschiff! Starr vor Schreck stehe ich an den Niedergang geklammert – die Gefahr läuft vorüber. Verdammte Einhandsegelei!

Tags darauf sichte ich Land. Mit dem ersten Tageslicht liegt es bereits zum Greifen nahe voraus – die grünen Berghänge Dominicas, nördlicher Nachbar von Martinique und erstes Land nach 32 Tagen. Ein wahrhaft erhebender Moment. Am Abend erreiche ich die Nordspitze von Martinique und drehe bei. Erst am folgenden Morgen will ich in den Hafen laufen. Vor lauter Aufregung unfähig zu schlafen, bereite ich mich eine Nacht lang auf den ersehnten Landfall vor. Ich klare Deck und Kajüte auf und verschwende sogar einen vollen Kanister Süßwasser für ein ausgiebiges Duschbad. Yogi scheint ebenfalls völlig außer sich zu sein. Stundenlang hockt er mit weit aufgerissenen Augen neben dem Mast und starrt zum Land hinüber. Wild kläffend beantwortet er jeden Hahnenschrei. Als die ersten Sonnenstrahlen im Osten über die noch schlafende Insel greifen, setze ich Genua und Groß und erreiche unter kräftiger Landbrise die tiefe Bucht von Port de Prince. Noch ein paar Schläge, vorbei an den auf Reede liegenden Rümpfen schneeweißer Passagierdampfer, dann fällt der Anker.

Umgeben von einem Pulk von Yachten genieße ich die langersehnte Atmosphäre meiner ersten karibischen Insel. Ich setze die Flagge „Q", spanne das Sonnensegel auf und betrachte zufrieden meine neue Umgebung. Später klariere ich ein und gehe zur Post, um ein Telegramm nach Hause zu senden: „32 Tage – stop – Seven Seas und Besatzung wohlauf – stop."

Als ich in den Hafen zurückkehre, entdecke ich Jean und die Alpamaio, die schmucke Sortilège, mit der ich in Las Palmas zusammenlag. Sie habe ich hier am allerwenigsten erwartet. Erst Tage nach mir ausgelaufen, ist Jean vorgestern angekommen und trifft bereits Vorbereitungen für die Rückreise über die Bermudas.

Zwei Wochen später pflügt Seven Seas mit schäumender Bugwelle und gurgelndem Kielwasser über das windgepeitschte Karibische Meer. Für elf Tage, die mir wie eine Ewigkeit erscheinen, überstürzen sich alptraumartige Situationen, in denen ich heilige Eide leiste, nie wieder alleine zu segeln. Eine wilde Sturmfahrt, die von drei aufreibenden Ereignissen gekennzeichnet ist: nicht enden wollendem Schiffsverkehr, einem mysteriösen Leck in der Schiffshaut und der Furcht, karibischen Freibeutern zum Opfer zu fallen.

In der dritten Nacht nach Martinique erwache ich unvermittelt aus tiefem Schlaf, um mit eisigem Schauer auf schwimmende Bodenbretter zu starren. Um Himmels willen – ein Leck! In heilloser Aufregung überprüfe ich Welle und Seeventile, finde jedoch alles in bester Ordnung. Ich lenze und suche weiter. Aber das Leck bleibt unauffindbar. Stunden später der gleiche Vorgang. Wieder schwimmende Bretter und noch immer kein Leck. Es ist zum Verzweifeln. Erst Tage darauf wird mein vorübergehender Verdacht schlagartig zur Gewißheit: Das mysteriöse Leck ist die Lenzpumpe. Dieselbe Pumpe, mit der ich in stundenlanger Fron die Bilge leere, läßt Seven Seas im Anschluß daran von neuem vollaufen. Ihr Abfluß erfolgt nämlich über einen Anschluß oberhalb der Wasserlinie des selbstlenzenden Cockpitrohrs an der Backbordseite. Durch tagelanges und besonders hartes Überliegen auf Backbordbug geriet der Abfluß unterhalb der Wasserlinie und ließ das Wasser durch die Pumpe in die Bilge eindringen. Auf Steuerbordbug blieb die Bilge trocken.

Meine Erlebnisse während der Nacht vor dem Auffinden der Leckstelle veranlassen mich am Morgen danach zu einer ausführlichen Logbucheintragung:

„Gestern abend kam einfach alles zusammen. Die Dampfer scheinen von allen Seiten auf mich zuzurasen. Ständig bin ich zu Ausweichmanövern gezwungen. Und das vor einem Seegang, der für solche Aktionen bereits bedrohlich steil läuft. Außerdem weht es mit gut 35 Knoten. Gegen Mitternacht stehe ich in der Pantry und brate Kartoffelpuffer. In der Nähe ziehen vier hellerleuchtete Frachtschiffe in unterschiedliche Richtungen. Eines von ihnen kommt bedrohlich nahe und zwingt mich an Deck, um den Kurs zu ändern. Mit einem Satz springe ich ins Cockpit und trete barfuß in das große Takelmesser, mit dem ich eben noch die Kartoffeln schälte: Stechender Schmerz – aber daran darf ich jetzt nicht denken. Ich löse die Selbststeuerung und wechsle auf den anderen Bug. Die Gefahr läuft vorüber. Schon stürze ich an den Verbandskasten. Aber da brennt der erste Puffer an. Ich muß ihn wenden.

Inzwischen rast draußen der nächste Frachter genau in meine Richtung. Noch weit genug, um mir Zeit für den Fuß zu lassen. Der kleine Zeh ist bis auf den Knochen durchgeschnitten und blutet in Strömen. Ich strecke mich einen Moment lang aus, nur für eine Sekunde, um zu entspannen. Doch schon bin ich erneut auf den Beinen. Der Frachter kommt näher und näher. Ich will nur eben den Kartoffelpuffer . . . dann . . .

Aber was ist denn das, um Himmels willen – die Bodenbretter schwimmen! Ich muß lenzen, unbedingt, und zwar sofort. Yogi, kommst du da aus der Pantry raus! Nein, vorher muß ich dringend an Deck, um die Petroleum-Drucklampe nachzupumpen; sie beginnt eindringlich zu flackern. Was macht denn der Dampfer . . .? Ich muß einen klaren Kopf behalten, völlig ruhig bleiben und Schritt für Schritt . . . Yogi, verdammt noch mal, wirst du . . .! Zuerst werde ich den Verband anlegen und dann lenzen. Oder soll ich erst auf den anderen Bug gehen? Besser ist besser. Aber die Lampe, der Puffer, das Wasser in der Bilge, mein Fuß – Hilfe!

Schließlich weiche ich dem Dampfer aus, drehe bei und pumpe die Lampe auf Hochdruck. Dann werfe ich die Puffer über Bord und verbinde den Fuß."

Am letzten Tag vor dem Landfall stehen wir etwa 200 Seemeilen westlich vom kolumbianischen Barranquilla. Die bevorstehende Ansteuerung von Colón beschäftigt mich den ganzen Nachmittag. Auf keinen Fall darf ich den Hafen beim ersten Anlauf verfehlen. Denn Wind, Strömung und hochlaufende See stehen direkt auf die Küste zu. Eine Unsicherheit im Standort kann mich dort leicht in eine gefahrvolle Lage versetzen. Ohne die Hilfe eines zuverlässigen Funkpeilers und wegen der Gefahr starker Stromversetzung während der Nacht werde ich meinen Kurs auf einen Punkt etwa 30 Meilen östlich des Hafens absetzen. Kommt Land in Sicht, brauche ich nur der Küste in westlicher Richtung zu folgen.

Im Laufe der kommenden Nacht ereignet sich überraschend ein Vorfall, der meine gesteigerte Einhandsegler-Phantasie Purzelbäume schlagen läßt. Es ist weit nach Mitternacht, als ich achteraus die unbeleuchtete Silhouette eines Kutters entdecke. Schemenhaft unterscheiden sich seine schwankenden Umrisse vom wolkenlosen Horizont. Der Fall liegt schlagartig klar: Piraten! Längst ist mir bekannt, daß im kolumbianischen Küstengebiet schon häufiger Yachten attackiert worden oder spurlos verschwunden sind. Also muß ich handeln, bevor es zu spät ist. Entschlossen stürze ich an den Mast und lösche das gleißende Licht der Drucklampe, schütte ein Reff aus und luve ein paar Grad an. Sofort erhöht sich die Geschwindigkeit zu brausender Sturmfahrt. Dann stapele ich zwei pralle Segelsäcke neben meinen Platz an der Ruderpinne und gehe in Deckung. Vorsorglich lege ich meine automatische Browning-Pistole und ein Paket weißer Signalraketen in Reichweite.

Der Schatten im Kielwasser liegt nach wie vor hartnäckig auf Verfolgungskurs. Das geht fast eine Stunde so. Eine Zeitspanne, die mir wie eine Ewigkeit vorkommt. Meine Phantasie arbeitet fieberhaft: Was tun, wenn sie längsseits gehen, um mich zu rammen, oder gar versuchen zu entern? In meiner Sorge leere ich den kostbaren Inhalt einer großen Rumbuddel, die ich auf Martinique erstanden habe, in ein Tongefäß und fülle sie mit einem Liter reinem Brennspiritus. Mein gesamter Vorrat zum Vorglühen des Primuskochers. Aus einem dicken Pfropfen Verbandswatte presse ich einen flauschigen Korken, schließe damit die Flasche, drehe ein paar Zigaretten, entzünde eine davon und gehe zurück ins Cockpit. Schon fühle mich mich wohler. Der Molotow-Cocktail, den ich jetzt zwischen den Knien spüre, flößt nie geahntes Vertrauen ein.

Meine Verfolger scheinen inzwischen zum Angriff überzugehen. Nur eine Kabellänge entfernt bedrohen sie mich mit dem grellen Kegel eines mächtigen Scheinwerfers. Stark geblendet, feuere ich eine schnelle Folge meiner weißen Leuchtraketen ab und jage im Anschluß ein paar sinnlose

Schüsse aus der Browning in den sternklaren Himmel. Der Erfolg ist verblüffend. Der Kutter dreht unvermittelt ab und sucht scheinbar Hals über Kopf das Weite. Ob es sich vielleicht nur um Fischer handelte, denen die Positionslampen durchgebrannt waren und die am Ende mich für einen Nachfahren Käpt'n Morgans hielten?

Nachdem ich die Mittagsbreite errechnet habe, erhalte ich ein Fix, demzufolge ich genau 16 Meilen nördlich von Punta Manzanillo stehe. Ich gehe an Deck und setze mich abwartend vor den Mast. Yogi ist auch herausgekommen. Vorsichtig tastend steht er im schmalen Dreieck vor der Ankerwinsch und schnuppert in die Ferne. Und dann ist es soweit. Der feuchte Schleier aus Hitze und Dunst hebt sich. Fast unwirklich klar wie eine gewaltige Kulisse erstreckt sich der breite Festlandsockel bald über den ganzen Horizont – Amerika, ein ganzer Kontinent! Gelassen und entspannt verharre ich auf dem Vorschiff in dem stolzen Bewußtsein, ein weiteres Etappenziel aus eigener Kraft erreicht zu haben.

Mit einbrechender Dämmerung segele ich in die Limon Bay – sechs Meilen tiefe Reede von Cristobal –, kreuze unter Vollzeug quer über die Bucht und genieße die letzten Segelminuten im spiegelglatten Wasser. Überall ankern gewaltige Tanker und Frachtschiffe aus aller Welt und warten auf die Kanaldurchfahrt. Wie friedlich sie hier wirken. Ganz anders als ihre Kollegen, die mir auf See nächtelang den Schlaf raubten.

Eigentlich erwarte ich, jeden Moment in die Arme der perfekten Kanalorganisation der Amerikaner aufgenommen zu werden, bin auf Lautsprecherdurchsagen und von allen Seiten anstürmende Behördenbarkassen vorbereitet – aber zunächst ereignet sich gar nichts. Schließlich gehe ich unter dem grauen Gebäude vor den Dockanlagen vor Anker, setze die Quarantäneflagge und harre der Dinge, die da kommen. Keine zwei Minuten später prescht mit schäumender Bugwelle die Barkasse „U.S. Health" heran. Zwei drahtige Amerikaner springen über, heißen mich in Panama willkommen und beginnen ohne Umschweife, Listen und Formulare auszubreiten. Während der eine emsig zu schreiben und Fragebogen abzuhaken beginnt, versorgt mich der Kollege mit Neuigkeiten:

„Da haben Sie aber Pech gehabt."

„Wie bitte?"

Und dann erfahre ich, daß ich wahrscheinlich bis Montag auf Reede liegen müsse. Vorher würde ich wohl kaum in den Besitz der etwas komplizierten Liegeerlaubnis für den lokalen Yachtclub kommen. Wichtige Unterschriftsberechtigte befänden sich auf Osterurlaub, denn schließlich wäre morgen Karfreitag. Schöne Aussichten! Na ja, hier sei ja alles gesund an Bord, Ratten sehe er auch keine, somit wäre ihr Job beendet, bye, bye.

Noch etwas verwirrt, beginne ich gerade das Deck aufzuklaren, als mich die nächste Barkasse besucht. Die Vermessungsbeamten! Zwei weiß uniformierte Sportstypen, der eine Amerikaner, sein Kollege Panamaer. Mit meterlangen Holzellen und großen Spulen metallener Meßbänder gehen die beiden konsequent an die Arbeit. Anhand der von ihnen ermittelten Schiffsmaße werden im Stadtoffice die Kanalgebühren berechnet. Schiffszertifikate oder Meßbriefe sind vor dieser Instanz null und nichtig. Hier wird jedes Schiff neu vermessen.

Am folgenden Morgen beginnt ein zweitägiges Papiergefecht zwischen unterschriftsunwilligen Subalternen der Hafenbehörde und dem Schreibtischregiment des Yachtclub-Sekretariats. Grund: Der Club verlangt eine Bestätigung der Behörden, daß die besuchende Yacht auch ordnungsgemäß einklariert wurde. Weiß der Himmel warum.

Nach den letzten Tagen auf See und auf Reede hat der Club jedenfalls allerhand zu bieten: einen Steg zum Festmachen, eiskalte Coca-Cola und ein paar Yachties zum Plaudern. Durchweg Amerikaner auf dem Weg von der Ostküste nach Kalifornien oder umgekehrt. Neben der SEVEN SEAS liegt die berühmte Yacht STORNOWAY, mit der der Amerikaner Al Peterson Anfang der 50er Jahre einhand die Welt umsegelte. Jetzt wollen Al und seine Frau Margie zur Ostküste. Kaum zu glauben, in welch hervorragendem Zustand sich ihre bildschöne STORNOWAY noch heute befindet.

Ich verbringe etwa eine Woche im Club, nehme dort SEVEN SEAS aus dem Wasser, wechsele die Zinkanoden aus, trage Antifouling auf und bereite sie in jeder Hinsicht für den langen Törn über den Pazifik vor. Dann beantrage ich bei der Behörde die Kanaldurchfahrt, zahle dafür einschließlich Lotsen 27 US-Dollar und sende ein Telegramm an Brigitte: „Morgen Kanaldurchfahrt – stop – übermorgen Marquesas – stop – Treffen in Tahiti – stop – Brief folgt – stop."

Tags darauf in aller Frühe erwarte ich den Lotsen. Aber der kommt nicht. Als ich im Kanaloffice vorstellig werde, verspricht man schließlich die Durchfahrt für den folgenden Morgen.

Aber das bedeutet nicht allein Aufschub, sondern gleichzeitig Umorganisation meiner drei Begleiter. Schleusenhilfen, die ich tags zuvor speziell (für 15 Dollar pro Kopf) angeheuert habe. Eine Vorschrift der Kanalbehörde verlangt, daß auf jeder durchfahrenden Yacht mindestens vier Deckshände bereitstehen müssen. Ihre Aufgabe ist es, beim Schleusen zu Berg das Schiff, falls es nicht längsseits befohlen wird, mit 4 x 30 Meter langen Leinen (die ich noch eigens angeschafft habe) in der Mitte der Kammer zu halten.

Als ich jedoch am nächsten Morgen mit voller Besatzung und pünktlich erscheinendem Lotsen hinter einem japanischen Frachter in die erste Schleuse einlaufe, befiehlt uns der Lockmaster längsseits an einen Kanalschlepper. Eine Situation, die die Anwesenheit meiner Mannschaft sowie der Extraleinen natürlich schlagartig überflüssig macht. Dann schließen sich die Schleusentore. Seven Seas liegt sicher vertäut und zeigt beim Einströmen der Wassermassen nicht die geringste Neigung, auszuscheren oder sonstwie in Gefahr zu geraten. Als eine Höhe von acht Metern erreicht ist, zerrt uns der Schlepper in die nächste Kammer, wo sich der gleiche Vorgang wiederholt. Nach einer dritten Kammer schwimmen wir bereits 24 Meter über dem Meeresspiegel und steuern Seven Seas nun mit eigener Kraft in das weite Gewässer des anschließenden Gatun-Stausees.

Vorbei geht es an dschungelbewachsenen Inseln und zahlreichen Tonnen, die den Weg bezeichnen. Unsere Marschfahrt ist so rasant, daß wir weit vor der Zeitplanung das Ende des Sees erreichen. Der Lotse läßt Anker ausbringen. Mittagspause! In regelmäßigen Abständen ziehen große Dampfer vorbei. Es sind Japaner, Russen, Dänen, Deutsche. Man winkt oder prostet uns zu. Wir winken zurück.

Bei der Ansteuerung des schmalen Gaillard-Durchstichs beginnt es unvermittelt zu regnen. Tropenregen! Der schwere und kühle Niederschlag trifft das Deck mit einer Gewalt von Hagel. Fröstelnd und triefend naß erreichen wir die erste Talschleuse, liegen gemütlich längsseits der glitschigen Mauer und fieren seelenruhig die Vor- und Achterleinen. Dieses Schleusen zu Tal ist wirklich ein Kinderspiel. Nachdem sich die schwere Sperrkette hinter der letzten Schleuse schwerfällig gesenkt hat, um uns in den Pazifischen Ozean zu entlassen, setzt bereits die Dämmerung ein. Höchste Zeit, den schützenden Yachtclub anzulaufen. Über die Zentrale versucht der Lotse, dort einen Liegeplatz zu reservieren. Doch leider ohne Erfolg. Wir hätten die strikte 24-Stunden-Frist der Liegeplatzreservierung nicht eingehalten, und da kenne man gar nichts. In einem erneuten Versuch entschuldigen wir uns für den sträflichen Verzug und weisen darauf hin, daß der Club doch völlig unterbelegt sei. Aber es ist sinnlos, man beharrt eisern auf bewährten Statuten und droht bei Zuwiderhandlung vorausschauend mit dem Einsatz der Wasserpolizei. Das hätten wir nun davon. Der Lotse ist außer sich. Ganz zu schweigen von mir, denn schließlich bietet der Club die einzig bequeme Landemöglichkeit in der gesamten Umgebung. Ich brauche unbedingt Wasser und Diesel. Außerdem war geplant, hier den Lebensmittelvorrat für die Reise in die Südsee zu beschaffen. Aber jetzt? Nun, es bleibt nur eine Möglichkeit: die Reede.

Ich fühle mich deprimiert und niedergeschlagen und habe nur den einen Wunsch: ausschlafen, um morgen früh in aller Ruhe weiterzusehen. Aber da überstürzen sich die Ereignisse Knall auf Fall: Nachdenklich beim Frühstück sitzend, fällt mein Blick mehr zufällig auf eine bestimmte Stelle an der Kajütwand. Meine ohnehin mehr als schlechte Laune steigert sich unvermittelt in blanke Wut. Dort, wo noch gestern eine rote Kette aus echter Mittelmeerkoralle hing, ist heute gähnende Leere. Der Fall ist klar. Ich brauche gar nicht erst zu suchen, denn ich bin sicher, daß die Kette gestohlen wurde. Ich weiß auch auf Anhieb, wer sie entwendet hat. Nur eines meiner gestrigen Crewmitglieder kommt dafür in Frage: ein kanadischer Yachtsman im Indianer-Look. Nur er war lange genug allein im Salon, und besonders ihn würde ein solches Kleinod zweifellos blendend kleiden. Ich bin sicher, der Bursche vermutet mich bereits auf dem Weg nach Tahiti und sonnt sich zufrieden im Yachtclub von Colón.

Im Handumdrehen bringe ich einen zweiten Anker aus, sperre den traurig blickenden Yogi in die Kajüte und rudere zum Strand hinüber. Mit der Bahn erreiche ich zwei Stunden später Cristobal, gehe ohne Umweg zur Polizei, fahre im Streifenwagen im Yachtclub vor und bin nur wenige Augenblicke später wieder im Besitz meiner Kette. Die Folge sind unausbleibliche Verhöre und Ermittlungen bei der amerikanischen Canal Zone Police. Es herrscht eine Atmosphäre wie im Wilden Westen. Der Sheriff will den überführten Täter gleich für 28 Tage hinter Schloß und Riegel bringen. Der Schlüssel für die am selben Raum angrenzende Gefängniszelle hängt dem Ordnungshüter dicht über der Kniekehle – gleich neben der 38er Stainless von Smith & Wesson. Doch es liege in meiner Hand, den Täter davor zu verschonen. So jedenfalls schreibt es das Gesetz vor.

Mein Drang nach Vergeltung ist indes längst befriedigt; ich lasse mir die Fahrtspesen ersetzen und fahre zurück zum Pazifik. Als ich den

Strand erreiche, ist es bereits stockdunkel. Außerdem finde ich das Dingi nicht wieder. Ich suche die halbe Nacht – aber es bleibt spurlos verschwunden. Mit einer Zubringerbarkasse gelange ich schließlich mitten in der Nacht wieder zur SEVEN SEAS und erlebe die nächste Überraschung.

Einbrecher haben das Schiebeluk aufgebrochen und ein wildes Chaos hinterlassen. Unter Deck liegt alles drunter und drüber. Yogi steht mit eingezogenem Schwanz im Durchgang zum Vorschiff. Nun, er ist kein Schäferhund, und zum Glück waren die Eindringlinge offenbar in Zeitdruck und haben mich vorm Äußersten verschont gelassen: dem Verlust von Bargeld und Papieren. Dafür bedaure ich am meisten die Einbuße der leichten Genua und natürlich die des Dingis. Denn wie komme ich jetzt an Land? Ich muß auf jeden Fall sofort zur Polizei, um Schadensmeldung zu erstatten.

Am nächsten Morgen verschnüre ich Hemd, Hose und Papiere in eine Plastiktüte, blase eine Luftmatratze auf und lasse mich von einer leichten Seebrise hinüber zum Ufer treiben. Mit der Matratze im Plastikbeutel besuche ich wieder die Canal Zone Police – diesmal in Balboa.

Man bringt meine Meldung sachgemäß zu Papier und weist gleichzeitig vorsichtig darauf hin, daß nur wenig Aussicht bestehe. Wie auch immer, inzwischen beseelt mich nur der einzige Gedanke: hier weg, um auf See meinen Frieden zu finden. Aber ich besitze noch immer keine Lebensmittel, kein Wasser und, das Allerwichtigste, kein neues Dingi.

Nach einer haarsträubenden Odyssee mit Bussen, Taxis und zu Fuß erreiche ich gegen Mittag einen bestimmten Laden in Panama City, kaufe ein Kinderschlauchboot und stehe spät abends wieder am dunklen Strand vor der SEVEN SEAS. Lebensmittel habe ich noch immer keine. Dafür dieses Dingi, 1,20 Meter lang und so weich wie ein überreifer Pfirsich. Ein jämmerliches Fahrzeug! Der Autofahrer, der mich als Anhalter bis hierher gebracht hat, hilft mir beim Aufblasen. Eine merkwürdige Situation: SEVEN SEAS liegt weit draußen unkenntlich im Schleier der Nacht, kein Schiff, kein Mensch weit und breit – nur dieses Dingi aus der Tüte, mein Begleiter und ich. Als ich hinaus in die Dunkelheit rudere und dabei bis zum Kinn hinter weichen Gummiwänden versinke, starrt mir mein Helfer mit einer Mischung aus Mitleid und Angst hinterher. Ich sehe noch, wie er plötzlich panisch zu seinem Auto rennt und fluchtartig das Weite sucht.

Yogi erwartet mich bereits ausgehungert am Niedergang. Während eines gemeinsamen Spaghetti-mit-Meatball-Dinners beschließe ich, schon morgen früh der Kanalzone endgültig den Rücken zu kehren. Denn wer weiß, was hier noch alles auf mich zukommt.

Nach nur wenigen Meilen erreiche ich die im Süden gelegene panamaische Insel Taboga. Das winzige Eiland mit seinen freundlichen Bewohnern wirkt wie eine Oase des Friedens. Ohne Hast oder Sorge um SEVEN SEAS verbringe ich hier eine beschauliche Woche mit letzten Vorbereitungen. In den drei einzigen Krämerläden finde ich, was ich für die kommenden Wochen auf See benötige – bis auf eine neue Reibe für meine Kartoffelpuffer. Aber auch die und eine Vielzahl weiterer Kleinigkeiten besorgt einer der Händler auf seiner wöchentlichen Einkaufsfahrt nach Panama City.

Alles weitere regelt sich auf einmal ebenfalls völlig problemlos: Obwohl auf der Insel das Wasser knapp ist, bekomme ich aus den Privatbeständen mehrerer Familien, soviel ich brauche, und erhalte von einem holländischen Fischtrawler, der eines Nachts auf Reede liegt, schließlich auch meinen gewünschten Dieselvorrat. Dann bin ich startklar.

Eine ganze Nacht verbringe ich, umgeben von Handbüchern, Seekarten und Stromatlanten, am Kartentisch und beschäftige mich mit den rund 4000 Seemeilen, die jetzt vor mir liegen. Ganz anders übrigens als vor dem großen Sprung über den Atlantik, bin ich heute die Ruhe selbst. Die leichte Beklommenheit von damals ist völliger Gelassenheit gewichen. So sehr, daß mich die bevorstehende Reise nicht stärker belastet, als gelte es, einen mittleren Wochenendtörn zu beginnen. Hinzu kommt vielleicht das Wissen, in den kommenden Wochen ein Seegebiet zu befahren, das zu den zuverlässigsten und problemlosesten Segelrevieren der Welt zählt.

Cocos Island, berüchtigte Schatzinsel 500 Meilen entfernt, ist mein nächstes Ziel. Von dort werde ich in Richtung Galapagosinseln laufen, um anschließend im Bereich des steten Südostpassats auf direktem Kurs nach Westen zu segeln.

Morgen in aller Frühe werde ich aufbrechen.

In den Großen Ozean

Kurs auf die Schatzinsel – Flauten und Wasserhosen –
George aus San Diego
Tahiti: Kreuzweg der Weltumsegler

Der Morgen bringt eine leichte Brise aus Nordost, die Bucht von Panama ist tiefblau und spiegelglatt – ideales Wetter, einen großen Törn zu beginnen. Ein letztes Mal kreisen Scharen wild flatternder Pelikane um den Mast, um dann mit dem gastlichen Taboga im Kielwasser zurückzubleiben. Auf schnellstem Kurs in Richtung Cocos durchkreuze ich unter vollen Segeln den vielbefahrenen Schiffahrtsweg, und noch bevor die Nacht hereinbricht, versinkt im Osten das letzte Land.

Die Aussagen des englischen Handbuches über Ausmaße und Dauer tropischer Regenfälle scheinen nicht übertrieben. Mit sintflutartiger Gewalt brechen die Wassermassen über uns herein. Unter Deck entsteht eine nasse Hölle. Alles tropft, ist stickig und klamm. Besonders erstaunt mich die Kälte. Nur wenige hundert Meilen nördlich des Äquators hänge ich schlotternd über dem Primuskocher – kaum vorzustellen! Immer wieder zwingen mich Segelmanöver hinaus in die Kälte. Und mit jedem Öffnen des breiten Niedergangsluks ergießen sich Kaskaden eiskalten Regens über Kartentisch und Pantry.

Nach vier Tagen tritt Wetterbesserung ein. Ich setze Großsegel und Genua und justiere die Selbststeueranlage. Doch noch am selben Abend muß ich gegen einen steifen Westwind ankämpfen. Es ist zum Verzweifeln! Soll ich weiter gegenankreuzen oder einfach abdrehen, um nach Süden in die Passatzone zu laufen? Nein, Cocos ist mein Ziel!

Nach weiteren vier Tagen beschließe ich jedoch schweren Herzens, in südliche Richtung abzudrehen. Ich lasse SEVEN SEAS laufen und verschwinde in meiner gemütlichen Koje.

Nachdem sich der Sturm gelegt hat, verbuche ich Etmale von 45, 70 und 30 Seemeilen. Ein niederschlagendes Ergebnis. Aber das Wettergeschehen bleibt unverändert wechselhaft. Tiefliegende, graue Kumulusformationen jagen mit heftigen Böen vorüber, bringen für Minuten Fahrt in das lahme Dahindümpeln, um SEVEN SEAS erneut mit nutzlosen Segeln und schlagendem Baum zurückzulassen.

So veränderlich wie meine Umgebung sind auch die Stimmungen, die mich befallen. Ich lese Nietzsche. Zwischendurch greife ich lahm nach einem Krimi oder blättere lustlos in einem Kochbuch herum. Auf nichts wollen sich die Sinne konzentrieren.

Am 22. Mai, elf Tage nach Panama, stehe ich knapp 80 Meilen vor der Schwelle zur südlichen Halbkugel. Ein Tag, der mir stets in Erinnerung bleiben wird. Es ist früher Nachmittag. Seit Stunden liegt SEVEN SEAS in bleierner Flaute reglos über ihrem Spiegelbild, als weit über dem östlichen Horizont gewaltige schwarze Quellwolken entstehen. Es ist nur eine Frage der Zeit, bis uns die erste Formation erreicht und eine ersehnte Brise bescheren wird. Inzwischen lasse ich in aller Ruhe ein frugales Mahl entstehen.

Endlich kann ich Segel setzen und wieder auf Kurs gehen. Doch mißtrauisch schweift mein Blick über den Himmel. Einige der besonders bedrohlich wirkenden Wolkenbilder, speziell jene mit schwarzen, rüsselartigen Unterseiten, lassen mich abwartend im Cockpit verharren. Und dann ist es soweit. Unvermittelt entsteht in der Nähe eine wirbelnde Wassersäule; schemenhaft erkenne ich ihre Konturen. Und jetzt kommt es mir schlagartig in den Sinn: eine Wasserhose!

Es besteht kein Zweifel: Was hier jeden Moment auf mich zurast, wird an Land Windhose genannt, auf See heißt es Trombe. Aber wie auch immer, wie groß ist die Gefahr, daß dieses wirbelnde Ungeheuer wirklich über uns herfällt, um uns aus dem Wasser zu saugen? Ich kann es nicht sagen. Ich weiß nur, daß diese Wirbelwinde in ihrem Kern Turbulenzen entwickeln, die Geschwindigkeiten von an die tausend Stundenkilometer erreichen. Das ist Schallgeschwindigkeit! Nicht auszudenken, wenn . . . Meine entfesselte Phantasie arbeitet fieberhaft. Angespannt verfolge ich den unsteten Kurs der Trombe und beobachte fasziniert, wie der mächtige Rüssel gurgelnd und schlürfend Megatonnen aufgewühlten Salzwassers verschlingt, um es in ein wirbelndes Band zu verwandeln, das sich wie ein geisterhafter Kreisel immer näher und näher auf mich zu bewegt.

Mit fliegenden Händen entferne ich die auf dem Vorschiff nutzlos herumliegende Arbeitsfock, verschnüre das Großsegel mit der Vorschot und sichere den Baum mit Leinen und Tampen in alle Richtungen. Anschließend befreie ich das Deck von Angeln, Bootshaken, Kissen und allen losen Enden, löse schließlich die Rettungsinsel aus ihrer Halterung und trage sie in den sicheren Bereich der Kajüte. Sie wird das letzte sein, was mir die Trombe entreißt.

Dann fühle ich mich wohler. Zumindest habe ich das Gefühl, ausreichende Sicherheitsmaßnahmen getroffen zu haben. Angst verspüre ich nicht. Ich bin nur starr vor äußerster Alarmbereitschaft und versuche angestrengt, die Zugbahn der Trombe vorauszuberechnen. Aber ist ihr Kurs überhaupt kalkulierbar? Egal, irgend etwas muß passieren. Ich darf nicht passiv herumsitzen und die Dinge dem Zufall überlassen. Entschlossen werfe ich den Motor an und pflüge mit voller Fahrt nach Süden, hinaus aus der unmittelbaren Gefahrenzone. Unbedingt muß ich vermeiden, dabei in den Entstehungsbereich einer weiteren Wasserhose zu geraten. Das heillose Bild am Himmel bestimmt meinen Kurs: Je schwärzer und bedrohlicher eine Wolke am Weg, desto größer der Bogen, mit dem ich sie umsteuere. Ich laufe nach Norden, Süden und Westen, immer auf der Suche nach einem freundlichen Hof in der drohenden Wolkendecke.

Das währt fast drei Stunden. Dann ist der Spuk vorüber. Die drohenden Quellwolken haben sich aufgelöst, matt treten die ersten Sterne hervor. Ich setze Segel, stecke den Kurs ab und überlasse das Schiff der Selbststeueranlage. Jetzt finde ich Zeit zum Aufatmen . . . und Nachdenken: War es Zufall, der mich der drohenden Gefahr so knapp entrinnen ließ? Oder ist die Kraft einer Wasserhose am Ende doch nicht ausreichend, um Seven Seas in den Himmel zu reißen?

Während der Nacht überqueren wir den Äquator.

Bald wird es Zeit, Westkurs zu steuern. Schon viel zu lange zwingt mich der hartnäckige Gegenwind immer näher ans südamerikanische Festland. Wenn das so weitergeht, lande ich noch in Ecuador. Und tatsächlich, am frühen Morgen des 15. Tages brechen am östlichen Horizont schwach die Ausläufer der Anden hervor. Ein Blick in die Seekarte genügt: Guayaquil, verheißungsvoller Hafen an Ecuadors Küste, liegt nur eine Tagesreise entfernt. Die Vorstellung, einfach den

Bordfest im Pazifik: Hans-Wolf und Brigitte Steinig.

Die SEVEN SEAS vor Anker im Schatten des Mount Tiger Tooth auf Moorea, der paradiesischen Nachbarinsel von Tahiti.

Petri Heil! — einmal anders. Hans-Wolf Steinig mit einem Tigerhai.

Blauer Himmel, steife Brise. Brigitte steuert über den Atlantik.

Tom Neale, der Einsiedler von Suvorov.

Muscheln, Muscheln ... Brigitte präsentiert ihre Sammlung.

Kurs zu ändern, um schon am nächsten Morgen im Hafen zu liegen, beschäftigt mich den ganzen Tag. Ein wahrhaft verlockender Gedanke! Aber, die Marquesas sind mein Ziel, und dabei soll es bleiben!

Meine stärkste Hoffnung liegt nun im Einsetzen der steten Passatwinde. Denn immerhin trennen mich noch über 3000 Seemeilen vom Ziel. Bei Etmalen von 100 Meilen eine Reise von 30 Tagen. Doch der Kampf mit Flauten und widrigen Winden ist noch nicht vorüber. Tagelang experimentiere ich mit jeder nur denkbaren Segelkombination und unternehme alles, um zügig nach Westen zu laufen.

Am 21. Mai kommt Land in Sicht. Weit an Steuerbord ragt es schemenhaft aus dem abendlichen Dunst. Es sind die kleinen Inseln Hood und Santa Maria, südliche Außenposten der Galapagosinseln. Endlich ein Erfolgserlebnis! Nach dem Abendessen führe ich Logbuch.

,,Gegen 19 Uhr querab Galapagos (Hood und Santa Maria). Ruhige See / Fahrt zügig: 5–6 Knoten / 90. Längengrad ist erreicht! 50 weitere liegen voraus. Kurs 250° / Wind Ostsüdost / Segel: Arbeitsfock, 2 Reffs im Groß – endlich sanftere Schiffsbewegungen / Maschine läuft für drei Stunden – Batterien voll / Chronometer um 18 Uhr: + 17 Sek. / Wieder Blinker verloren, muß Gummistropps verbessern / Lektüre: ,Das Totenschiff' / Deutsche Welle wie immer schlechter Empfang / Abends große Schule Delphine im Kielwasser / Laufen wie auf Schienen nach Westen / Könnte so bleiben!''

Warum lasse ich die Galapagos, diese sagenhaften ,,Inseln am Ende der Welt'', so klanglos achteraus versinken? Ein Verhalten, das mir vor Antritt der Reise als undenkbar erschienen wäre, ja fast frevelhaft! Aber widersprüchlich wie das Leben selbst ist auch häufig unser Verhalten: Je mehr ich mich diesen verheißungsvollen Inseln nähere, desto weniger bin ich darauf versessen, ihnen einen Besuch abzustatten. Der Gedanke, mich ganz allein dem Abenteuer zwischen Leguanen, Schildkröten und Robben auszusetzen, will mir auf einmal wenig behagen. Um solche Erlebnisse ausreichend genießen zu können, bedarf es des Partners, einer Person, der man sich mitteilen kann.

Während SEVEN SEAS auf geradem Kurs sicher nach Westen eilt, läuft nur einige hundert Meilen im Nordosten die britische Yacht AURALYN einem kläglichen Ende entgegen. Ihr Skipper, Maurice Bailey, und Frau Maralyn haben am 26. Februar Panama verlassen und befinden sich ebenfalls auf dem Weg zu den Inseln der Südsee. Sechs Tage sind sie unterwegs, als sie einen Wal rammen. Ihre Yacht wird dabei so schwer beschädigt, daß sie innerhalb kurzer Zeit sinkt. 118 Tage treiben die Baileys in einer Rettungsinsel, ehe sie von einem koreanischen Trawler aufgefischt werden.

Es ist früher Morgen. Tiefe Dunkelheit umgibt unseren Kurs. Gurgelnd dringt das Geräusch vorbeihastender Wellen in die Geborgenheit der Kajüte. Plötzlich reißt mich ein peitschenähnlicher Knall aus tiefem Schlaf. Hellwach verharre ich mit angespannten Sinnen in der Koje. Doch SEVEN SEAS hält steten Kurs vor dem Wind. An der Fahrt hat sich nichts verändert, das Rigg scheint also intakt. Sicherlich hat ein Tümmler bei seinem übermütigen Sprung aus dem Wasser das Geräusch verursacht. Vielleicht habe ich auch nur geträumt, denn Yogi blinzelt unbeeindruckt zu mir herüber. Trotzdem werfe ich einen flüchtigen Blick aus dem offenen Niedergang – es ist alles in bester Ordnung.

Sekunden später wiegt mich das gleichmäßige Auf und Ab meiner Koje in erneuten Schlummer, als die Hölle über uns hereinbricht. SEVEN SEAS pflügt quer zur See, Brecher stürzen über das Luvdeck und prasseln schwer aufs Kajütdach. Die Fahrt steigert sich beängstigend; Schoten knarren, der Wind heult drohend in der Takelage. Ruckartiges Stampfen und die haarsträubend schnelle Fahrt lassen Bücher und Petroleumlampe quer durch den Salon fliegen. Krachend schleudern sie durch den Raum. Schlagartig geht es mir durch den Kopf: die Selbststeueranlage! Mit einem Satz bin ich auf den Beinen und stürze an Deck. Und tatsächlich . . . nur an einem Bolzen hängend, schleift der angebrochene Apparat nutzlos durchs Wasser. Mein einziger Gedanke: Ich muß die Anlage retten, ohne daß sie mir dabei aus den Händen gleitet. Nicht auszudenken, wenn sie verlorengeht und ich für die restlichen 1800 Meilen zu sklavenhaftem Rudergehen verdammt bin!

Zuerst bringe ich SEVEN SEAS, die noch immer wild anluvend durchs Wasser pflügt, zurück vor den Wind. Dann berge ich mit vorsichtigen Handgriffen den angeschlagenen Steuerapparat. Welche Erleichterung, zu entdecken, daß der Schaden mit Bordmitteln behoben werden kann!

Doch wer steuert das Schiff, während ich mit der Reparatur beschäftigt bin? Zunächst erwäge ich beizudrehen, entschließe mich aber dann während der Arbeit, mit den Beinen zu steuern. Bei den starken Rollbewegungen ein wahrer Balanceakt.

Den Rest der Nacht verbringe ich mit dem Herstellen einer neuen Halterung. Das Ergebnis ist optisch zwar eine haarsträubende Improvisation, technisch jedoch funktioniert das Ganze einwandfrei. Am schwierigsten gestaltet sich der Wiedereinbau. Immer wenn ich das zwei Meter lange Ruderblatt in seine enge Halterung einführen will, gleitet SEVEN SEAS stürmisch an einem Wellenberg hinab, taucht das Heck bis zum Schanzkleid in die nachlaufende See und droht, mir den Halt zu nehmen. Mit aufgezwungener Geduld und hemmungslosen Flüchen werde ich schließlich doch noch Herr der Lage.

Später, in gemütlicher Umgebung der Kajüte, liege ich nachdenklich in der Koje. Ehrfurchtsvoll wird mir bewußt, wie unentbehrlich mein treuer Diener, die Selbststeueranlage, für mich geworden ist. Wenn ich am Morgen nach langer erfrischender Nachtruhe auf dem Sumlog die zurückgelegten Meilen ablese, habe ich ein Gefühl wie jemand, der von seinen Zinsen lebt. Während ich schlafe, koche, lese oder navigiere, fallen mir die geloggten Meilen einfach in den Schoß. Es ist, als bekäme ich etwas geschenkt.

Gerade ist die Sonne groß und rot am türkisblauen Horizont versunken, im Osten ist das Meer schon bleigrau und schläfrig, eine kurze Zeitspanne noch umgibt uns das letzte Licht mit grünlichem Schimmer, dann bricht die Nacht herein. Im Westen, dort, wo jetzt die ersten Sterne glitzern, liegen die Marquesas-Inseln. Schon im Morgengrauen werde ich sie sichten.

Die Nacht will kein Ende nehmen. Schlaflos und aufgeregt wälze ich mich in der Koje. Marquesas – schon der Name allein weckt abenteuerliche Sehnsüchte und beschäftigt mich die ganze Zeit.

Mit dem ersten Tageslicht klettere ich in den Mast. Genau voraus im Südwesten ragt majestätisch wie eine Burg ein Bergrücken aus dem Wasser. Es ist die Insel Hiva Oa. Nördlich davon erkenne ich jetzt auch Fatu Huku. Und als sich der Morgendunst zerstreut, entdecke ich an Steuerbord auch die Insel Ua Huka mit ihren schroff abfallenden Küsten.

Nach 58 Tagen auf See sind dies endlich die ersten Inseln der Südsee. Ein unbeschreibliches Gefühl befällt mich.

Am späten Nachmittag kreuze ich in der Nähe Ua Hukas gegen leichten Nordwestwind auf, und erst mit dem aufkommenden Tageslicht des folgenden Morgens steht SEVEN SEAS nur wenige Meilen südlich von Nuku Hiva. Jetzt habe ich es wirklich geschafft.

Auch Yogi befindet sich in Ankunftsstimmung. Aufgeregt wetzt er in bockigen Sprüngen über das schwankende Deck und schnuppert genüßlich den Duft der frischen Erde.

Vor einer morschen Pier tief am Ende der geschützten Taiohai-Bucht fällt um 11.15 Uhr der Anker.

Für eine Weile sitze ich zufrieden an Deck. Angespannt betrachte ich meine neue Umgebung und genieße die Tatsache, nach zwei Monaten auf See sicher gelandet zu sein. In der Nähe ankern drei weitere Yachten, zwei Amerikaner und ein Franzose. Noch bin ich froh, keinen Kontakt mit ihnen zu haben. Nicht daß ich nach langer Zeit des Alleinseins um meine Stimme fürchte, ich verspüre nur kein Verlangen, bereits jetzt Rede und Antwort zu stehen.

Minuten später löst sich ein Dingi von einer amerikanischen Slup und läuft zielstrebig in meine Richtung. Der Skipper, ein rothaariger, sonnenverbrannter Mittsechziger, liegt hart in den Riemen. Noch bevor er längsseits kommt, erreicht mich ein längerer Monolog:

,,Bin George, Einhandsegler aus San Diego, gestern hier angekommen. Schiff hab' ich selber gebaut in drei Jahren. Verdammt guter Trip gewesen. Fein, daß du hier bist. Hab mir ein paar Jahre Zeit genommen. Bin pensionierter Handelsmarinekapitän, habe mein Auskommen. Früher war ich Lehrer. Will morgen weiter nach Papeete, danach Raiatea, der Blumeninsel, verstehst du. Soll da die schönsten Mädchen in ganz Polynesien geben. Ach ja, äh, kannst du Schach – komm rüber zu mir, laß uns 'ne Runde spielen.''

Fünf Minuten später sitze ich im Salon von Georges schmucker 12-Meter-Yacht, hinter dem großen Schachbrett mir gegenüber in völliger Konzentration mein Gegner. Kein Wort kommt jetzt über seine Lippen. Ist sein Zug beendet, lehnt er sich zufrieden zurück, bedeutet mit ungeduldiger Gestik, daß ich an der Reihe sei, und fragt alle Augenblicke, ob ich Bobby Fisher kenne. Sei ein guter Freund von ihm. Doch mich beseelt nur ein einziger Wunsch: Ich will endlich an Land und meine neue Umgebung auskundschaften, Yogi herumtollen lassen und einklarieren. Kurz entschlossen werfe ich meine Dame Georges erstbestem Bauern zum Fraß vor, noch ein paar Züge, und ich bin matt. Na also!

,,Aber so geht das doch nicht'', meint George mitfühlend. ,,Paß auf, wir spielen jetzt noch einmal.''

Es ist bereits tiefe Nacht, als ich todmüde zu Yogi auf die Seven Seas zurückrudere.

Zwei Tage vergehen mit den üblichen Überholungsarbeiten. Doch eines Mittags läßt mich seltsame Unruhe Hals über Kopf den Anker lichten – Kurs Tahiti. Obwohl die 850 Seemeilen dorthin keine Kaffeefahrt sind, empfinde ich nicht die Spur einer seelischen Belastung. Ich starte diesen Törn in einer Art, die man fast schon als schlafwandlerisch bezeichnen könnte.

Dennoch werde ich nicht leichtsinnig. Nach wie vor schleppe ich eine 80 Meter lange Sicherheitsleine achteraus, die – an Klampen belegt – außerdem mit der Selbststeueranlage verbunden ist. Sollte ich tatsächlich einmal über Bord fallen, werde ich versuchen, an der Leine Halt zu finden, um die Steueranlage auszuschalten. Kaum ein Gedanke ist mir so unerträglich wie die Vorstellung, nach dem Überbordfallen das Schiff am Horizont verschwinden zu sehen.

Zwei Tage liegt SEVEN SEAS mit prächtiger Sturmfahrt auf raumem Kurs, als überraschend ein Mißgeschick passiert. Eine Verkettung von Ereignissen, von denen jedes einzelne beinahe tragisch geendet hätte.

Gegen die feste Gewohnheit, Yogi bei grober See niemals an Deck herumtollen zu lassen, gestatte ich ihm ein paar vorsichtige Sprünge auf der Steuerbordseite. Vom vielen Liegen und dem ständigen Scheuern in der Koje hat der Arme inzwischen kaum mehr Haare am Bauch. Ich mußte ihm einfach mehr Auslauf verschaffen. Aber da geschieht das oft Befürchtete. SEVEN SEAS holt über, Yogi verliert den Halt, rutscht außenbords und verschwindet im gurgelnden Kielwasser. Als ich in wilder Hast beigedreht habe, ist er bereits in meterhohen Seen untergetaucht. Ich starte den Motor und laufe ängstlich umherspähend zurück. Endlich entdecke ich ihn. Wild auf der Stelle tretend, schwimmt er ziellos umher. Gleich werde ich ihn erreicht haben. Aber da durchdringt ein plötzliches Würgen den Rumpf, das Schiff läuft quer und beginnt hoffnungslos abzutreiben. Die Sicherheitsleine hat sich in der Schraube verfangen und den Motor abgewürgt. Eine fast aussichtslose Situation.

Entschlossen, Yogi zu retten, befestige ich eine Leine am Heck, schlage das Ende um meinen Gürtel und hechte ins Wasser. Zwei, drei Schwimmstöße bringen mich in Yogis Reichweite. Schon Zug auf der Leine verspürend, bekomme ich ihn um Haaresbreite zu packen. Als er, sich wild schüttelnd, wieder an Deck steht, befällt mich pochendes Unbehagen. Erst jetzt wird mir klar, worauf ich mich da eingelassen habe. Nie im Traum wäre ich unter normalen Umständen auf See über Bord gesprungen. Aber Vorsätze sind da, um sie in der Not über den

Haufen zu werfen. Und ganz sicher befand sich weit und breit kein einziger Haifisch. Ich kann es nur hoffen, denn jetzt will ich noch einmal hinein, um den Tampen aus der Schraube zu schneiden. Kein einfacher Job, immer wieder unter das schwerstampfende Heck zu tauchen. Ein dutzendmal muß ich hinab, bis es mir gelingt.

Am 9. Tag, die Tuamotus liegen weit achteraus, bricht am frühen Morgen die Silhouette von Tahiti durch den milchigen Dunst am Horizont. Den ganzen Tag über treibe ich SEVEN SEAS mit wahrer Höllenfahrt voran, passiere das farbenfunkelnde Atoll Tetiaroa und erreiche noch am selben Abend die Hafeneinfahrt von Papeete.

Weil laut Anweisung des Handbuchs für die Einfahrt Lotsenzwang besteht, versuche ich, mich über Funk bemerkbar zu machen, erhalte aber keine Antwort. Danach gebe ich ebenso erfolglos Blinksignale und warte bis zum frühen Morgen. Dann setze ich die Lotsenflagge. Als ich noch immer unbemerkt bleibe, werfe ich den Motor an und laufe entschlossen in den Hafen. Immerhin befinde ich mich in Französisch-Polynesien, wo Bestimmungen gleich welcher Art nie so ganz ernst genommen werden.

Während ich im Pulk der ankernden Yachten nach einem Liegeplatz ausspähe, mischt sich in die Hochstimmung, die anläßlich der langersehnten Ankunft entstanden ist, auch ein Gefühl der Enttäuschung. Denn vor zehn Jahren, als ich Tahiti zum erstenmal besuchte, lag dort, wo heute dichter Autoverkehr vierspurig brandet, eine verträumte, spärlich belegte Yachtpier. Allgegenwärtiger Blumenduft und dichter Baumbestand beherrschten die Szene der Wasserfront. Und so war es jahrelang in meiner Erinnerung. Aber dann sinne ich nicht weiter darüber nach, denn an der Pier steht George, um mir beim Anlegen zu helfen. Und George hat es eilig. Erst gestern angekommen, warten bereits heute zwei honigfarbene Vahinen auf seine Rückkehr an Bord. Ich habe also kaum zu befürchten, Opfer einer erneuten Schachpartie zu werden.

George gehört übrigens zu jener Jüngerschar, die dem gleichen Irrglauben anhängt, dem schon die Seefahrer aus Cooks und Blighs Zeiten so schmerzlich erlagen. Für sie waren die polynesischen Frauen ,,the most beautiful girls in the world". Tatsächlich aber sind sie – von ganz bestechenden Ausnahmen abgesehen – nicht gerade mit Schönheit gesegnet. Eher das Gegenteil ist der Fall. Sie zeichnen sich häufig durch Plattfüße, Watschelgang und einen finsteren Blick aus.

Nach dem Einklarieren bereite ich Seven Seas für einen längeren Aufenthalt vor, setze das Sonnensegel und bringe die Gangway aus. Zwischendurch erscheinen die Nachbarn, um mich Neuankömmling in Augenschein zu nehmen. Die üblichen Fragen werden gestellt: Wo kommst du her? Wie lange warst du unterwegs? Ist dir auf den Marquesas die Yaga begegnet? Papeete ist der große Hafen der Fahrtenyachten. Ein Kreuzweg, wo man sicher sein kann, früher oder später eine Yacht zu treffen, die man kennt.

Am nächsten Morgen bin ich schon früh auf den Beinen. Ich gehe zur Post und erstehe anschließend einen brauchbaren Ersatz für das in Panama gestohlene Dingi. Yogi bleibt so lange an Bord. Wenn er auch ein pfiffiger Bursche ist, so bedeutet der ihm unbekannte Straßenverkehr doch eine erhebliche Gefahr.

Als ich zurückkehre, ist Yogi tot. Trotz aller Vorsichtsmaßnahmen war es ihm gelungen, über eine Nachbaryacht ans Ufer zu gelangen. Von einem Auto überfahren, liegt er leblos am Mittelstreifen der verkehrsbrandenden Uferstraße. Ein besonders schmerzlicher Verlust. Gut 10000 Seemeilen sind wir gemeinsam über zwei Ozeane gesegelt. Mir ist, als hätte ich den besten Freund verloren.

Täglich erreichen weitere Yachten den Hafen. Die Deutschen sind nach den Amerikanern am stärksten vertreten. Unter ihnen Elli und Ortwin Ahrens mit der Vahine. In Hamburg ursprünglich zur Weltumseglung gestartet, befallen die beiden jetzt Zweifel. Erschöpft von den letzten Strapazen seit Panama planen sie, zunächst Neuseeland anzulaufen. Dort soll das neue Schiff entstehen. Größer und viel bequemer.

Mitte August läuft die Plunsh ein. Die Weltumsegler Günther Hormann und Dietmar Viohl stehen noch völlig im Bann ihrer abenteuerlichen Jagderlebnisse auf den Marquesas-Inseln. Eingepökeltes Ziegenfleisch und Schweinshaxen hängen an den Kajütwänden. Bananenstauden zieren die Wanten, Roststreifen zeugen von weiter Fahrt. Eine Yacht wie aus einem Südseeroman. Dafür sind auch Kakerlaken an Bord. Aber Günther nennt sie zärtlich beim Vornamen und wacht über ihr Wohlergehen.

Zwischen Korallen und Haien

*Odyssee in den Tuamotus – Kampf mit der Muräne –
Hula-Hula in Avatoru – Tigerhaie im Angriff –
Bange Minuten am Außenriff*

Obwohl mir noch ein volles Vierteljahr bleibt, um vor Weihnachten Brigitte auf den Fidschiinseln wiederzutreffen (so lautet unsere letzte Verabredung), werde ich morgen früh Papeete endgültig verlassen. Schon viel zu lange erliege ich der wohligen Geborgenheit des Hafenlebens, vernachlässige ich alle guten Vorsätze und verschiebe die Weiterreise ständig auf den nächsten Tag.

Aber dann bringt der Zufall eine unerwartete Wende. Ich werde doch nicht nach Fidschi segeln, sondern einen ausgedehnten Abstecher ins ferne Inselreich der Tuamotus unternehmen. Als Mitglied einer Haifischexpedition auf das Atoll Rangiroa. Und das kam so:

Schon seit Wochen erwartet das amerikanische Forschungsschiff Søkende Hai, meine Nachbaryacht an der überfüllten Wasserfront, die Ankunft ihres Expeditionsleiters Dr. Donald Nelson. Pflichten als Professor für Meeresbiologie an der Universität von Los Angeles zögern seine Anreise jedoch immer wieder hinaus. Die Besatzung indes ist längst vollzählig. Da sind Dick, ebenfalls Meeresbiologe und Skipper an Bord, sowie Robert und Dennis, beides Studenten aus Kalifornien, und schließlich Kim als Köchin und Mädchen für alles.

Im Laufe der vergangenen Wochen haben wir häufig gemeinsam die bunten Korallengärten des Außenriffs durchforscht, zerfallene Wracks durchstöbert oder große Mengen Clamp-Muscheln gesammelt, die dann von Kim schmackhaft zubereitet wurden. Obwohl Robert beharrlich darauf bestand, daß dies alles nichts sei im Vergleich zu den Tauchgründen der Tuamotus, war auch ich bald völlig vom Unterwasserfieber gepackt. Und dann kam Don.

Ende Dreißig, hellblonder Bart (wie der eines U-Boot-Kommandanten) und die Ausstrahlung eines Studenten im zweiten Semester. Aber er hat auch etwas von einem Hai. Zum Beispiel die Augen. Stechend und lauernd wie die eines gutmütigen Makos. Haie bedeuten sein ganzes Leben. Die letzte Fahrt nach Rangiroa im vergangenen Jahr war Haiexpedition und Hochzeitsreise zugleich. Ein Fiasko. Nur wenige Tage nach der Ankunft verläßt ihn die frisch Angetraute fluchtartig. Ihr einziger Wunsch: nie wieder einen Haifisch zum Mann. Don spricht darüber abwinkend und gelassen. Alles, was außerhalb seiner Wissenschaft liegt, berührt ihn nur wenig.

Bei einem kleinen Bordfest am selben Abend wird seine Ankunft stürmisch gefeiert. Hauptgesprächsthema bilden natürlich Haifische – Walhaie, Tigerhaie, Hammerhaie. Aber auch Methoden anderer Meeresforscher werden erläutert und geben Anlaß zu ausschweifenden Diskussionen. Besonders das Thema der Finanzierung.

Don, der seine kostspieligen Expeditionen meist aus eigener Tasche bezahlt und nur gelegentlich über einen – spärlich honorierten – Forschungsauftrag der amerikanischen Marine oder der National Geographic Society verfügt, ist kaum in der Lage, voll zu bezahlende Hilfskräfte anzuheuern. Sogar jetzt, so kurz vor dem Start, sucht er händeringend noch einen weiteren, freiwilligen Mitarbeiter. Ohne große Vorrede werde ich daher kurzentschlossen zum Expeditionsmitglied ernannt und aufgefordert, bereits am nächsten Morgen startbereit zu sein. Bleibt gerade noch Zeit, einen ausführlichen Brief an Brigitte zu schreiben. Motto: Wiedersehen auf Tahiti – nicht Fidschi. Eine spontane Wende, die übrigens noch einen zusätzlichen Vorteil signalisiert: die vorzeitige Aufgabe meiner Einhandsegelei. Denn die Bewährungsprobe, die sie ursprünglich darstellte, empfand ich eigentlich schon auf Martinique als so gut wie bestanden.

Um mich bei der schwierigen Ansteuerung der Tuamotus zu unterstützen, fährt Dennis bei mir auf der Seven Seas mit. Gemeinsam mit der Søkende Hai verlassen wir in aller Frühe den Hafen.

Während Dennis und ich unter Vollzeug hoch am Wind liegen, verlieren wir die Søkende Hai bereits nach kürzester Zeit aus den Augen. Mit vollstehendem Groß als Stützsegel motort sie auf direktem Kurs und läßt uns weit an Backbord zurück. Für einen Moment erwäge auch ich, die Fock zu streichen und den Motor anzuwerfen. Aber dann verspüren wir nur wenig Lust, frontal gegen die aufgewühlte See anzuknüppeln.

Außerdem erlaubt mein Dieselvorrat keine allzu großen Sprünge. Nein, lieber segeln wir die rund 200 Meilen und nehmen in Kauf, ein paar Stunden später anzukommen.

Gegen Mittag liegt das kleine Atoll Tetiaroa als alter Bekannter querab. Die ersten 30 Meilen haben wir damit hinter uns gebracht. Falls SEVEN SEAS so weiterläuft, werden wir schon morgen vormittag die Breite von Rangiroa erreicht haben und die letzten 50 Meilen noch bis zum gleichen Abend bewältigen. Aber die Rechnung geht nicht auf. Bald schralt der Wind, der Kurs wird immer westlicher. Als wir uns endlich aufraffen, doch den Motor anzuwerfen, stehen wir bereits 70 Meilen westlich von Makatea.

Und dann ragen die ersten Palmenwipfel sanft hinter dem Horizont hervor. Wenn wir dem Sumlog trauen dürfen, muß dies Tikihau sein, westlicher Nachbar von Rangiroa. Und richtig: eine erste Sonnenstandlinie bestätigt unsere Annahme. Noch ein paar Meilen vorangeprescht und hineingesteuert ins Türkisblau der friedlichen Lagune von Rangiroa.

Der Wind ist inzwischen vollständig eingeschlafen. In ungetrübter Vorfreude pflügen wir jetzt scheinbar unaufhaltsam durch eine spiegelglatte See. Während ich in aller Ruhe das Frühstück bereite und über Radio Tahiti der neuste Inselhit plärrt, steht Dennis in aufgeräumter Stimmung an der Pinne und stellt sich gerade die verdutzten Gesichter der anderen vor, wenn wir so überraschend unter Höchstfahrt in die Lagune schneien, als uns das Unerwartete trifft: Der Motor schweigt. Völlig unvermittelt und ohne jede Vorwarnung. Kein Lüftchen rührt sich. Bleiern umgibt uns die reglose See. Die plötzliche Stille ist bedrückend.

Dennis stürzt in den Salon und steht mit einem Satz über der Maschine. Er unternimmt dieses und jenes, überprüft Einspritzleitungen, murmelt etwas von eventuellem Kompressionsverlust und dessen Ursachen, erwähnt die Gefahr einer verstopften Einspritzpumpe und wirft sich schließlich geschlagen auf die Backbordkoje.

Uns bleibt nur eine Wahl. Wir müssen segeln. Aber wo bleibt der Wind? Kein Wölkchen, nicht die geringsten Anzeichen sprechen für das Einsetzen einer Brise. Mißlich, denn wir treiben langsam, aber stetig in Richtung der dichten Brandungskette. Zwar trennt uns noch eine gute Meile davon, doch wenn uns das Pech verfolgt, werden wir in Kürze dort festsitzen. Nicht auszudenken!

Als wir unaufhaltsam weitertreiben, fällt mir das Schicksal der WANDERER ein. Berühmter Inselschoner mit abenteuerlicher Vergangenheit. Ich erinnere mich noch genau an das letzte Auslaufen aus seinem Heimathafen Papeete. Wenige Tage später rammt er voll aufs Riff von Rangiroa. Totalverlust! Das war im September 1964. Als Nichtsegler erschien mir das Unglück damals unbegreiflich. Schließlich war die WANDERER ein stolzer Segler mit eingespielter Besatzung, die jahrelang dieselben bewährten Routen befuhr und mit den Tücken der Tuamotus bestens vertraut gewesen sein sollte. Wenn die besten und erfahrensten Seeleute hier Schiffbruch erleiden, welches Schicksal ist uns Anfängern dann vorbestimmt? Ich bekomme einen faden Geschmack im Mund.

Nach zwei Stunden hören wir bereits erste Brandungsgeräusche. Das dumpfe Grollen sich brechender Seen und das helle Zischen ablaufender Wassermassen. Dennis ist die Ruhe selbst. Langausgestreckt im Cockpit spielt er den fröhlichen Propheten und sagt schon für die nächsten zwanzig Minuten eine Brise voraus. Ungebrochener Optimismus eines Vietnam-Veteranen. Als Frontkämpfer in fünf langen Jahren erwarb er seine eigene Philosophie: ,,Solange man nicht im Schlamassel drinsitzt, ist nichts passiert."

Eine Kabellänge vorm Riff setzt tatsächlich die prophezeite Brise ein. Nur ein Hauch zwar, doch stark genug, um die bisher nutzlos umherhängende Genua zu vollem Leben zu erwecken. Endlich verlassen wir die Gefahrenzone. Welch unendliche Erleichterung! Dennis quittiert den Umstand lediglich mit einem für ihn typischen ,,well, well", übernimmt das Ruder und pfeift überheblich vor sich hin.

Ein paar Meilen dümpeln wir träge voran und verbringen dann den ganzen Nachmittag und die folgende Nacht hindurch erneut in bleierner Flaute. Als Beute der Strömung treiben wir sinnlos umher, geraten gegen Morgen schließlich in leichte und wechselnde Winde und erreichen gegen Abend den Nordzipfel von Rangiroa. Tagesergebnis: zehn Meilen.

Die Hoffnung, nun endlich auch die letzte Etappe zu überwinden, wird erneut enttäuscht. Als Leidtragende einer besonders ausdauernden Flaute, diesmal für enervierende sechsunddreißig Stunden, treibt SEVEN SEAS mit schlaffem Tuch ziellos zwischen Tikihau und Rangiroa umher. Und nur die Verkettung selten günstiger Umstände bewahrt uns immer wieder vor den Klauen der Riffe.

Der dritte Tag nach dem Motorschaden wird der ärgste. Wir befinden uns, ich weiß nicht zum wievielten Male, auf der Seite von Tikihau, als uns eine unglücklich laufende Strömung erfaßt und uns der Brandung entgegenführt. So zügig, daß sogar Dennis seine Vietnam-Erfahrung vergißt. Mit baumelnden Armen steht er auf dem Vordeck und starrt schweigend voraus in die Gischt. Wenn doch nur der Hauch einer Brise . . . nur für Sekunden wenigstens. Aber nein, zu spät, viel zu spät. Schon schabt der erste Korallenblock hart am tonnenschweren Kiel der SEVEN SEAS – gleich werden wir festsitzen. Gibt es denn nichts, was uns noch rettet?

Während Dennis mit steten Pumpbewegungen an der Pinne arbeitet und den Bug wieder der offenen See zudrückt und ich mit raschen Handgriffen das Dingi löse, mit der Idee, SEVEN SEAS unter Zuhilfenahme des Außenborders ins tiefe Wasser zu bugsieren, rettet uns das Unerwartete. Das Schiff treibt in umgekehrte Richtung und verläßt die Brandungszone. Nie war die Erleichterung größer. Grund genug, eine große Flasche Marie Brizard zu öffnen und ausgiebig auf die ,,Vorsehung" zu trinken.

Inzwischen sind wir fast fünf Tage überfällig. Zweifellos hat die Besatzung der SØKENDE HAI bereits eine umfangreiche Suchaktion in die Wege geleitet und alle Hebel zu unserer ,,Rettung" in Bewegung gesetzt. Ein unerträglicher Gedanke. Doch was sollen wir tun? Zu allem Überfluß sind wir nicht einmal in der Lage, einen Funkspruch abzugeben. Es hilft nur das eine: Nerven bewahren. Aber dann kommt ein neuer Morgen und beschert uns endlich die heißersehnte Brise. Wie ein Geschenk des Himmels empfinden wir die zügige Fahrt, mit der SEVEN SEAS scheinbar schwerelos nach Norden prescht. Dem Ziel entgegen.

Euphorisch genießen wir die ungewohnte Lebhaftigkeit unserer Umgebung. Das Meer hat seine bleierne Schwere verloren und atmet mit steten Wellenbergen. Wolken ziehen, Schoten knarren, und das Boot reagiert auf die kleinste Ruderbewegung. Nur voran!

Mittags taucht plötzlich ein Flugzeug auf. Eine französische Militärmaschine vom Typ Neptune. Kein Zweifel: ein Suchflugzeug. Es fällt schräg über eine Tragfläche ab, geht in steilen Sinkflug über und röhrt in Masthöhe an uns vorüber. So dicht, daß wir die Gesichter der Piloten erkennen. Artig erwidern wir ihr Winken und versuchen, dabei so unbefangen und lässig wie möglich zu wirken. Wir wollen vermeiden, daß man jetzt, drei Meilen vor unserem Ziel, noch eine Rettungsaktion in die Wege leitet. Offenbar unschlüssig über die Art unserer „Seenot", startet der Flieger einen erneuten Anflug. Doch irgendwie müssen wir ihm klarmachen, daß bei uns zur Zeit alles andere als akute Bedrängnis besteht. Aber wie signalisiert man „Bei uns ist alles in Ordnung"? Nachdem ein flüchtiger Blick in Hiscocks „Segeln in Küstengewässern" darüber keinen befriedigenden Aufschluß gibt, sitzen wir beim letzten Anflug mit erhobenen Daumen im Cockpit. Ein Tragflächenwackeln („Verstanden!"), und wir sind wieder allein.

Aber nicht lange. Denn aus der nahen Passage von Avatoru, an deren Ende die Søkende Hai vor Anker liegt, rast jetzt ein großes Schlauchboot auf uns zu. Minuten später liegt es längsseits. Freudig begrüßen wir Robert und Dick und erfahren, daß französische Militärmaschinen von Tahiti aus schon seit vier Tagen regelmäßige Einsätze nach uns flogen. Unerklärlich, warum man uns nicht fand. Schließlich befanden wir uns doch fast ausnahmslos in einem bestimmten Gebiet zwischen Tikihau und Rangiroa.

Hoch am Wind nähern wir uns der Passage von Avatoru. Je mehr wir in den Einfluß der Insel geraten, um so mehr beginnt der Wind zu schralen. Außerdem setzt die Ebbe ein. Wie ein reißender Strom drängt das auslaufende Wasser mit steten fünf Knoten aus der Lagune. Wohl oder übel werden wir gegenankreuzen müssen. Ein riskantes Manöver – zu beiden Seiten ragen flache Sandbänke und messerscharfe Korallenköpfe in die schmale Fahrrinne. Aber damit nicht genug; es beginnt zu allem Überfluß schlagartig zu dämmern. Der eben noch blendendweiße Sandstreifen und das Grüngold der Palmen verschmelzen zu trübem und undurchsichtigem Grau. Im Handumdrehen ist es zu dunkel, um noch gefahrlos zu manövrieren. Eine bedenkliche Lage.

Zweifellos wäre es jetzt am klügsten, beizudrehen, um am nächsten Morgen einen erneuten Versuch zu starten, aber da ergreifen Robert und Dick, die noch immer in der Nähe umherkreuzen, die Initiative. Die beiden kennen die Einfahrt mit ihren Untiefen gut genug, um uns im Dunkeln den Weg weisen zu können. Mit der Taschenlampe wollen sie uns signalisieren, wann der jeweilige Zeitpunkt zum Wenden gekommen ist. Mit Höchstfahrt erreichen wir den Eingang zur Passage und befolgen gebannt die Zeichen unserer Lotsen. Inzwischen ist es stockfinster. Wir müssen unbedingt vermeiden, jetzt einen Fehler zu machen. Aber die Seven Seas reagiert bei dieser Fahrt wie eine Jolle auf das Ruder. Und auch die Arbeit, die Dennis an der Vorschot leistet, kann sich sehen lassen.

Obwohl wir rauschende Fahrt durchs Wasser machen, schleppen wir uns nur mühsam voran und erzielen in der starken Strömung nur knappe zwei Knoten über Grund. Trotzdem ist es aufregend, dieses Blindsegeln zwischen Korallen und Sandbänken. Jedes Manöver gegen Wind und Strom dauert nur wenige Sekunden, bis ein erneutes Signal uns zur Wende mahnt. Schlag folgt auf Schlag: Blinkzeichen, Pinne nach Lee, Schot bedient und weiter auf dem anderen Bug. Ein paar Atemzüge lang vorangeprescht, erneutes Blinken und Rhe. Das wiederholt sich fast zwei Dutzend Mal, bis wir am Heck der Sökende Hai erleichtert in den Wind schießen und in wilder Hast zwei schwere Anker ausbringen.

Später an Bord des Forschungsschiffes besteht doppelter Anlaß zu einer kleinen Feier. Es ist Kims Geburtstag. Und während wir große Mengen Torte verschlingen, legt Don uns einen Stapel fast druckfrischer Zeitungsausschnitte vor. Sie stammen aus dem ,,Journal de Tahiti", das täglich mit dem Flugzeug herüberkommt. ,,Deutscher Einhandsegler in den Tuamotus verschollen!" schreit es uns von einer Titelseite entgegen. ,,Keine Neuigkeiten von der Seven Seas", heißt es auf einer anderen. Die jeweiligen Kommentare strotzen nur so von haarsträubenden Mutmaßungen über das ,,Schicksal der Seven Seas". Die wohlige Geborgenheit der Sökende Hai und das stärkende Bewußtsein, dennoch allen Gefahren getrotzt zu haben, lassen uns jetzt köstlich darüber amüsieren. Doch wie leicht hätten wir tatsächlich . . ., aber Schwamm darüber.

Mit aufgehender Sonne überwältigt mich am folgenden Morgen die Schönheit meiner neuen Umgebung. Malerisch verteilen sich die Hütten der Eingeborenen über das westliche Ufer. Saftige Brotfruchtbäume und hochwüchsige Palmen umsäumen den kleinen Ort. Kinder in grellbunten Pareos spielen am Strand. Irgendwo steigt eine Rauchfahne auf. Der Geruch von verbranntem Holz, vereint mit dem süßen Duft der Tiareblüte, zieht verlockend herüber. Ich muß diese Atmosphäre einfach aus nächster Nähe auskosten. Im Handumdrehen klare ich das Dingi auf und kämpfe mich durch die Strömung an eine alte Betonpier. Hier empfängt mich Morris. Weite Khakishorts und breitkrempiger Pandanus-Hut — eine Gestalt wie aus dem Südseeroman. Er ist Halbpolynesier mit australischem Vater und bekleidet das Amt des Postmeisters. Er hält Funkkontakt mit Papeete und leitet außerdem die örtliche Kühlstation.

Das Kühlhaus, ein kleiner Verschlag gleich hinter der Pier, bildet das Zentrum aller Aktivitäten an der Wasserfront. Hier werden die Fänge der Fischer von Avatoru bis zum fünf Meilen entfernten Tiputa gelagert. Zweimal im Monat transportiert ein Inselschoner den Fisch nach Tahiti, wo er auf den Markt geworfen wird. Meist jedoch zu hohen Preisen, daß er für den Großteil der Einheimischen unerschwinglich ist. Oft ist es billiger, eine Dose Corned beef beim chinesischen Krämer zu erstehen.

Auf der Søkende Hai herrschen inzwischen fieberhafte Vorbereitungen für einen ersten Tauchausflug. Fünf Meilen im Südwesten inmitten der großen Lagune liegt die kleine Insel Motu Paio; unweit von ihr ein flaches, von Leben erfülltes Korallenplateau. Teile davon ragen als sogenannte „Niggerheads" bis an die Wasseroberfläche. Hier vermutet Don das Revier stattlicher Schulen räuberischer „White tips", zahlreich vorkommende Lagunenhaie. Er nimmt an, daß die Tiere dort in den frühen Morgenstunden auf Beutezug gehen. Denn interessanterweise läßt sich um diese Zeit im weiten Umkreis unseres Ankerplatzes tagelang kein einziger Hai erblicken.

Es ist früh am Morgen. Eben erhebt sich die Sonne glutrot über dem noch schlafenden Ort. Das große Schlauchboot der Søkende Hai ist vollgepackt mit Ausrüstung. Nachdem Kim eine letzte Runde Kaffee ausgeschenkt hat, klettern wir an Bord, kauern uns zwischen das Wirrwarr der Ausrüstung und stieben mit voller Fahrt über das teichglatte Wasser der Lagune.

Als wir den ungefähren Bestimmungsort erreicht haben, können wir nicht auf Anhieb das Plateau ausmachen. Inmitten der weiten Wasserwüste und ohne Anhaltspunkte ist es schwer, sich zu orientieren. Und da wir darauf brennen, möglichst schnell am Ziel zu sein, entschließt sich Dick, über Bord zu gehen, um auf eigene Faust das Plateau zu suchen. Gebannt verfolgen wir seinen Kurs. Hin und wieder verschwindet er minutenlang unter Wasser, um unerwartet an anderer Stelle wieder aufzutauchen. Aber noch deutet nichts darauf hin, daß er eine Spur verfolgt. Bis er plötzlich seinen Kurs ändert und mit schnellen Stößen auf das Boot zustrebt. Aufgeregt versucht er, uns etwas zuzurufen, vergißt jedoch in seiner wilden Hast, den Schnorchel aus dem Mund zu nehmen. Ein unverständliches Gestammel, von dem jeder nur ein einziges Wort versteht: Haie!

Unser Stichwort also und Signal für Don, augenblicklich Anker zu werfen, um alle Vorbereitungen für einen Abstieg zu treffen.

Hastig greift nun jeder nach seinen Utensilien. Flaschen werden angeschnallt, Bleigürtel umgelegt, Kameras entsichert. Inzwischen ist Dick an Bord geklettert und gibt seinen Lagebericht. Aufgeregt spricht er von einer mächtigen Schule, bestehend aus über hundert kapitalen Grauhaien. Wie in einem Rausch sollen die Bestien gnadenlos über jeden Fisch herfallen, der sich nicht rechtzeitig in Sicherheit bringt. Ein regelrechtes Massaker.

Don quittiert den Bericht mit sichtbarem Interesse. Mit dem Kopf zuerst gleitet er sogleich verwegen außenbords, um sich bereits nach wenigen Schwimmstößen zielstrebig in der Tiefe zu verlieren. Dennis und Robert stürzen sich nicht weniger kühn gleich hinterher. Und weil dem letzten im Boot stets die Aufgabe obliegt, Kamera und Filmausrüstung nachzureichen, komme ich dieser Pflicht in aller Ruhe nach. Dann schlüpfe ich ganz ohne Hast in meine Schwimmflossen, streife Maske und Schnorchel über, greife die Harpune und strecke die Gummistropps in ihre Abschußpositionen. Nun bin auch ich bereit. Doch vorher werfe ich einen Blick in die Tiefe, um zu sehen, ob das Wasser „rein" ist. In der Nähe entdecke ich Robert. Mit ruhigen Bewegungen kreist er beobachtend um eine massive Korallenbank. Als ich im Wasser bin, schwimmt er aufgeregt in meine Richtung und macht wilde Handzeichen, ihm unbedingt zu folgen.

Mit kräftigen Flossenschlägen streben wir einem breiten Korallenplateau zu, an dessen Unterseite eine dunkle Öffnung klafft. Der Eingang zu einer Höhle. Ohne Zweifel versteckt sich dort etwas Außergewöhnliches, denn Roberts Schwimmbewegungen werden plötzlich seltsam pirschend. Die Art, mit der er seine Harpune umklammert, verrät höchste Anspannung. Dann schwebt er genau über der Höhle und erwartet voller Ungeduld, daß ich endlich abtauche, um dort einen Blick hineinzuwerfen.

Nachdem ich zunächst eine halbe Minute kräftig die Lungen aufpumpe, begebe ich mich auf den gut acht Meter tiefen Abstieg. Vor der Grotte angekommen, finde ich Halt an einer kräftigen Korallenverästelung und wage mit angespannten Sinnen einen ersten Blick in das gähnende Loch. Zu meiner Enttäuschung sehe ich jedoch gar nichts, nur tiefschwarze Leere. Aber dann, nur Sekunden später, als ich an die Dunkelheit gewöhnt bin, glaube ich meinen Augen nicht zu trauen. Starr vor Verblüffung blicke ich in die häßliche Fratze einer gewaltigen Muräne. Für einen Moment glaube ich fest, einer optischen Täuschung zu erliegen. Das Tier ist so mächtig, daß ich den Anflug einer Gänsehaut verspüre. Wie gebannt starre ich auf einen Kopf, der allein nach flüchtiger Schätzung einen guten halben Meter mißt.

Instinktiv hebe ich die Harpune, zögere einen Moment, denn ein heftiges Pochen in den Schläfen erinnert mich an akuten Luftmangel, spanne ohne zu überlegen den Körper und jage dem Untier die Harpune mitten durch den dicken Hals. Im selben Moment wird mir die Waffe aus der Hand gerissen. Ich sehe, wie sie in der Höhle verschwindet, habe aber nur noch ein Bestreben: nach oben. Mit jeder Schwimmbewegung wird der Luftmangel deutlicher fühlbar. Meine Brust hebt und senkt sich bereits krampfartig; ich beiße die Zähne zusammen und schwimme weiter.

Endlich an der Oberfläche, habe ich Zeit zu überdenken, was sich soeben abgespielt hat. Und dann wird mir schlagartig bewußt, mit was für einem Gegner ich mich da eingelassen habe. Diese Muräne muß, nach dem Umfang ihres Halses, mindestens so lang sein wie ich selbst. Außerdem ist der Biß des Tieres giftig. Dennoch lasse ich mich davon nicht abschrecken und halte Ausschau nach Robert, der inzwischen vor die Höhle getaucht ist, um meine Harpune zu retten.

Aus Leibeskräften reißt er an der Leine, aber die Muräne hält hartnäckig fest. Auch ich jage nun wieder entschlossen nach unten. Drei-, vier-, sechsmal tauche ich ab, zerre an der Leine, stemme mich von allen Seiten gegen die Korallenstöcke, stoße mit der Harpune ins Dunkel und versuche alles, was möglich ist. Doch es gelingt nicht, die Muräne auch nur einen Zentimeter weiter herauszubewegen.

Erschöpft und atemlos müssen wir ein wenig rasten. Während wir an der Oberfläche treiben und überlegen, bemerken wir, wie sich die Landschaft unter uns zusehends bevölkert. Nicht weniger als ein Dutzend Barsche, unübersehbare Schwärme großer Korallenfische und eine Schule starrblickender Barrakudas schwimmen neugierig vor der Höhle umher. Der Lärm hat sie offenbar aus ihren Verstecken gelockt, um Zeugen unseres Gefechts zu werden.

Dann tauche ich entschlossen wieder ab. Diesmal muß die Entscheidung fallen. Mit den Füßen stemme ich mich gegen den Korallenblock, reiße ruckartig an der Harpune, taumele zurück und verliere vorübergehend das Gleichgewicht. Die Leine ist in zwei Teile gerissen, die Muräne mit dem Speer tief am Ende der Höhle verschwunden. Jetzt hat mich das Jagdfieber vollends gepackt. Das Tier muß zur Strecke gebracht werden!

Mit schnellen Flossenschlägen schwimme ich zunächst nach oben. Robert, der mein Pech verfolgt hat, erreicht mich auf halbem Weg. Mit durchgeladener Harpune strebt nun er auf den Kampfplatz zu. Sekunden später sehe ich, wie sein Speer heftig schlagend aus der Höhle ragt. Offenbar hat er die Muräne besser im Griff, denn er zerrt bereits einen Teil des Tieres aus seinem Unterschlupf. Doch wenn es das Pech will, gelingt es der wütenden Muräne abermals, sich mit ihrem gewaltigen Schwanzende ins verästelte Loch zu ziehen. Ich atme durch und tauche entschlossen ab.

Während Robert mit allem Kraftaufwand weiterhin an der Leine reißt, gelingt es mir, einige Korallenbrocken aus dem Höhleneingang zu schlagen. Der Erfolg ist verblüffend! Im selben Augenblick jagt aus dem getrübten Wasser unvermittelt die Muräne hervor, deren gewaltige Ausmaße wir erst jetzt erkennen. Das häßliche Tier schießt in zügelloser Kraft neben und unter uns umher und hat das tückische Maul weit aufgerissen. Zum Glück ist Roberts Harpune lang genug, um das rasende Tier auf sichere Distanz in Schach zu halten. Denn wenn die Muräne einen von uns erreicht, so wird er kaum lebendig an Land kommen. Wo sich eine Muräne einmal mit ihren giftigen Zähnen verbissen hat, dort läßt sie nicht wieder locker, sondern beißt sich immer tiefer und tiefer ins Fleisch.

Dann geschieht etwas, was uns vor Schreck erstarren läßt. Angelockt durch den Todeskampf der Muräne, rast plötzlich eine Formation beutegieriger Haie auf uns zu. Der erste schießt direkt unter meinen Füßen hinweg. Um nicht seinen Rücken zu streifen, ziehe ich unwillkürlich die Beine an. Mit weit aufgerissenem Maul fällt er über die Muräne her. Ich erkenne deutlich die Schüttelbewegung, mit der er die Beute in zwei Hälften teilt, bemerke erschrocken, wie er zögernd in unsere Richtung starrt, und stehle mich rückwärtsschwimmend davon. Schon fallen seine Brüder gierig über den Rest her. Robert, der geistesgegenwärtig die Harpune fallen ließ, schwimmt jetzt mit ruhigen und gleichmäßigen Flossenschlägen in meine Richtung. Unbedingt müssen wir vermeiden, Nervosität zu zeigen. Denn genau das würde die Haie mit ihrem feinen Spürsinn hemmungslos dazu verleiten, auch uns zu attackieren.

Und dann passiert es tatsächlich: Nur wenige Sekunden sind vergangen, als eine der Bestien ausschert und unheilvoll auf uns zurast. Ich sehe bloß den dicken Leib, erkenne die breiten Brustflossen und das noch geschlossene Maul. Kein Zweifel, jetzt werden wir ihr nächstes

Opfer sein. Mit angespannten Sinnen winkele ich wieder beide Beine an und stoße, als das Haimaul drohend an mir vorüberschießt, unter größter Kraftanstrengung in seine Richtung. Der durch den heftigen Stoß verursachte Wasserdruck scheint Wunder auf die Sinnesorgane des Haies zu wirken. Wie von einem Schlag getroffen, legt er sich ruckartig auf die Seite, ändert den Kurs und verschwindet erschrocken in der Tiefe.

Unsere Schwimmbewegungen werden jetzt immer stürmischer. Uns beseelt nur ein einziges Streben: raus aus dem Wasser! Kaum in Sicherheit, erreichen auch die anderen das Schlauchboot. Wir tauschen unsere Erlebnisse aus. Unerschöpflicher Gesprächsstoff, der sich bis in die späte Nacht an Bord der Sükende Hai hinzieht.

Eines Tages trägt die abflauende Landbrise verlockende Hulamelodien zu uns ins Cockpit. Beim Klang der Trommeln und Ukulelen gerät Robert völlig aus dem Häuschen. Herausfordernd tanzt er in merkwürdigem Rhythmus immer wieder von vorn nach achtern, bis er uns restlos davon überzeugt, daß es jetzt kein Halten mehr gibt: Wir müssen einfach hinüber zum Dorf, um mitzumachen. Kaum sind wir an Land, befinden wir uns schon inmitten des ausgelassensten Treibens. Das ganze Dorf scheint auf den Beinen.

Sogar der chinesische Krämer hat seinen Laden dichtgemacht. Gemeinsam mit seiner polynesischen Frau mischt er sich in die Reihen der Vergnügungssüchtigen. Morris von der Kühlstation sehen wir zum erstenmal im Hemd. Ein knallig bunter Stoff, auf dem die feuerroten Tiareblüten wie Ampeln blinken. Auf dem freien Gelände vor der protestantischen Kirche erreichen wir das Zentrum der Ereignisse. Dichtgedrängt kauert man hier um eine wildmusizierende Kapelle. Eine Schar ausgelassener Burschen fordert uns lebhaft auf, Platz zu nehmen. Und schon eröffnet eine Tanzgruppe junger Vahinen in kurzen Pareos und süß duftenden Blumenketten einen spontanen Tamouré. Eine faszinierende Darbietung. Nicht allein ihre Füße tanzen, auch ihre Arme, Hände, Finger, ja ihre Augen scheinen dem Rhythmus erlegen. Biegsame Körper werfen nackte Arme empor, scheinen zu gleiten und zu schweben.

Es ist inzwischen Ende November. Höchste Zeit, langsam Segel zu setzen, um zurück nach Tahiti zu kreuzen. Noch vor Weihnachten wird Brigitte mit dem Flugzeug Papeete erreichen. Doch bevor ich mich ohne Motorhilfe auf den beschwerlichen Rückweg wage, müssen letzte Vorbereitungen getroffen werden. Da ich jetzt allein auf die Segeleigenschaften der SEVEN SEAS angewiesen bin, säubere ich zunächst das Unterwasserschiff. Mit Spachtel und Bürste entferne ich Gras und Entenmuscheln. Dann überprüfe ich die Arbeitsfock. Der Vorlieksdraht ist an zwei Stellen total durchgerostet; er will sich nicht mehr durchsetzen lassen. Eine überraschende Feststellung. Mit mehreren Eisenklemmen, einem Ende Draht und einer Rolle Isolierband repariere ich den Schaden. Die Fron des anschließenden Vernähens läßt mich zwei volle Tage im Schneidersitz an Deck verbringen.

Als ich startbereit bin, um einen günstigen Nordwind zu nutzen, erscheinen unerwartet Dick und Robert an Bord, um mich in letzter Minute zu einem abschließenden Abenteuer zu entführen.

Gestern abend haben die beiden vor der Passage in der offenen See eine Falle ausgelegt. Jetzt zerrt dort ein erstes Opfer wild an der Kette. Ein fast fünf Meter langer Tigerhai. Endlich kann Dick seinen „Bangstick", ein Haiabwehrgeschoß, aus sicherer Position ausprobieren und die Wirkung obendrein mit der Filmkamera festhalten. Ich werde beauftragt, den Kameramann zu spielen. An der Fangstelle gleitet Dick sogleich vorsichtig außenbords, um den Anker auszubringen. Doch kaum im Wasser, schießt er von heilloser Furcht gepackt zurück an Bord. So verschreckt haben wir ihn noch nie erlebt. Kreidebleich berichtet er von einer großen Schule Tigerhaie, die dort unten nervös um ihren gefangenen Bruder schwimmt. Einige seien sofort dazu übergegangen, ihn eng zu umkreisen. Ein gefährliches Signal.

Wir warten ab. Gebannt beobachten wir das Wasser. Als sich die Bestien zurückziehen, schnallen wir Flaschen um. Ich greife zur Kamera, dann tauchen wir ab. Unsere Umgebung ist trübe. Die nahe Brandung wirbelt Sand und Korallen auf.

Während ich versuche, mich angestrengt auf den winzigen Rahmen des Suchers zu konzentrieren, verspüre ich nur den einen Wunsch: Augen im Rücken! Denn jeden Moment kann das gefährliche Rudel unerwartet aus dem Nichts auftauchen, um hemmungslos über uns herzufallen. Aber Dick denkt gar nicht daran, sich zu beeilen. Wie ein Matador umkreist er den Hai von allen Seiten und schwingt dabei seinen „Bangstick". Drückt ab! Und dann ist es soweit. Die Kamera läuft, eine dumpfe Explosion, tiefrote Blutwolken – der Hai ist tot.

Und schon umgeben uns die wilden Bestien aus dem Hinterhalt, stürzen sich blutrünstig auf das erlegte Opfer und reißen es in Stücke.

Zurück bleibt ein abgenagtes Gerippe. Dann geschieht ein merkwürdiger Vorfall. In blitzartigem Angriff rast einer der „Tiger" auf die letzten Fleischfetzen am Haken zu und erliegt der Ironie des Schicksals. Der riesige Haken, der bereits seinem Bruder zum Verhängnis wurde, ragt jetzt ihm drohend aus dem weit aufgerissenen Kiefer. Mit dieser neuen Beute im Schlepp laufen wir zurück zur Søkende Hai. Dort entfernt Robert mit dem Tauchermesser fein säuberlich das gewaltige Gebiß. Später in Kalifornien wird er es spielend für etwa 80 Dollar an den Mann bringen können.

Meine Erwartungen für die Rückfahrt sind nach den gefahrvollen Erlebnissen während der Anreise alles andere als hochgesteckt. Fest entschlossen, nur bei allergünstigsten Wetterverhältnissen auszulaufen, nutze ich den noch immer herrschenden Nordwind in der Hoffnung, noch am selben Tag den Bereich der Inseln zu verlassen. Schon wenige Kreuzschläge bei ablaufendem Wasser bringen mich zügig der offenen See entgegen. Für eine Weile begleitet mich das Schlauchboot der Søkende Hai, dann bin ich allein.

Unter Vollzeug folge ich dem Küstenverlauf und erreiche mitten in der Nacht die breite Passage zwischen Rangiroa und dem östlichen Nachbarn Arotua, als mich überraschend bleierne Flaute umgibt. Weit an Steuerbord dröhnt unsichtbar Brandung, dichte Quellbewölkung bringt peitschende Regengüsse. Donner grollt. Ich berge Segel und blicke angstvoll ins Dunkel. Erste Blitze zucken grell ins Wasser und verstreuen ein aschgraues Licht über das Deck. Seven Seas treibt hilflos und mit unsicherem Schiffsort.

Drei Stunden später erkenne ich in einer raschen Blitzfolge die nahe Brandungskette. Die östliche Riffkette Rangiroas. Ich bin fassungslos. Wenn ich nicht augenblicklich handele, kann es schon in Minuten zu spät sein. Ich schlage den Anker an, stecke die volle Kettenlänge und verlängere mit 180 Meter Nylontrosse. Ein sinnloser Versuch. Viel zu steil fällt das Riff ab, um Grund zu bekommen.

Inzwischen leuchtet bereits das weiße Schäumen der Brandung unheilvoll durch die Dunkelheit. Mit fliegenden Händen berge ich das Ankergeschirr, löse mit wenigen Griffen das Dingi aus seiner Halterung, lege es vor Bug- und Heckleine längsseits an Steuerbord und montiere den Außenborder. Obgleich ich darin im stillen nur einen weiteren kläglichen Versuch sehe, wird es ein durchschlagender Erfolg: Langsam, aber beständig entführen mich die zwei Pferdestärken der unmittelbaren

Gefahr. Das Gewitter geht vorüber. Wind setzt ein. Ich berge Dingi und Außenborder, setze wieder Segel und gehe auf Kurs. Dann justiere ich die Selbststeueranlage und falle erschöpft in die Koje.

36 Stunden später passiere ich das nun schon gutbekannte Atoll Tetiaroa und gelange mit einbrechendem Tageslicht in den Dunstkreis von Papeete. Nur drei Kabellängen vor der Hafeneinfahrt bleibt plötzlich der Wind aus. Sogleich reffe ich das Großsegel aus und tausche die Arbeitsfock gegen die leichte Genua. Mit schlaff durchhängendem Tuch treibt SEVEN SEAS der offenen See entgegen.

Nur wenig später kentert der Strom und treibt das Schiff der Brandungskette entgegen. Es ist zum Verzweifeln! Aber diesmal will ich mich retten lassen. Kurz entschlossen jage ich eine Serie roter Fallschirmraketen in den ungetrübten Himmel. Während ich der Gefahrenzone zutreibe, spähe ich abwartend in alle Richtungen. Mehrere Fischerboote in unmittelbarer Nähe ziehen ungerührt an ihren Netzen. Eine französische Fregatte läuft majestätisch nur wenige Meilen entfernt dem Horizont entgegen, und die dunklen Fenster der Kontrollturmkuppel des nahen Flughafens starren abweisend in meine Richtung. Ich zünde eine letzte Rakete und warte angstvoll. Aber nichts geschieht. Ich setze das Dingi aus und rette mich auf bewährte Weise. 36 Stunden treibt SEVEN SEAS hilflos zwischen der Hafeneinfahrt und der Nachbarinsel Moorea.

Immer wieder entkomme ich mit Ach und Krach der drohenden Brandung am Küstenriff, bis eine leicht aufkommende Landbrise endlich wieder die Segel füllt. Über alle Maßen erleichtert, kreuze ich in den längst schlafenden Hafen. Welch wohliges Bewußtsein, allen Gefahren aus eigener Kraft getrotzt zu haben!

Die folgenden Tage bis zur Ankunft Brigittes stehen im Zeichen weitreichender Vorbereitung. Ich muß die Maschine in Gang bringen, Proviant besorgen und zahllose Kleinigkeiten überholen und reparieren.

Zum erstenmal gelingt mir ein flüchtiger Blick in die mechanischen Geheimnisse. Lehrherr ist Marc, ein amerikanischer Yachtsman. Mit Engelsgeduld referiert er über Funktionsprinzipien und Aufbau der Dieselmaschine, um schließlich vor Ort den Schaden mit wenigen Handgriffen zu analysieren: ,,Aha, Kompressionsverlust mit Ursache an den Ventilen." Wie bitte? ,,Außerdem liegt das Moment der Kopfmuttern weit unter sechs Kilo." Ach so!

Als Folge sieht es unter Deck wie in einer mittleren Reparaturwerkstatt aus. Zylinderkopf und Kühlsystem verteilen sich über Pantry und

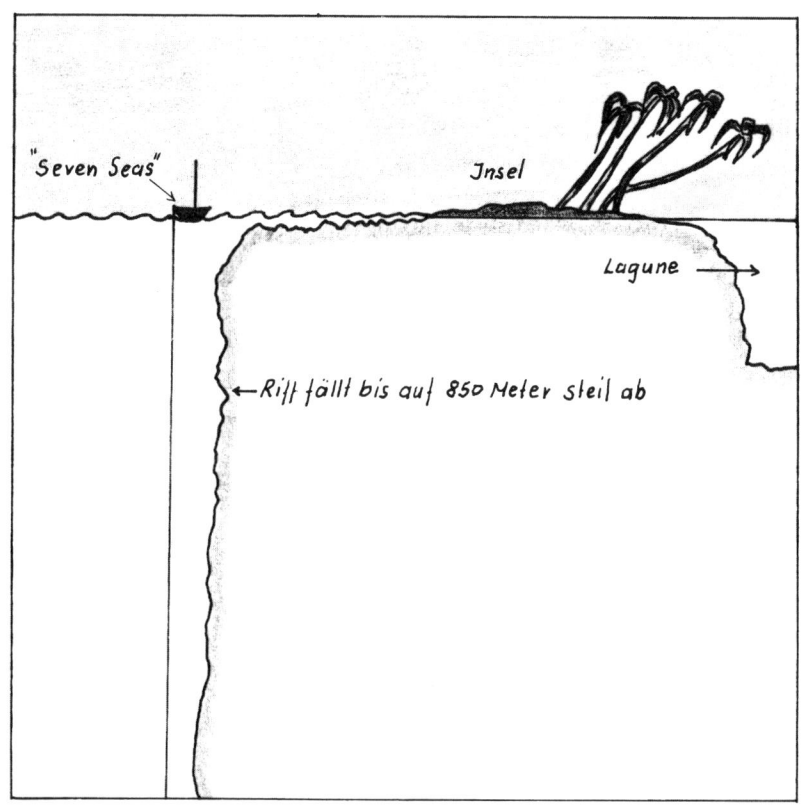

Vergeblicher Versuch, bei Flaute und Strömung vor dem Ostkap Rangiroas Ankergrund zu finden.

Teile des Salons. Ventile und Federn liegen in einer Wanne auf dem Kartentisch. Vor dem gähnenden Loch des Motorraumes stapeln sich Werkzeuge und Feudel. Nichts während der ganzen Jahre auf See hat mich je stärker deprimiert als das heillose Durcheinander bei Motorarbeiten. Aber es gibt schließlich auch Auswirkungen positiver Art. Zum einen läuft der Motor wieder mit größter Präzision, und zum anderen tragen Marcs Lehren erste Früchte. Denn die Ventile stelle ich am Ende selber ein.

Am 6. Dezember landet Brigitte auf dem Flughafen von Faa. Drei ermüdende Reisetage liegen hinter ihr. Doch das Bewußtsein, endlich am Ziel zu sein, läßt sie bald jede Erschöpfung vergessen. Für mich besteht weiterer Grund zur Freude. Ein riesiges Paket, 80 Kilo schwer, ist angefüllt mit heißersehnten Mitbringseln. Genießerisch breiten wir sie über das Cockpit aus:

Ein nagelneuer Steuerkompaß, eine stahlblitzende Rollfockanlage, eine längst überfällige Frischwasserpumpe für die Pantry, eine weitere für die Bilge und das Wichtigste: fast hundert ungelesene und noch druckfrische Taschenbücher für die Bordbibliothek. Darunter unentbehrliche Nachschlagwerke aus allen Wissensgebieten – Astronomie, Meereskunde, Biologie, Geschichte, Geographie, Kunst, Geologie . . .

Für die nun folgenden Monate planen wir, ausschließlich im Bereich Französisch-Polynesiens zu kreuzen, um irgendwann im April – nach Ausklang der Zyklonsaison im westlichen Südpazifik – weiter in Richtung Suvorov-Atoll und Samoa zu segeln. Kurz vor Weihnachten setzen wir nach langer Zeit wieder gemeinsam Segel, um den Heiligen Abend auf Moorea, Tahitis paradiesischer Nachbarinsel, zu verleben.

Pazifische Kreuzfahrt

Weihnacht auf Moorea – Im Limonenrausch – Inseln unserer Träume: Huahine, Raiatea, Bora Bora – Auf den Spuren Graf Luckners – Zu Besuch bei Tom Neale – Wir spielen Robinson

Unser malerischer Ankerplatz im Schatten des Mount Tiger Tooth hält auch der überschwenglichsten Beschreibung stand. Die von dichtem Buschwerk umsäumte Küste fällt so steil ab, daß wir vom Heck aus in einem Satz an den feinen Sandstrand gelangen können. Die Achterleine ist an einer Palme festgemacht.

Gestern sind wir angekommen. Mit uns die letzte Ente vom Markt in Papeete – der Weihnachtsbraten. Im Schatten des großen Sonnensegels sitzt Brigitte im Cockpit und rupft Federn. In der Nähe ankern weitere Yachten. Eine neuseeländische, eine aus Kalifornien und die PINOCCHIO mit Elke und Bernd. Auch sie sind vor dem Trubel in Papeete geflüchtet, um in Ruhe die Festtage zu verleben.

Bald findet ein heimlicher Wettbewerb statt: Wer hat die am festlichsten geschmückte Yacht? Auf allen Schiffen ragen buschige Hibiskusstauden und mächtige Palmwedel in den weihnachtlichen Himmel; die PEGASUS verblüfft sogar mit einer elektrischen Lichterkette. Und trotzdem, die Ausscheidung gewinnt Brigitte. Unter der Deckenbeleuchtung im Salon der SEVEN SEAS schweben pausbäckige Posaunenengel, Lametta und Pfefferkuchen zieren Pantry und Kartentisch, und der aufgestellte Quelle-Weihnachtsbaum strahlt im hellen Lichterglanz: ein faltbares Etwas, das als Grundausstattung von Anfang an zur SEVEN SEAS gehört und mir von jeher ein Dorn im Auge ist. Aber schließlich ist Weihnachten, und wir reden nicht weiter darüber.

Der erste Feiertag beschert uns unversehens eine Überraschung besonderer Art: eine Orkanbö mit einer Geschwindigkeit von mehr als 100 Stundenkilometern. Alles geht wie im Handumdrehen. Wir hören nur das peitschende Geräusch einer berstenden Achterleine, stürzen an Deck, erkennen die schwarze Wetterfront und bemerken erschrocken, daß Seven Seas bereits unheilvoll ins Treiben geraten ist. Eine gefahrvolle Situation, denn der Motor wird nicht starten! Im Vorschiff surrt gerade ein Honda, um die Batterien zu laden. In fieberhafter Eile befördern wir zwei schwere Ersatzanker an Deck und schlagen Ketten und Leinen an. Die eben noch friedvoll sonnenüberflutete Umgebung wird zum Chaos. Sandschwaden wirbeln auf, schwere Kokosnüsse schlagen polternd auf den harten Sandboden, und weißer Gischt rast waagerecht über die Weiten der Bucht.

Jetzt beginnt auch die benachbarte Pegasus zu treiben. Wir bringen Fender aus und halten die schwer stampfenden Schiffe nur mit Anstrengung davon ab, seitlich gegeneinanderzuschlagen. Scheinbar unaufhaltsam treiben die beiden Yachten den Untiefen zu. Aber den Jungs von der Pegasus gelingt es, sich unter Maschine freizukämpfen, um anschließend zu uns herüberzuschwimmen und Hilfestellung zu leisten. Endlich fassen auch die Anker der Seven Seas. Die Pinocchio, nur wenige Meter entfernt, hat wenig Kummer mit dem Sturm. Im tiefen Schutz der Robinson-Bucht frönt Bernd in aller Geborgenheit den Freuden des Filmamateurs. Beneidenswert, mit welcher Ruhe er unseren Kampf ablichtet!

Am nächsten Morgen streben wir dem anderen Ufer zu. Hinter einer schutzbietenden Riffbarre entdecken wir den idealen Ankerplatz. In völliger Isolation und nach allen Windrichtungen geschützt, finden wir ausreichend Muße, um uns durch den neuesten Lesestoff zu arbeiten. Ein Vorhaben, für das die Zeit im Hafen oder im Verband mit anderen Yachten nie so recht ausreichen will.

Während der heißen Mittagsstunden jagen wir Rochen und Barsche im kristallklaren Wasser am Außenriff oder dösen im kühlen Bereich des Cockpits über Seekarten und Handbüchern über Gegenden, die wir erst im nächsten oder gar übernächsten Jahr besuchen werden.

Gelegentlich unternehmen wir Landausflüge. Beladen mit Netzen und Taschen, durchstreifen wir das wuchernde Grün dichtbewaldeter Hänge und Täler und entdecken immer neue Fruchtoasen. Die Ernte ist stets überreichlich: saftige Mangos, Papayas, Brotfrüchte, Avocados, Pampelmusen und ganze Bananenstauden. Ein Leben wie im Garten Eden. Aber auch die kleinen, saftigen Limonen, diese wichtigen Vitamin-C-Spender, wuchern so reichlich, daß wir eines Tages beschließen, ein wenig auf Vorrat zu pflücken. Wer weiß, vielleicht sind dies die letzten Limonengründe in der Südsee.

Um einen lohnenden Vorrat zu erwirtschaften, verlegen wir uns auf rationelle Arbeitsweise. Mit weiten Flanellhemden und dicken Lederhandschuhen gegen die schmerzhaften Dornen geschützt, arbeiten wir uns von Strauch zu Strauch. So lange, bis die Ernte gut eine Hälfte des Cockpits anfüllt. Es müssen fast 100 Kilo sein. Aber wir wiegen sie nicht, denn inzwischen beschäftigt uns nur das eine: Wie verarbeiten wir diese zigtausend Limonen halbwegs wirtschaftlich zu purem Saft? Mit der kleinen Handpresse? Stück für Stück? Eine Hälfte der Ernte wäre bereits verdorben, während wir uns noch kläglich mit der anderen herumschlagen würden. Nein, wir müssen auch hier rationell vorgehen. Also schneiden wir die ersten 1000 Limonen in 2000 Hälften, nehmen die größte Schüssel aus der Pantry, placieren sie unter den Grätings der Cockpitbänke und legen die geteilten Früchte darüber.

Was jetzt folgt, ist ein reines Kinderspiel. Mit nackten Füßen presse ich Frucht für Frucht im Eilverfahren zu purem Saft. Eine Hälfte pro Sekunde. Wie am Fließband sorgt Brigitte für Nachschub. Das stolze Ergebnis: 20 Liter reiner Saft. Um ihn ausreichend zu konservieren, muß er mit viel Zucker aufgekocht werden. So viel, daß wir angesichts des recht hohen Preises vorübergehend zweifeln, ob unsere beschwerliche Mission auch wirklich ökonomisch war.

Bevor wir endgültig aufbrechen, um im Nordwesten Huahine und Bora Bora zu besuchen, müssen wir vorher Papeete anlaufen und ausklarieren. Eine lästige Vorschrift, der wir nur ungern nachkommen. Seit Tagen nämlich weht es ununterbrochen heftig aus Ost, grauschwarze Quellbewölkung und weiße Schaumkronen beherrschen das Bild. Als wir starten, um die für gewöhnlich windschwachen Nachtstunden für eine ruhige Überfahrt zu nutzen, bestätigt sich erneut, was für erfahrene Segler längst eine Binsenweisheit ist: „Sailing is good one day out of ten" – ernüchternde Weisheit unseres kanadischen Freundes John Samson von der STORMSTRUTTER. Heute jedenfalls trifft er den Nagel voll auf den Kopf. Wüster Seegang und die Notwendigkeit, für volle elf Stunden gegenanzukreuzen, gestalten den 20-Meilen-Törn zur Bewährungsprobe.

Die Pier von Papeete liegt einsam und leer. Das Gros der Yachten hat sich über die Inseln verteilt. Andere waren kühn genug, Polynesien zu verlassen, um in der Zyklonsaison nach Westen zu laufen. Unter ihnen ein befreundeter Engländer mit seiner Familie. Mit den Worten: „Wenn Gott will . . ." war er kürzlich aufgebrochen, um nach Neuseeland zu segeln. Nun, warum auch nicht. Im westlichen Südpazifik entstehen während dieser Saison durchschnittlich nur drei tropische Wirbelstürme. Die Chance, heil durchzukommen, ist also nicht einmal so gering. Und trotzdem, nicht die größte Verlockung würde uns je zu einem solchen Schritt verleiten.

Nachdem wir ausklariert haben und startbereit sind, verschlechtert sich das Wetter. Also beschließen wir, zunächst auf Besserung zu warten, segeln ein paar Meilen hinter dem Küstenriff entlang und erreichen die kleine Reede von Punauia. Ein geschützter, von farbenprächtigen Korallenbänken umgebener Ankerplatz. Schon von weitem erkennen wir den kleinen Mastenwald ankernder Yachten. Die meisten stehen kurz vor der Ausreise zu den Inseln, andere sind erst beim Pläneschmieden. Unter ihnen die deutsche Yacht Bobbes mit Uwe und Renate Tolks. Vor wenigen Tagen hat sich bei ihnen Nachwuchs eingestellt. Eine kleine Tochter mit dem klangvollen tahitianischen Blumennamen Tiare. Uwe, den ich vor den Wochen der Niederkunft als rechtes Nervenbündel kennenlernte, kann endlich aufatmen. In Kürze will die Familie nach Neuseeland weitersegeln. Aber noch überlegen sie hin und her, ob Renate nicht mit der kleinen Tiare besser fliegen sollte.

Neben uns liegt die Williwaw mit unserem Freund Willi de Roos aus Belgien. Der Einhandsegler kam kurz vor Weihnachten und steht immer noch unter dem Eindruck seiner Bezwingung des Kap Hoorns. Sein stärkstes Erlebnis war indessen nicht die Umrundung selbst, sondern die langen Wochen der Ansteuerung. Mit jeder Meile, die er dem gefürchteten Hoorn näher und näher rückte, vergrößerte sich auch das Unbehagen. Es gipfelte schließlich in Willis Unvermögen, die einfachsten Additionsaufgaben zu lösen. Doch während der tatsächlichen Stunden der Bewährung, das Hoorn drohend an Steuerbord, kämpfte er fest und entschlossen und mit klaren Sinnen gegen masthohe Seen und Windgeschwindigkeiten von mehr als 50 Knoten. „It's all in your mind", so Willi nachdenklich.

Durch eine schmale Öffnung im Küstenriff schlüpfen wir eines Morgens der offenen See entgegen. Wie wird das Wetter diesmal werden? Wieder Sturm und Seegang? Aber nein, allen Vorurteilen zum Trotz gelingt es, unter vollstehendem Groß und leichter Genua auf schnurgeradem Kurs nach Moorea zu laufen. Welch herrliches Segeln! Als unser eigentliches Ziel, Huahine, noch etwa 90 Seemeilen im Nordwesten liegt, haben wir die beiden fjordähnlichen Buchten an Mooreas Nordküste einladend an unserer Backbordseite. Wir erkennen die uns vertrauten Tauch- und Ankergründe hinter dem mächtigen, türkisschimmernden Korallenriff und die bewaldeten Hänge mit ihren Papayas und Limonen. Die Verlockung ist groß!

,,Was meinst du?" frage ich Brigitte forschend und brauche nicht näher zu umreißen, worauf ich dabei hinaus will.

,,Wie du meinst!" kommt es befehlend zurück.

Also drücke ich die Pinne hart nach Steuerbord, fiere die Segel und falle ab. Denn ,,wie du meinst" heißt nichts anderes als ,,laufe sofort ein, zögere nicht, nimm den kürzesten Weg!" Nicht, daß wir ungern nachts durchsegeln – keinesfalls –, wir gehören nur zu den Seglern, die einen sich für die Nachtruhe anbietenden Ankerplatz nur widerstrebend links liegenlassen.

Heute jedoch besteht weitere Veranlassung für eine Unterbrechung. Seit geraumer Zeit sind wir im Besitz einer Katze – Geschenk einer Familie in Papeete –, und wir wollen das arme Tier in Moorea dem verdienten Landleben zuführen. Sie ist bereits zu alt, um sich noch dem Bordleben anzupassen. Sie wird seekrank und will sich einfach nicht an die Sandkiste gewöhnen. Kurzum, keine typische Bordkatze und schon längst kein Ersatz für Yogi.

Noch am gleichen Abend besuchen wir Tahapai, Urpolynesier von den Tuamotu-Inseln. Moorea ist seine zweite Heimat. Gemeinsam mit seiner Frau und drei schokoladenbraunen Kindern lebt er in ländlicher Idylle am Ende der Bucht von Papetoai. Den Lebensunterhalt bestreitet er mit Moped- und Fahrradreparaturen. Ein Schuppen neben dem Haus dient als Werkstatt. Beim ersten Besuch vor drei Wochen haben wir dort tagelang erfolglos am Regler unserer Lichtmaschine herumgebastelt. Jetzt kommen wir, um dem armen Tahapai die Katze schmackhaft zu machen. Ob er sie nehmen wird? Aber natürlich: ,,Freunde, was habt ihr da für ein reizendes Kätzchen", bestürmt er uns überraschend, legt die verbogenen Speichen, an denen er gerade arbeitet, beiseite und stürzt entzückt auf uns zu. Es sei schon lange sein Wunsch gewesen, ein solch possierliches Tierchen . . .

Am nächsten Morgen, als wir gemütlich beim Frühstück sitzen, beschließen wir, noch einen Tag zu bleiben. Die Aussicht auf eine ausgiebige Expedition zu den Tauchgründen am Küstenriff sind nur allzu verlockend. Ein ordentlicher Zackenbarsch ist das mindeste, was wir uns davon versprechen. Beim Durchstreifen des flachen Wassers hinter der wild schäumenden Brandungskette findet Brigitte zahlreiche Kaurischnecken, eine ganze Kollektion bunter Hirnkorallen und eine Vielzahl anderer Kleinode, von denen die farbenprächtigen Korallengärten nur so gespickt sind. Aber auch ich werde fündig: Ein gutes Dutzend schmackhafter Papageien- und anderer Korallenfische ist die Ausbeute. Ihr Anblick auf dem glitschigen Boden des Dingis erweckt nur einen Wunsch: zurück an Bord und in die Pfanne damit.

Aber dann entscheiden wir uns kurzerhand für einen „kleinen" Umweg. Denn vor der benachbarten Cooks Bay läuft gerade ein weiß leuchtendes, majestätisch wirkendes Passagierschiff durch die enge Riffpassage. Die Vorstellung, dort Zeuge des Rummels zu werden, mit dem die anreisenden Touristen in Herden „die Südsee entdecken", erweckt schon jetzt unsere Schadenfreude. Mit den Augen finden wir einen schmalen Weg im weitverzweigten Korallenlabyrinth und genießen die ungehemmte Fahrt über die Farbenpracht der Riffe. Der neue Johnson-Außenborder schnurrt ein vertrauensvolles Lied. Endlich sind auch wir in der Lage, entferntere Gebiete zu erforschen. Herrlich, dieses fast schwerelose Dahingleiten! Das transparente Wasser unter dem Bug, das Grün der nahen Berghänge auf der einen und das schäumende Riff auf der anderen Seite – ein unvergleichliches Vergnügen!

Doch jedes Vergnügen birgt auch Schattenseiten. Als wir langsam dem Heck des bereits ankernden Dampfers zustreben, streikt der Johnson unvermittelt. Noch ungeübt im Umgang mit Außenbordern, reiße ich unter den belustigten und schadenfrohen Blicken der Touristen bis zur Bewußtlosigkeit am Starter. Aber nichts passiert. Ernüchtert legen wir uns schließlich in die Riemen, um den weiten Rückweg anzutreten.

Es herrscht tiefe Nacht, als ich nach stundenlangem Rudern die Seven Seas erreiche. Brigitte ist wenige Minuten vor mir eingetroffen und erwartet mich erschöpft am Ufer. Um die ermüdende Rudertätigkeit zu erleichtern, ist sie den langen Weg zurückgelaufen. Und dann stürzen wir uns ausgehungert über die längst überfällige Fischmahlzeit.

Die Überfahrt nach Huahine am nächsten Tag verläuft ohne besondere Zwischenfälle. Allerdings werden die letzten Meilen zum Wettrennen mit der Zeit. Das Ergebnis ist ein klares Unentschieden. Denn gerade als wir mit letztem Tageslicht die Passage des Außenriffs erreichen, wird es im Handumdrehen so dunkel, daß wir nicht mehr gefahrlos in die Lagune gelangen können. Wir ziehen es deshalb vor, für die Stunden der Nacht im Schutz der Einfahrt zu ankern. Immer noch besser als draußen beizudrehen.

Als die ersten Sonnenstrahlen zaghaft über das dichtbewaldete Huahine und unseren noch morgenkühlen Ankerplatz greifen, sind wir schon lange auf den Beinen. Die Vorfreude auf neue Eindrücke, auf unbekannte Tauch- und Muschelgründe erfüllt uns jedesmal mit Unruhe und fieberhafter Erwartung.

Nachdem ich den Johnson (einen nimmersatten Kerzenfresser) wieder zu neuem Leben erweckt habe, begeben wir uns auf Erkundungsfahrt und gelangen am Mittag zu dem kleinen Ort Fare. Die im Kolonialstil errichteten Häuser erinnern uns wehmütig ans alte Papeete, wie es wohl vor langen Jahren einmal ausgesehen haben mag. So verträumt wie die ganze Atmosphäre wirken auch die Bewohner. Niemand scheint es eilig zu haben. Nur die zahlreichen Kinder, langhaarig und braun, sorgen mit lautem Toben dafür, daß die kleine Ortschaft nicht zur Geisterstadt wird.

Beim chinesischen Krämer machen wir Einkäufe. Weiß wie eine Kalkwand sitzt der greise Chef versunken hinter einer gewaltigen Registrierkasse und blickt schläfrig ins Halbdunkel. Fahl schweift sein Blick abwechselnd über das heillose Durcheinander der aus tausend Zetteln bestehenden Buchhaltung und das des Ladens. Und so, als steuere er die Geschicke eines weit über die Inseln reichenden Warenhausimperiums, befehligt er das Heer der Angestellten: seine alte Frau und einen bleichen Sohn. Unter strenger Regie wühlen und sortieren die beiden zwischen Kisten und Regalen, als gelte es, noch am gleichen Abend eine seit Jahren überfällige Inventur zu erstellen. Ein Bild, das sich in jeder Ortschaft wiederholt und das für die Pazifischen Inseln ebenso typisch ist wie sich im Wind wiegende Palmenhaine.

Brigitte bestellt zwei Pfund Knoblauch. Aber der komme erst in den nächsten Tagen mit dem Schoner aus Papeete, ebenso der Honig, den wir so dringend suchen. ,,Velly solly", murmelt der Alte und zuckt mit den Schultern. Inzwischen hat eine junge Frau den Laden betreten. Als sie hört, wonach wir suchen, entführt sie uns ohne jeden Umstand in ihren Garten. Und wie selbstverständlich erhalten wir dort, was wir suchen. Ein dickes Bündel Knoblauch und ein halbes Glas Honig aus ihren eigenen Beständen. Wir fragen nach dem Preis und begegnen totalem Unverständnis. ,,Bezahlen? Wofür denn?"

Abends verholen wir vor den Ort. Vor einem schmalen Strand liegen weitere Yachten: John mit der Stormstrutter und die kanadische Malish mit Don und Esther.

Die in Sichtweite liegende ,,Blumeninsel" Raiatea nur 20 Meilen entfernt ist unser nächstes Ziel. Kräftiger Wind aus Südost schiebt uns in wilder Fahrt nach Westen. Drei Stunden später stehen wir wenige Meilen östlich des breiten Küstenriffs. Und dann erreichen wir die Passage. Auf jeder Seite eine blendendweiße Sandinsel: Iriru und Tipaemaùo. Tropische Südseeperlen mit undurchdringlicher Vegetation. Je näher wir der Einfahrt zustreben, desto bedrohlicher klingt das Donnern der Brandung. Ein Geräusch wie rollende Güterzüge. Für Sekunden, wenn das Wasser abläuft, erkennen wir die scharfen Korallenbänke – bis der nächste Brecher sie erneut unter einer weißen Flut begräbt. Neben diesem Inferno aus fliegendem Gischt und rollenden Korallenblöcken wirkt das ruhige Wasser in der Passage wie ein unheimlicher Bergsee – nicht wie ein Tor zum verheißungsvollen Schutz, eher wie eine Falle. Doch die steife Brise, die uns so stürmisch vorantreibt, macht das Bezwingen zum Kinderspiel. Brigitte übernimmt das Ruder. Ich sitze in der Saling und gebe Kurskorrekturen. Und dann hebt uns der erste Dünungsrücken empor und läßt Seven Seas wie eine Jolle sanft in die Geborgenheit der farbenfunkelnden Lagune gleiten. Noch ein, zwei Kabellängen, und das Röhren der Brandung versinkt achteraus.

Tief am Ende der fjordähnlichen Faaroa-Bucht umgibt uns das dichte Grün der Berge. Ein breites Flußdelta, dessen dunkles Wasser die Bucht in lehmiges Grau verwandelt, ist umsäumt von mehreren Hütten – ein Dorf. Schon umlagern uns die ersten Eingeborenen in ihren zerbrechlichen Auslegerkanus. Zu unserem Mißtrauen ausnahmslos Kinder. Und noch während wir das große Sonnensegel über das Cockpit spannen, das Deck aufklaren und die Segel bergen, ziehen unsere Besucher immer engere Kreise. Schüchtern kommen die ersten längsseits. Schweigend klammern sie ihre braunen Händchen an die Seereling und durchbohren uns mit fragenden Blicken. Wir fordern sie auf, an Bord zu kommen.

Aber keine Antwort. Ob sie Bonbons essen wollen. Nur großäugiges Unverständnis und noch immer keine Regung.

Endlich zaubert Brigitte ein Netz hervor. Groß wie ein Kartoffelsack und angefüllt mit süßen Fruchtbonbons. Als sie damit verschwörerisch an Deck erscheint, entsteht zwar bei einigen sichtbar verhaltenes Verlangen, doch erst nach eingehender Beratung untereinander entschließt sich der erste zögernd, zuzugreifen. Jetzt ist der Bann gebrochen. Während alle munter draufloskauen, klettern die ersten beherzt an Bord und übergeben uns drei kräftige Brotfrüchte als Gegengeschenk. Dann folgen die nächsten mit einem halben Dutzend Mangos, die sie nach und nach aus den Auslegern ihrer Kanus hervorholen. Ich frage, was sie dafür haben wollen. Aber sie verstehen uns nicht. Also verteilt Brigitte mehr Bonbons und kocht anschließend sogar einen Riesentopf Kakao. Großes Schlürfen und Mampfen ist die Folge. Bald ist das Schiff von vorn bis achtern mit klebrigem Kakao bekleckert, Tassen und Gläser verteilen sich über das ganze Deck. Bonbonpapier liegt überall.

Dann hocken die Kinder noch eine Weile artig herum, beobachten uns schweigend und großäugig, und erst als wir uns wieder anderen Beschäftigungen zuwenden, paddeln sie schnatternd davon.

Im Süden Raiateas, dicht am breiten Außenriff, liegt ein kleines, unbewohntes Motu: Nao Nao. Zwischen dem perlweißen Strand und dem Riff entdecken wir eine schmale Barre. Gerade breit genug, um darin vor Bug- und Heckanker Schutz zu finden. Gemeinsam mit der Stormstrutter und der Malish, die zur gleichen Zeit eintreffen, richten wir uns hier häuslich ein. Zunächst fahren wir die Bugleinen im Dingi bis an den nahen Strand und legen breite Schlaufen um dicke Kokospalmen. So festgemacht, hängen wir sicher in der Hauptwindrichtung. Anschließend werden Anker ausgebracht. Bei mehreren Tauchgängen verkeilen wir sie zwischen großen Korallenblöcken, stecken ausreichend Kette und schlagen Ankerbojen an. Ein schönes Stück Arbeit.

Zwischen den Manövern versammeln wir uns im Schatten der jeweils zu vermurenden Yacht, um bei einem kühlen Gläschen die weiteren Aktionen zu besprechen. Auf diese Weise spielt es keine Rolle, ob das Manöver sogar einen ganzen Tag lang dauert. Schließlich gibt es nichts Vordringliches, keine andere Verpflichtung, die eilt oder drängt.

Gemeinsam mit John, der gerade an einem Buch über tropische Fische arbeitet, legen wir jeden Tag Kiemennetze aus. Engmaschige Fallen, die wir zwischen Korallenblöcke spannen. Zweimal täglich tauchen wir nach Opfern ab. John nennt das ,,ernten" oder ,,pflücken". Mit einem Köcher schweben wir daran entlang und sammeln bei jedem Tauchgang gut zwei Dutzend Fische ein. Bunt schillernde Spezies, die John von allen Seiten in Farbe fotografiert, bevor sie in die Pfannen unserer Pantrys wandern.

Nach einer Woche in Nao Nao zieht es uns weiter. Doch unser Plan, am Riff entlang zur im Norden liegenden Nachbarinsel Tahaa zu kreuzen, verzögert sich unerwartet. Beim routinemäßigen Laden der Batterie müssen wir überrascht feststellen, daß der Regler der Lichtmaschine nicht vorschriftsmäßig arbeitet. Wenn das nicht die Höhe ist! Denn nach der gerade erfolgreich beendeten Reparatur, die uns erst tags zuvor das Pumpklo überraschend auferlegte, nahmen wir an, für geraume Zeit Ruhe zu finden. Doch das bekannte Gesetz der Serie, das wir hinter den regelmäßig auftretenden Reparaturen vermuten, hält sich offenbar an keine festen Regeln. Also rufen wir Don auf den Plan. Und da auch er keinen blassen Schimmer von technischen Dingen besitzt, erscheint er mit einem eindrucksvollen Stapel einschlägiger Fachliteratur. Stundenlang tüfteln wir herum, bis auch John sich zu unserem kleinen Krisenstab gesellt.

Gemeinsam zeichnen wir Schaltpläne, entwerfen kühne Theorien und jonglieren dabei mit Begriffen wie Volt, Watt und Ampere. So lange, bis Don plötzlich entschlossen aufspringt, den größten Schraubenzieher aus dem Werkzeugkasten greift und sich siegesgewiß über das Instrumentenbrett wirft: ,,Schmeiß an, ich hab's." Als der Motor läuft, bohrt er den gelben Schraubenzieher zwischen die engen Kontakte am Regler und fügt grinsend hinzu: ,,Das könnt ihr später in Deutschland zum Patent anmelden."

Und tatsächlich, als der Motor aufheult, schlägt die Nadel des Amperemeters ohne zu zittern voll auf Laden aus.

,,Natürlich steuert der Regler den Stromfluß nicht mehr, sondern haut ihn voll in die Batterie", referiert Don mit geschwellter Brust, ,,aber das spielt keine Rolle. Ihr müßt nur warten, bis das Batteriewasser zu brodeln beginnt. Dann zieht ihr den Schraubenzieher raus."

Monate später entferne ich den Regler ganz, lege eine direkte Verbindung von der Lichtmaschine zur Batterie und trenne die Stromzufuhr bei Bedarf mit einem dazwischengesetzten Lichtschalter.

Auf diese Weise bestens gewappnet, wird es langsam Zeit, unsere polynesische Kreuzfahrt fortzusetzen. Kurs Mopelia, einsames Korallenatoll 140 Meilen im Westen. In den Klauen messerscharfer Riffe liegt dort seit 1917 das Wrack der SEEADLER, einst stolzer Hilfskreuzer des deutschen Kaperkapitäns Felix Graf von Luckner.

Manche kennen sicher seine amüsanten Schilderungen aus ,,Seeteufels Weltfahrt'' – das bemerkenswerte Zeugnis eines humanen Kriegers, auf dessen Kaperfahrten nie ein Tropfen Blut geflossen war. Und das, obwohl er ein gutes Dutzend feindlicher Schiffe samt ihrer für den Nachschub des Krieges wichtigen Güter zum Meeresboden schickte.

Dunkelheit umgibt den phosphoreszierenden Kurs der stürmisch dahinpreschenden SEVEN SEAS. Raiatea ist längst hinter der Kimm versunken. Die Selbststeueranlage erfüllt ihren Dienst. Hin und wieder, wenn eine steil nachlaufende See etwas zu seitlich ankommt, holt SEVEN SEAS leicht über. Für einen Moment ist dabei kein Winddruck in den Segeln, und sie schlagen heftig. Aber dadurch wird die Fahrt nicht langsamer. Gurgelnd kräuselt sich das ablaufende Kielwasser, sein weißer Streifen erzeugt die Vorstellung kometenhafter Geschwindigkeit.

Brigitte steht in der Pantry. Im Schein der Petroleumlampe wacht sie darüber, daß die Kartoffelpuffer, die sie mir wie am Fließband ins Cockpit reicht, auch die richtige Bräunung erhalten. Danach wechseln wir die Plätze. Für eine Weile übernehme ich das Brutzeln. Später beobachten wir das vertraute Spiel einer Herde wild umhertollender Delphine.

Am Morgen liegt das Korallenatoll Mopelia brandungsumspült und farbenschillernd dicht voraus am Horizont. Die windungsreiche Laguneneinfahrt zeigt sich tückischer und gefahrvoller als bei einem oberflächlichen Blick auf die Seekarte. Kein Wunder, daß die SEEADLER hier kapitulieren mußte. Außerdem steht starker auslaufender Strom. Wie meist bei Ansteuerungen oder Durchfahrten steht Brigitte an der Pinne. Mit höchster Konzentration folgt sie den Kursen, die ich ihr von der Saling aus gegen den Wind hinunterbrülle. Backbord oder Steuerbord sind während solcher Manöver Fremdworte. Die heben wir uns für den Hafen auf, für den gemütlichen Seemannsplausch. Hier draußen können wir damit nichts anfangen. Denn wenn es schnellgehen muß, sind Begriffe, die uns seit frühester Kindheit vertraut sind, durch nichts anderes zu ersetzen. Deshalb halten wir es so wie bei der amerikanischen Kriegsmarine, sagen rechts und links, und jeder versteht es.

Brigitte steuert fast blind. Ohne meine Kurskorrekturen wäre sie hier völlig hilflos. Ein verantwortungsvolles Zusammenspiel. Doch wer von uns beiden hat dabei den schwierigeren Job? Ich, mit der ständigen Furcht, wir könnten nicht schnell genug reagieren und gegen das Riff laufen, oder Brigitte mit der Ungewißheit des Blindsegelns und der gleichzeitigen Auflage, meine bohrenden Befehle – rechts, weniger rechts, halt, zurück, mehr, voll nach links jetzt, zurüüück Mensch! – mit gleichgültiger Miene auszuführen? Nun, reden wir nicht weiter darüber.

In drei Meter tiefem türkisfarbenem Wasser verbeißt sich der Anker im festen Sand.

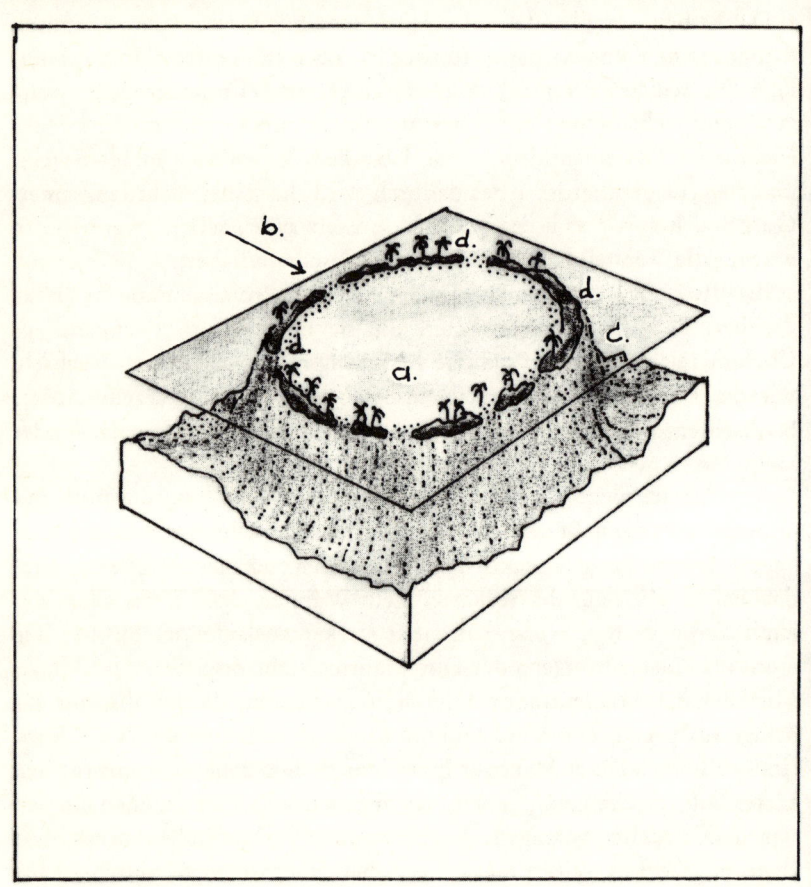

Korallenatoll: a) flache Lagune, b) Einfahrt, c) senkrecht abfallende Korallenwand (oft bis auf mehr als 1000 Meter), d) niedrige Sand- und Koralleninseln auf dem Riff.

Wir tauchen am Wrack der SEEADLER. Der Anblick ist jammervoll. Ein kläglicher Haufen Rost, kaum größer als ein paar Quadratmeter, ist alles, was übriggeblieben ist.

Auf der kleinen Hauptinsel, die einst Luckner und seinen Leuten rettende Zuflucht bot, besuchen wir das Dorf. Zwei zerbrechliche Auslegerkanus am Strand, Hühner und Schweine. Am Ufer empfängt uns der Dorfälteste, ein freundlicher Mann mit aufrechter Haltung. Er begrüßt uns wie alte Freunde.

Hartnäckig hält sich das Gerücht, Graf Luckner habe auf Mopelia einen Schatz vergraben. Natürlich hat es nicht an Versuchen gefehlt, ihn zu finden. Ein Mitglied einer sogenannten „Schatzexpedition" lernten wir in Tahiti kennen: Bruno, Architekt aus der Schweiz, der in Papeete lebt und in seiner Freizeit jede Gelegenheit nutzt, ausländische Expeditionen zu organisieren. Aus Berufsgründen ist er jedoch nur selten in der Lage, selbst daran teilzunehmen. Bis eines Tages die Reporter einer deutschen Illustrierten anreisten, um den Luckner-Schatz zu suchen.

„Ich war sofort hellauf begeistert, half ein Schiff zu chartern, besorgte Verpflegung und Ausrüstung und erklärte meinem Chef, daß er für einige Wochen auf meine Arbeitskraft verzichten müßte. Für den Luckner-Schatz hätte ich den Job sogar hingeschmissen."

Und dann zeigte uns Bruno traurig grinsend den getürkten Artikel, der später in Deutschland daraus entstanden war. Über mehrere Farbseiten berichteten die Schatzsucher über die ungeheuren Abenteuer, die sie auf Mopelia zu bestehen hatten. Ein haarsträubender Bericht, der in der Behauptung gipfelte, der Schatz wäre zwar gefunden, jedoch in letzter Minute von zugreifenden Haien zurückerobert worden.

„Alles verdammte Lügen, die gesamte Geschichte von A bis Z", meinte Bruno achselzuckend und tippte mit dem Finger auf einen mit einem Spaten bewaffneten Schatzsucher: „Seht ihr den da, das bin ich. Immer wieder mußten wir vor der Kamera posieren und so tun, als grüben wir die halbe Insel um. Wenn ihr genau hinseht, könnt ihr erkennen, wie wir angestrengt ein Grinsen unterdrücken. An Bord befand sich nichts, was auf eine Schatzsuche hingewiesen hätte. Kein Detektor, keine Karten, nichts. Nur kistenweise Bier und die Spaten. Wir haben damit nicht einen ernsthaften Stich gemacht. Keine Sekunde wurde darauf verwendet, nach dem Schatz zu suchen. Es ging lediglich um die Fotos."

Natürlich entdecken auch wir keinen Luckner-Schatz auf Mopelia.

Nach anstrengenden drei Tagen gegen Wind und Strom erreichen wir Bora Bora und lassen uns zwei Meilen vor der Passage mit backstehenden Segeln nach See hin treiben. Wir wollen den Morgen abwarten, um sicher in die Lagune kreuzen zu können. Während wir erwartungsvoll beim Frühstück sitzen, bricht mit aufgehender Sonne die Silhouette der Insel durch den morgendlichen Dunst. Wir sind einstimmig begeistert: Bora Bora ist die schönste Insel der Welt! Das Farbenspiel über den Korallen, die türkisblaue Lagune, die schroffen Steilhänge ihrer Berge! Wie die meisten der Gesellschaftsinseln ist auch Bora Bora von einem breiten Riffgürtel umgeben. Die Lagune, von kleinen und winzigen Inselchen unterbrochen, birgt eine unendliche Zahl geschützter Ankerplätze.

Als Ausgangspunkt für die Weiterreise nach Westen wird die Lagune ab Ende März zum Ballungsplatz der Fahrtenyachten. Die Segler, die sich hier treffen, kennen sich meist seit Monaten, oft schon Jahren. Irgendwo im Westen, in Rarotonga, Fidschi oder Noumea, werden sie sich wiedersehen. Aber noch ist es nicht soweit. Noch verteilt sich die kleine Armada über das weite Gebiet zwischen Tahiti und Tahaa.

Bald holen wir die Schoten dicht, gleiten durch die riffumbrandete Laguneneinfahrt und gelangen zu einem herrlich bequemen Liegeplatz am Steg eines kleinen Bungalowdorfes. Er gehört zum Oa-Oa-Hotel. Hans, der Inhaber, ist ehemaliger Berliner und Freund durchreisender Fahrtenskipper. Für zwei Wochen genießen wir hier Gastfreundschaft, benutzen die Einrichtungen des Hotels, waschen den angehäuften Wäscheberg der letzten Wochen und erfreuen uns warmer Duschbäder.

Dann erforschen wir die Weiten der märchenhaften Lagune. Wochenlang durchstreifen wir ihre sagenhaften Tauch- und Muschelgründe, besuchen ein gutes Dutzend Ankerplätze und waten nächtelang mit der Drucklampe über kilometerlange Korallenfelder auf der Suche nach seltenen Muscheln. Im Laufe der Zeit raffen wir eine Kollektion zusammen, deren Fülle die Backskisten zu sprengen droht. Aber das ist nur der Auftakt zu einer Leidenschaft, der wir während der kommenden Jahre noch regelmäßig erliegen werden. Wir beschäftigen uns damit so intensiv, beschaffen jedes nur erhältliche Buch darüber, daß wir die wichtigsten Spezies bald ausschließlich beim lateinischen Namen nennen.

Eines Tages, SEVEN SEAS liegt gerade zum Bunkern längsseits einer breiten Betonpier der kleinen Ortschaft Vaitape, erhalten wir überraschend Besuch. Der durchtrainierte Sportstyp beobachtet uns schon eine ganze Weile, steigt schließlich vom Fahrrad und klopft an Deck.

,,Ich heiße Erwin Christian, willkommen in Bora Bora.''

,,Christian? Christian? Sind Sie nicht der berühmte Postkartenfotograf von Polynesien?''

Und wirklich, er ist es. Schon längst war uns aufgefallen, daß auf fast jeder Postkarte aus dem Bereich der Gesellschaftsinseln der deutsche Name Erwin Christian stand. Und immer waren es mit Abstand die besten. Erwin ist Abenteurer und Selfmademan zugleich. Vor etwa zehn Jahren besuchte er als Crewmitglied einer Yacht auf Kreuzfahrt durch den Pazifik zum erstenmal Tahiti. Als Fotograf erkannte er auf Anhieb die Marktlücke, musterte ab und blieb. Heute lebt Erwin mit seiner schönen polynesischen Frau und drei kaffeebraunen Kindern in einem modernen tahitianischen Bungalow direkt an der Lagune von Bora Bora, ist Verfasser mehrerer Bücher über tropische Fische und prächtiger Farbbände der polnyesischen Inselwelt. Gleichzeitig befehligt er eine kleine Flotte flachgehender Glasbodenboote, mit denen er täglich – hauptsächlich amerikanische – Touristen über die Korallenbänke am Bora-Bora-Hotel führt.

,,Gewiß kein schlechtes Geschäft'', meint Erwin, ,,aber glaubt mir, alles hat seinen Preis. Auch hier im Paradies von Polynesien wohnt der Streß, wenn es gilt, erfolgreich zu sein.''

,,Ach übrigens'', ruft er uns nach, ,,ihr könnt meinen Motorroller haben. Ich fahre sowieso nur Fahrrad.''

Wir stimmen natürlich begeistert zu und kurven im Laufe der letzten 14 Tage bestimmt ein halbes Dutzend Mal um die ganze Insel. Immer entlang der schmalen Uferstraße.

Inzwischen ist es April. Die weiten Gewässer von Vaitape sind ein einziger Mastenwald. Und immer neue Yachten kommen hinzu. Die internationale Yachtflotte einer polynesischen Segelsaison. Dingis laufen kreuz und quer. Letzte Vorbereitungen werden getroffen. Dann heißt es Abschied nehmen. Viele von ihnen werden wir nicht wiedersehen. Zu breitfächerig sind die Kurse, die bald jeder in Richtung Westen nehmen wird.

Wehmut breitet sich aus. Der Abschied von den Gesellschaftsinseln hat etwas Seltsames, etwas Endgültiges. Und obwohl die meisten noch die halbe Welt zu umrunden haben und Jahre unterwegs sein werden, träumen viele bereits lebhaft von einer nächsten oder gar übernächsten

Reise in den Pazifik. Von einem Törn, der sie auf jeden Fall wieder zurück nach Polynesien führt.

Der Passatwind scheint uns fast ebenso ungern nach Westen entführen zu wollen, wie auch wir Abschied von Bora Bora nehmen. Die Dünung läuft hoch und unregelmäßig, und nur mühsam gelingt es uns, unter lasch stehendem Großsegel und meist nutzlos durchhängender Genua dem unsteten Windbereich der Inseln zu entfliehen. Ein jammervolles Dahindümpeln. Nach zwei Tagen beschließt Brigitte, am Mast zu kratzen. Ein Seemannsbrauch aus grauen Segelschiffszeiten, den wir bisher immer als lächerlich verachtet haben. Aber siehe da, er hilft! Schon verwandelt ein fröhliches Aufbrisen das Dahindümpeln in rasante sechs Knoten. Ich drehe zwei Reffs ins Groß, wechsele die Genua gegen die kleine Arbeitsfock und justiere die Selbststeueranlage. Bordroutine setzt ein.

780 Meilen voraus liegt Suvorov – ein abgelegenes Atoll inmitten des Pazifischen Ozeans. Man nehme den Globus, drehe die Wasserhalbkugel so, daß sich an den Seiten die Umrisse der angrenzenden Kontinente abzeichnen, und tippe mit dem Finger ins Zentrum – genau hier liegt es. Allein und abgeschieden von jeder Zivilisation lebt dort seit Jahren ein letzter Robinson. Ihn wollen wir besuchen.

„Werden wir das winzige Körnchen Land auch wirklich finden und nicht unversehens daran vorbeisegeln?" fragt Brigitte forschend und trifft mich in meiner empfindlichen Navigatorehre.

„Wie soll ich das verstehen? Was glaubst du, wie ich Tahiti gefunden habe?"

„Nun ja, das war ja auch alles viel größer und vor allem höher als dieses flache Dingelchen . . . schwups, und man ist vorbeigesegelt."

„Also wenn ich es nicht finden soll, dann navigierst eben du! Ist ohnehin wichtig, daß wir das beide beherrschen. Kann ja mal was passieren; ich werde krank, sterbe oder falle über Bord, was meinst du? Ist wirklich kein Problem."

Nachdem Brigitte einen Nachmittag lang mit dem Sextanten an Deck beschäftigt ist, hat sie es abends begriffen. War ja auch nicht schwer: Den Sextanten ruhig und gerade halten, die Sonne langsam auf den Horizont herunterbringen, schön auspendeln, und die Stoppuhr drücken. Fertig! Etwas Übung braucht es natürlich schon. Besonders bei schwerer See oder bewölktem Himmel mit der Notwendigkeit, das Gestirn rasch und sicher zu erfassen. Aber das kommt von allein.

Jetzt haben wir die Sonnenhöhe, die exakte Zeit und die ungefähre Position aus der Seekarte. Fehlt noch das einfachste: das Zahlenherausschreiben aus dem Almanach und den „Sight Reduction Tables". Danach etwas addieren, etwas subtrahieren, ein paar Berechnungen in der Seekarte und fertig.

Nach drei, vier Tagen errechnet Brigitte die Tagesposition: eine Vormittagsstandlinie und die Breite am Mittag. Und dann wird mir schlagartig klar, welches Instrument ich da aus der Hand gegeben habe. Wo bleibt jetzt die Autorität des Schiffsführers! Vorbei und vorüber! Früher war das anders. Der Sextant war Zepter und Marschallstab zugleich. Aber heute? Nun, eine letzte Karte, einen Trumpf habe ich trotzdem im Ärmel – die Verantwortung. Das zieht immer!

Aber Spaß beiseite. Wie ist das eigentlich mit dem Verstehen, dem gegenseitigen Auskommen an Bord? Bisher waren wir meist auf kürzeren Törns zusammen oder in Landnähe häufiger Abwechslung unterworfen, und da gab es keine Probleme. Abgesehen von gelegentlichen Reibereien um „Ordnung unter Deck" oder um den kritischen Zeitpunkt des Zapfenstreichs. Denn seit von Papeete an schwere Holzkisten mit Dosenbutter, Corned beef und Marmelade das gesamte Vorschiff blockieren, bewohnen wir gemeinsam den engen Raum der Hauptkajüte. Ein Bereich, in dem derjenige, der früher zur Koje geht, sogar „die Fliegen husten" hört.

Nun liegen längere Seepassagen voraus. Wird das gutgehen? Ohne Reibereien und Kräche? Fragen, die sich heute immer größerer Popularität erfreuen: „Auf so engem Raum, wochenlang allein; fressen Sie sich da nicht gegenseitig auf, da muß man ja durchdrehen. Nein, das könnte ich nicht, allein die Vorstellung . . ."

Derart verworrene Bilder entstehen meist bei Leuten, die schon zu Hause in der geräumigen Flucht ihrer Vier-Zimmer-Wohnung aneinanderrasseln. Wer sich dort nicht verträgt, vermag es in der engen Zelle einer Segelyacht erst recht nicht. Wer an Land ein Egoist ist, der wird auf See nicht anders sein – den eigenen Charakter nimmt jeder mit an Bord.

Sechs Tage später hat uns der Wettergott ausreichend verwöhnt und geht dazu über, den bisher steten Wind unnütz schralen zu lassen. Wir ändern den Kurs und laufen für volle 24 Stunden mit Sturmfahrt nach Südwesten.

Als der Wind zurückdreht und SEVEN SEAS wieder auf direktem Kurs liegt, kommt unerwartet schweres Wetter auf. Dichte, unheilvolle Quellbewölkung kündigt es an. Und schon zwingt der auf Sturmstärke auffrischende Wind SEVEN SEAS in ihre Lieblingskleider: Sturmfock und Trysegel. Die wilde Fahrt, mit der wir voraneilen, läßt bange Vorahnungen entstehen. Werden wir möglicherweise noch während der Dunkelheit an Suvorov vorbeilaufen? Falls es mißlingt, auf geradem Kurs das gesteckte Ziel zu erreichen, wird es problematisch. Denn nachträglich gegen eine See aufzukreuzen, die uns in ihren Tälern bereits jetzt restlos zu verschlingen scheint, wäre gewiß kein Zuckerlecken. Nur eines ist jetzt von Bedeutung: eine exakte Navigation! Doch wo ist der Horizont, den wir dafür so dringend benötigen? Und wo die Sonne, deren blasse Kugel nur hin und wieder durch die Fetzen ungestüm vorbeihastender Wolken blinkt? Aber das haben wir gleich.

Wildentschlossen, das Zepter wieder voll an mich zu reißen, stürze ich mit dem Sextanten an Deck. Um den Horizont zumindest halbwegs zu erkennen und gleichzeitig ausreichend Halt zu finden, steige ich aufs Kajütdach, lege eine Schlinge um die Hüften, binde mich an den Mast und schieße Sonne auf Sonne. Brigitte stoppt die Zeiten und notiert die Höhe, die ich ihr gegen den heulenden Wind zubrülle. Später errechnen wir daraus einen Mittelwert. Das Ergebnis: Am nächsten Morgen mit dem ersten Tageslicht wird das Ziel genau voraus liegen. Doch was, wenn wir zu früh ankommen und bei Dunkelheit aufs Riff laufen?

Also drosseln wir die Fahrt, steuern mit der Hand und begeben uns regelmäßig aufs Vorschiff, um gebannt in die Dunkelheit zu spähen. Wir sind weder nervös noch ängstlich, nur wachsam und voller Erwartung. Das Bewußtsein, schon bald das Ziel zu erreichen, läßt uns die lange Nacht völlig ohne Schlaf verbringen. Natürlich erfinden wir allerhand, um munter zu bleiben. Kochen große Kannen Kaffee, knabbern Süßigkeiten und arbeiten uns durch die breite Skala des Weltempfängers. Nebenbei wiederholen wir peinlich genau und immer wieder aufs neue die Anweisungen des englischen Seehandbuches. Als die Sonne aufgeht, steige ich in den Mast.

Und dann ist es da, ganz plötzlich und ohne jeden Übergang. Grüne, schwankende Palmenwipfel, weiße Sandstrände und Brandung. Wenig später gleitet SEVEN SEAS majestätisch hinein in das schützende Wasser der farbenschillernden Geborgenheit von Suvorov.

Im glasklaren Wasser dicht vor Anchorage Island werfen wir Anker, verharren minutenlang schweigend an Deck und betrachten die neue Umgebung. Ein paradiesischer Anblick! Mehr als vierzig kleine und kleinste Motus, dichtbewaldet und blendendweiß, bilden das Reich von Tausenden seltener Seevögel. Ganz in der Nähe unterbricht der peitschende Donnerknall eines auf das Wasser aufschlagenden Mantas die Stille. Doch noch im gleichen Moment herrscht wieder Frieden. Nur das ferne Grollen der Brandung und das Spektakel der Vögel erinnern daran, daß all das, was uns mit so unwirklich erscheinender Schönheit umgibt, auch Wirklichkeit ist.

Wir können es kaum erwarten, Tom Neale, dem sagenumwobenen Einsiedler, gleich einen ersten Besuch abzustatten. Zwar wissen wir nicht genau, auf welcher Insel er lebt, halten aber die große Anchorage-Insel dafür am allerwahrscheinlichsten.

Als wir das Dingi aufklaren und den Johnson installieren, befällt uns das ungute Gefühl, daß der gute alte Tom vielleicht gar nicht erpicht darauf ist, so unerwarteten Besuch zu erhalten. Denn schließlich soll er ja völlig skurril und menschenscheu sein, sich sogar in den Bäumen verkriechen und so lange versteckt bleiben, bis ungebetene Ruhestörer sein Reich wieder verlassen haben. So jedenfalls haben wir es mehrfach gelesen.

Vom Ufer aus durchbrechen wir eine dichte Wand flacher Büsche und mächtiger Palmenstämme, pirschen ein paar Meter voran und stoßen zu unserer Verblüffung unvermittelt auf ein kleines Dorf. In der Mitte eine Rauchsäule. Daneben Hühner und Katzen.

,,Ein ganzes Dorf, das kann doch nicht sein. Bist du sicher, wir sind auf Suvorov?" flüstert Brigitte aufgeregt und geht vorsichtig einen halben Schritt zurück.

,,Aber sicher, vielleicht hat er seine Hütten erweitert oder erwartet Besuch. Der Mann wird auch älter."

Dann wagen wir den Durchbruch, stehen wie rohe Eindringlinge zwischen den Hütten und werden schlagartig sämtlicher Zweifel beraubt. Denn die sanft flüsternde Gestalt, die wir im tiefen Schatten der Hütten zuerst kaum wahrnehmen, kann nur Tom Neale sein. Und dann steht er plötzlich vor uns: ,,Welcome, ich heiße Tom. Darf ich euch zum Kokosdrink einladen?"

Wir können unsere Überraschung kaum verbergen, als uns der berühmte Einsiedler so völlig unbefangen und mit vorgestreckter Hand entgegenkommt und uns so herzlich begrüßt, als seien wir alte Freunde, die eben von einer kurzen Reise heimkehren. Kein Stottern, keine Scheu, nicht die geringsten Schrullen, mit denen wir gerechnet haben. Im

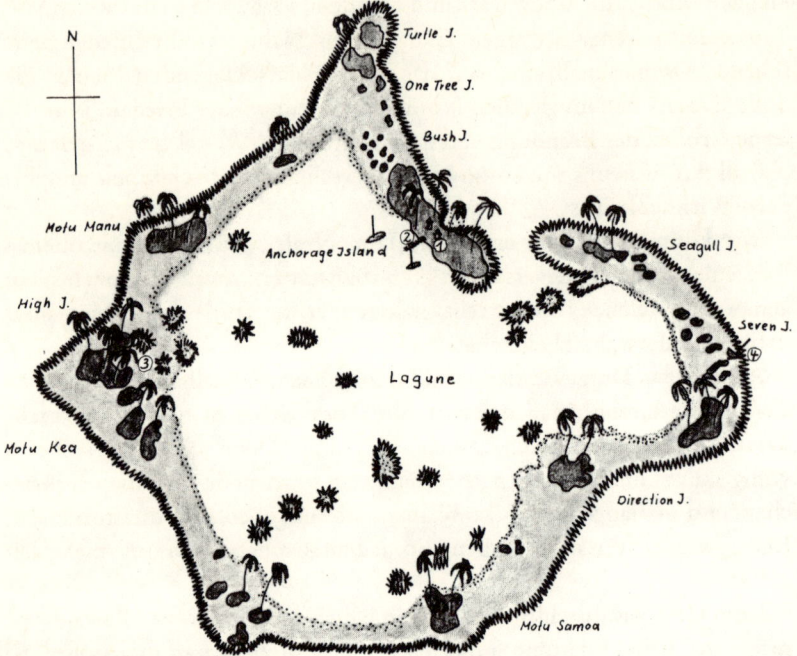

Suvorov-Atoll: 1 Tom Neales Hütten, 2 Pier, 3 Ankerplatz vor High Island, 4 ein koreanisches Wrack.

Gegenteil, jetzt sind wir die Befangenen. Denn immerhin hatten wir einen primitiven Halbmenschen erwartet. Jemanden, der allenfalls krächzende Laute ausstößt.

Schnell werden wir Freunde und lernen Tom als einen Menschen schätzen, der fern jeglicher Zivilisationseinflüsse hier seinen Frieden gefunden hat. Was ihn einst dazu bewog, sich zurückzuziehen, vermag Tom nicht in Worte zu fassen. Er spricht von unbestimmbaren Impulsen, die ihn fast zwanghaft leiteten. Brigitte bringt das auf einen einfachen Nenner: „Für unsere Welt", betont sie entschieden, „ist Tom einfach zu schade."

Den Beweis dafür liefert ein Vorgang, nachdem die Malish mit Don und Esther eingelaufen ist. Tags darauf besuchen wir Tom mit einigen Dingen des täglichen Bedarfs, auf die er schon seit langem verzichten mußte. Einige Dosen Butter, Kochfett, Tee, Streichhölzer und diverse andere Kleinigkeiten. Tom begutachtet und sortiert aus, aber er hortet nicht. Nach eingehender Prüfung gibt er all das zurück, von dem er meint, daß es auch für uns unentbehrlich sei. Besonders erfreuen ihn der Tee und die schwarzen französischen Zigaretten aus Tahiti. Seine Lieblingszigaretten. Jetzt braucht er die Stange Marlboro nicht mehr, die ihm Don gestern als Gastgeschenk mitbrachte. Ohne Umstände gibt er sie zurück: ,,War nett gemeint, aber die Schwarzen, die schmecken mir besser."

Wann immer wir Tom besuchen, nie verlassen wir ihn, ohne daß er uns – mit flinken Macheteschlägen eine Kokosnuß öffnend – zum Trinken auffordert. Aber auch Gemüse aus seinem kleinen, mit besonderer Liebe umhegten Garten läßt er uns zukommen und bedauert lebhaft, daß er keine Eier anbieten könne. ,,Merkwürdige Kreaturen", bemerkt er dabei jedesmal brummig und weist mit der Machete in Richtung einer großen Umzäunung. Gut zwei Dutzend riesiger Hühner sitzen dort fett und behäbig herum und denken nicht daran, auch nur ein einziges Ei zu legen.

Langeweile ist ein Fremdwort für Tom. Den ganzen langen Tag über ist er beschäftigt. Ständig baut er an, verbessert oder repariert. Daher auch die vielen Hütten, die wir anfänglich für ein ganzes Dorf hielten. Er besitzt ein Kochhaus, ein Waschhaus, einen Geräteschuppen, eine Vorratshütte, ein Wohnhaus mit Terrasse, ein Schlafhaus und eine Werkstatt. Zur Zeit ist er dabei, eine neue Lichtung zu schlagen. Zahllose Palmen müssen dabei gefällt und zerkleinert werden. Später wird Tom einen Zaun herumbauen und einen neuen Gemüsegarten anlegen.

,,Ob ich das wohl noch schaffe?" meint er fröhlich. ,,Man kann nie wissen, immerhin bin ich jetzt 73 – aber Arbeit, das muß schon sein." Und dann dringt seine Machete voll ins Mark einer frisch gefällten Kokospalme. ,,Hier, eßt mal davon, das ist Palmenherz."

Anschließend führt er uns vor sein Schreibpult auf der schattigen Veranda vor dem Wohnhaus und reicht uns das Gästebuch. Eine interessante Chronik fast ausschließlich von durchreisenden Fahrtenyachten. Es macht Spaß, darin zu blättern. Sogar ein Deutscher hat sich dort eingetragen, mit Bild.

,,Gar nicht mal so lange her", meint Tom. ,,Kennt ihr den?"

,,Nein, nicht persönlich. Nur gehört haben wir von ihm – aber die Frau an seiner Seite, merkwürdig. Nein, das kann er doch nicht sein. Den wir meinen, der ist als eingeschworener Einhandsegler bekannt."

,,Nein, nein", versichert Tom lebhaft, ,,da war eine Frau an Bord, eine Schwedin, glaube ich."

Eines Morgens beim Frühstück beschließen wir, das kleine Inselreich ein wenig ausgiebiger zu erforschen. Wir planen, auf einem der Motus selbst ein paar Tage à la Tom Neale zu verbringen und bestürmen daher Tom um Hinweise und Ratschläge.

„Geht nach High Island, dort findet ihr genau, was ihr sucht", sagt Tom, führt uns den schattigen Weg bis zurück an den Strand und deutet mit der Machete in eine Richtung auf der anderen Seite der Lagune. Anschließend, auf der kleinen Veranda, skizziert er die Lage der Insel mit ihren vorgelagerten Untiefen, schraffiert sorgfältig alle gefährlichen Riffe und beschreibt eine schmale Durchfahrt. Eine Lagune in der Lagune, herrlich – wir können es kaum erwarten, dort Robinson zu spielen!

Doch bevor wir endgültig aufbrechen, besucht uns der Einsiedler eines Abends an Bord. Tom, dessen praktische Bekleidung für gewöhnlich einzig aus einem kunstvoll geknoteten Lendenschal besteht, unterstreicht die Feierlichkeit des Abends auf seine Weise – mit weiten Khakishorts, die ihm bis zu den Knien reichen, und einem offenen weißen Hemd. Ein Umstand, der in unseren Breiten dem Tragen ausgesuchter Abendkleidung gleichkommen würde. Brigitte hat eine festlich gedeckte Tafel vorbereitet: Fische und Krustentiere – unsere Beute des Tages. Zwar keine allzu große Abwechslung für Tom, doch um jeden Preis wollten wir vermeiden, den besonderen Anlaß mit Corned beef zu entweihen.

Eingehend betrachtet Tom die Einrichtung der SEVEN SEAS; er bewundere es immer wieder, wie man jahrelang erfolgreich auf so engem Raum über die Weltmeere segeln könne. Als wir erklären, daß seine Lebensweise weit gefahrvoller und außergewöhnlicher sei, winkt er bescheiden ab. Nach dem Essen, bei heißem Tee und schwarzen Zigaretten im Cockpit, erweist sich Tom als angeregter Unterhalter. In endloser Folge gibt er Anekdoten aus dem Inselleben zum besten, die so abenteuerlich klingen, daß wir, gäbe nicht Toms ehrliche Haut die Gewähr absoluter Wahrheit, sie als reines Seemansgarn abtäten*.

Am nächsten Tag laufen unvermutet Alfred und Rolf, unsere Schweizer Freunde, mit der DRAKKAR ein. Begeistert von der Idee, ebenfalls ein paar Tage Robinson zu spielen, lichten sie mit uns schon am folgenden Morgen den Anker, so daß wir gemeinsam nach High Island segeln.

---

* Tom Neale starb 1978 im Krankenhaus von Rarotonga (Cook-Inseln) an der Zivilisationskrankheit Krebs.

Das Auffinden der kleinen Passage ist ein Kinderspiel. Toms Karte erweist sich als ausgezeichnet, und so gelingt es, bis dicht ans Ufer unserer kleinen Robinsoninsel vorzudringen. Im Schutz der Korallen vermuren wir die Schiffe nach bewährter Methode: Bug- und Heckanker werden bei mehreren Tauchgängen hinter schwere Korallenblöcke gesteckt. So verankert, verhindern wir ein ständiges Herumschwojen. Nichts ist beruhigender als ein sicher verankertes Schiff. Besonders hier, wo es nun gilt, die Tage fast ausschließlich an Land zu verbringen.

Nachdem wir die Insel ausgiebig in allen Richtungen erforscht haben, beschließen wir, an einer schattigen Stelle, dort, wo die dichten Palmenhaine eine kleine Lichtung bilden, ein Lager zu errichten. Ausgangspunkt für Streifzüge, die der Nahrungssuche an Land und unter Wasser gelten. Im Zentrum der mit morschen Baumstämmen und dichtem Buschwerk umgebenen Lagerstätte entsteht das Kernstück: ein polynesischer Korallenofen.

Alfred ist leitender Baumeister. Kunstvoll gruppiert er schwere Korallenbrocken zu einem kreisförmigen Gebilde, in dessen Mitte ein loderndes Feuer die poröse Koralle zu großer Hitze entfacht. Die aufgeheizten Steine dienen als Kochplatte.

Die Jagd, der Fischfang, die Vorbereitungen, die diversen Nebenarbeiten und schließlich das Kochen selbst beschäftigen uns, wie es unter solchen Umständen nicht anders der Fall sein kann, fast den ganzen Tag. Und nicht nur den einen, sondern so viele, daß schließlich drei volle Wochen daraus werden. Ich will einen dieser Tage wahllos herausgreifen, um aufzuzeigen, weshalb wir am Ende davon überzeugt waren, daß es sich lohnen würde, eines Tages auszuziehen, um für eine Weile ein Leben zu führen, das, wie man mit Recht feststellen wird, zu keinem Bruttosozialprodukt beiträgt.

Die Vormittagsstunden verbringen wir regelmäßig mit ausgedehnten Streifzügen zu den benachbarten Inseln. Häufig müssen wir dabei korallenbespickte Plateaus überqueren. Mit schützendem Schuhwerk und bei Ebbe kein Problem. Nur bei Hochwasser, wenn uns die See bis über die Knöchel spült, hetzen uns kleine Lagunenhaie, außergewöhnlich flinke und aggressive Burschen, die uns von einem Korallenkopf zum nächsten treiben. Die Folgen sind eitrige Wunden an Knöcheln und Füßen, die einfach nicht heilen wollen und sich bei der ständigen Berührung mit Salzwasser nur immer mehr entzünden. Aber das sind Randerscheinungen.

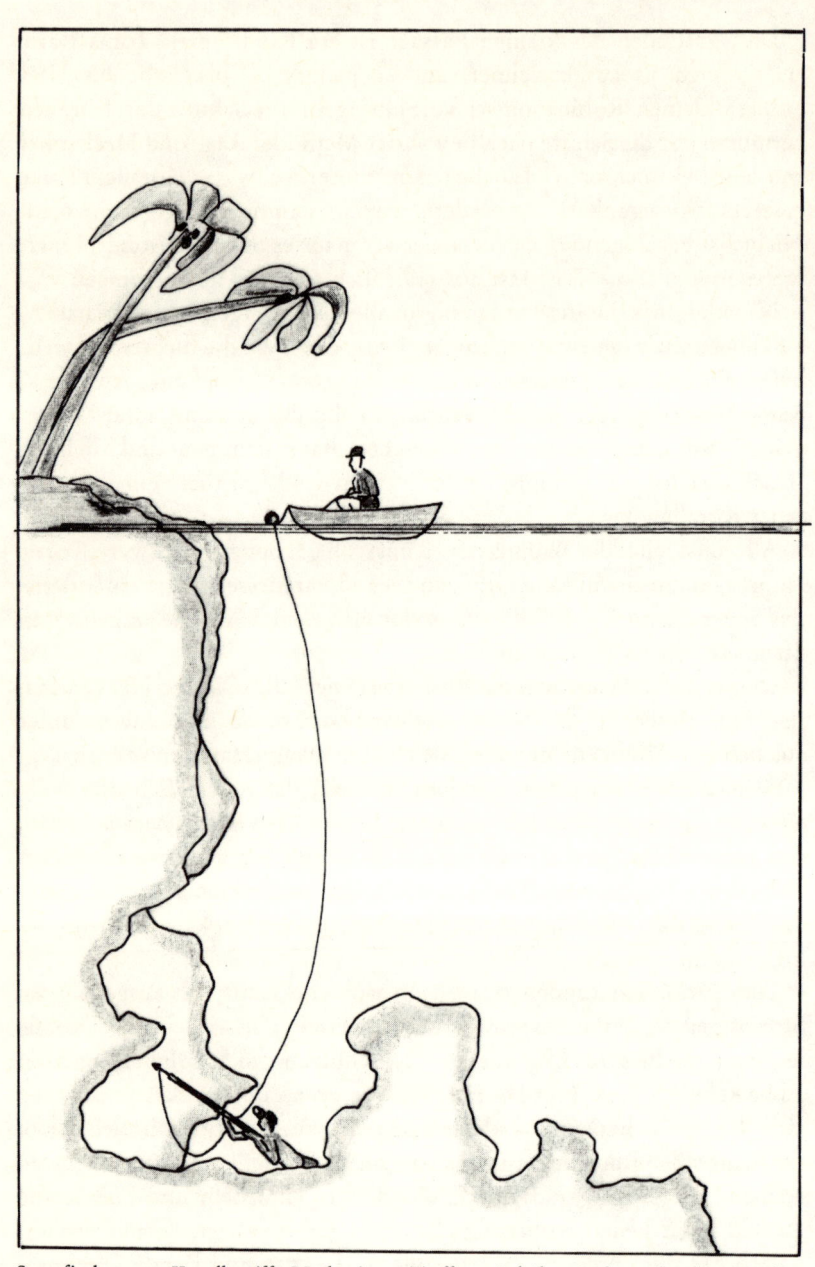

Speerfischen am Korallenriff. Nach einem Treffer wird das Opfer – für den Taucher gefahrlos – in Sekundenschnelle ins Dingi gezogen.

92

Alles am Weg beurteilen wir hauptsächlich danach, inwieweit es unserer Speisekammer zuträglich ist. Wir sammeln Vogeleier. Zu Abertausenden liegen sie in Mulden und Nestern. Oder Langusten! Sind keine aufzufinden, stellen wir den schmackhaften Kokoskrabben nach. Riesige, schwarzbraune Krustentiere mit gewaltigen Scheren voll saftigem Fleisch. Im Gegensatz zu anderen Inseln treten sie hier wie kleine Panzerspähwagen arglos aus dem dichten Unterholz und wagen sich bis an den offenen Strand heran. Der Mensch ist hier ein noch unbekannter Feind. Manchmal erlegen wir Schildkröten, das Großwild der Lagune. Gelingt es, ein solches Opfer im flachen Wasser zu harpunieren, so ist das der Fang des Tages. Denn nichts ist schmackhafter als saftige Schildkrötenfilets. ,,Medium rare", beträufelt mit der weißen Milch der Kokosnuß.

Das Speerfischen vor High Island wird mit jedem Tag problemloser. Bald ist uns die Landschaft dort unten ebenso vertraut wie die Jagdgründe an Land. Wir kennen die verborgenen Höhlen der Muränen und Barsche, wissen die Zeiten, zu denen uns die großen Haie die Beute streitig machen, und belagern die unzugänglichen Verstecke zahlloser Korallenfische, von denen ein gutes Dutzend zu jeder Mahlzeit als Vorspeise auf dem Programm steht, und zwar roh. Gemeinsam mit der weißen Milch, die wir aus dem Fleisch der Kokosnuß gewinnen, zergeht eine solche Delikatesse auf der Zunge.

Während Rolf das Steinfeuer entfacht und Brigitte die Mahlzeiten vorbereitet, begeben Alfred und ich uns an die Arbeit, ausreichend Getränke heranzuschaffen. Frische Kokosnüsse. Der Verbrauch ist so groß, daß wir uns beim Pflücken mit jedem Tag ein Stück weiter vom Lager entfernen. Wir ,,fressen" uns förmlich durch die Landschaft.

Nachdem alles gründlich vorbereitet ist und das Steinfeuer glüht, ist auch Brigitte mit ihren Mehlfladen soweit. Eine Teigmischung aus Mehl und Kokosnußwasser. Den Fladen legt sie auf das große Blatt eines Brotfruchtbaumes und schließlich auf das Steinfeuer. Dann folgt der Fisch. Auch er wird zuvor in grüne Blätter gelegt. Während das Hauptgericht gemütlich vor sich hin brutzelt, beginnen wir mit dem Rösten der Krustentiere und dem Aufschlagen der Nüsse.

Gegen Abend, wenn das Feuer seine letzte Hitze verströmt und Berge leerer Kokosnüsse uns wie ein grüner Wall umgeben, besprechen wir die Aktivitäten für den kommenden Tag.

Den Salomonen entgegen

Pago Pago – Ein Ausflug mit dem Häuptling – Fünf Tage im Sturm – Das seltsame Ansinnen des Mr. White – Durchs Korallenmeer

Seit den frühen Morgenstunden liegt sie verheißungsvoll am Horizont: Tutuila, Hauptinsel von Ost-Samoa. Als Cap Matatula, östliche Landspitze des nahen Ziels, an Steuerbord querab liegt, überrascht uns die tropische Dämmerung. Pago Pago, schützender Hafen nur sechs Meilen voraus, werden wir also erst bei tiefster Dunkelheit erreichen. Typisch! Denn längst haben wir erkannt, daß auf See offenbar gewisse Gesetzmäßigkeiten herrschen, die nicht nur eine ausgewogene Regelmäßigkeit zwischen Sturm und Flaute zur Folge haben, sondern außerdem dafür sorgen, daß ein Landfall grundsätzlich im Dunkeln stattfindet.

Welch schrecklicher Schaukelei waren wir während der letzten Etappe mal wieder ausgesetzt! Tagelang starke Dünung und kaum Wind. Brigitte sitzt an der Pinne. Sanft gleitet Seven Seas durch ein Wirrwarr aus Lichtern und Blinksignalen. Wir bringen Peilfeuer in Deckung, durchfahren die Bucht und erreichen den kleinen Mastenwald vor der schemenhaften Häuserfront von Pago Pago. In 30 Meter Tiefe fällt der Anker.

Je mehr sich das Auge an die Dunkelheit gewöhnt, desto besser erkennen wir unsere Umgebung. Kaum zu glauben, wie viele Yachten hier ankern. Die halbe Flotte, die noch vor Wochen in Bora Bora lag. Unsere Nachbaryacht ist die kleine Neptun mit Gerd Diekow aus Hamburg, Bruder des bekannten Segelmachers. Seit Tahiti hat auch er das Einhandsegeln an den Nagel gehängt. First mate an Bord ist Robn, Tochter des Eigners der amerikanischen Yacht Merry Maiden. Seitdem segeln die beiden im Kielwasser des „Schwiegervaters". Der ist zwar nicht sehr erbaut; aber was nicht ist, kann ja noch werden.

Am nächsten Morgen reißt uns Poltern aus tiefem Schlaf. Augenblicklich auf den Beinen, stürze ich ins Cockpit. Längsseits vertäut liegt die Barkasse der Einklarierungsbehörde. Acht Personen, Offiziere und Mannschaften, stehen schon an Deck und blicken erwartungsvoll in meine Richtung. „Heil Hitler, bitten an Bord kommen zu dürfen", bellt einer der Samoaner zu mir herüber. Nach kurzer Schrecksekunde entschließe ich mich zu einem schlichten „Grüß Gott, die Herren – aber ich bitte sogar darum". Und schon sind die Weichen zu einer unkomplizierten Einklarierung gestellt. Sehr höflich, ja zuvorkommend hat man uns binnen zwei Minuten einklariert.

Die besondere Deutschfreundlichkeit unserer frühen Besucher wird jedoch erst offenbar, als wir erfahren, welch merkwürdigen Auflagen vor uns eingelaufene Yachten unterlagen. Zum Beispiel die MALISH. Don und Esther wurden aufgefordert, sich ohne Verzug im Krankenhaus gegen Elefantiasis behandeln zu lassen. Es bestehe höchste Gefahr einer Ansteckung. Ernest und Linda von der ILAHEE – ebenfalls aus Vancouver – wurden große, weiße Tabletten verabreicht. Vorbeugung gegen ein schreckliches Tropenfieber. Natürlich ist die Behandlung nicht kostenlos. Gleich an Ort und Stelle wurde eine saftige amtliche Gebühr kassiert.

Für John Samson und Familie, die am Nachmittag mit der STORM-STRUTTER in den Hafen pflügen, hält die Behörde eine ganz besondere Überraschung bereit. Nachdem der Anker ausgebracht ist, geht unverzüglich die „Gesundheitsbarkasse" längsseits. Mit schadenfrohen Gesichtern erwarten wir Yachtleute, welches Schicksal John nun widerfahren wird. Nicht lange, da beginnt es dort drüben aus allen Luken und Ritzen zu qualmen. Eine ganze Batterie Sprühdosen wird verbraucht, um das große Schiff von vorn bis achtern erbarmungslos auszuräuchern. Und die Behandlung war nicht billig.

Erst unlängst ist der Inselbevölkerung die innere Administration übertragen worden; die völlige „Autonomie" steht ebenfalls in Aussicht. Ob die erstrebte Unabhängigkeit überhaupt einen besonderen Segen über die Bevölkerung bringen wird, ist eine andere Frage. Ein halbes Dutzend Stammesfürsten liegt schon heute in ständiger Fehde. Jeder für sich beansprucht das Recht, hier eines Tages die Zügel zu übernehmen. Einen dieser stolzen Stammesväter sollen wir näher kennenlernen.

Im seidenen Pareo, mit auserwähltem Kettenschmuck am Hals, ein Bierglas in der beringten Hand, sitzt er in unserer unmittelbaren Nähe in einer Bar. Die Ehrerbietung, die dem Graumelierten von seinen einheimischen Begleitern zuteil wird, läßt zweifelsfrei erkennen: Dieser Mann ist einer der Stammesfürsten. Eine Persönlichkeit von Rang und Namen. Es ist früher Nachmittag, Stunden der größten Hitze. Jeder in der kleinen, übervollen und stickigen Bar am Hafen trinkt Bier. Immer wieder gibt jemand eine Runde aus. Vor uns steht bereits eine ansehnliche Parade leerer Flaschen, als sich unerwartet der Fürst erhebt, ein Glas auf unser Wohl trinkt und sich ohne Umschweife zu uns an den Tisch setzt.

Mit imponierender Gestik bestellt er eine neue Runde, beugt sich vor und flüstert mir einen längeren Monolog ins Ohr: ,,Wie alt ist die Kleine da, deine Tochter, wie? Wirklich nett, ganz reizend, ja, das muß ich sagen. Charmant und blond, was? Kannte mal eine . . ., aber deine Tochter . . . du bist Deutscher, von einer Yacht – ich weiß. Wollt ihr nicht hierbleiben, Samoa meine ich, ich hab' Land, viel Land. Plantagen, Ziegen, ein paar Töchter. Du könntest da . . . und ich deine Tochter, was meinst du?"

Die Hitze, in die sich der Fürst gesteigert hat, läßt ihn die letzten Worte hemmungslos herausschreien. Dann prostet er ,,meiner Tochter" zu, lehnt sich in einer Art zurück, der ich entnehme, daß er mir Bedenkzeit einräumen will, und schweigt. Brigitte, die die ganze Zeit über scheinbar gedankenversunken an ihrem Glas herumgekaut hat, versucht das peinliche Schweigen zu brechen und sagt fast mitleidvoll: ,,Eine wirklich wunderschöne Insel, dieses Tutuila. Sind Sie hier geboren?"

,,Ob ich hier geboren bin? Diese Insel gehört mir, jeder Halm am Boden, jedes Wölkchen über ihr ist mein", höhnt es beleidigt zurück. Doch dann erhellen sich seine Züge, und er fügt fast flüsternd hinzu: ,,Oder unser, wenn Sie gestatten!"

Ein paar Tage vergehen. Die kleine Episode ist längst vergessen, da wandelt der Fürst erneut auf Freiersfüßen. Wir rudern gerade dem Land zu, als Brigitte scheinbar Ungereimtes von sich gibt: ,,Ist er nicht wirklich süß?"

,,Süß? Wer?"

Und jetzt entdecke auch ich ihn. Mit einer prächtigen Blumenkette um den Hals erwartet er uns, nervös auf der Pier auf und ab gehend. Zwar haben wir ganz andere Dinge vor, aber der „Süße" besteht darauf, uns in sein fernes Dorf zu entführen. Unbedingt sollen wir seinen Clan kennenlernen.

Wie auf Verfolgungsjagd steuert unser Gastgeber seinen weinroten Oldsmobile halsbrecherisch über die tropische Insel. Über Berg und Tal und verschlungene Pfade gelangen wir zu dem fürstlichen Anwesen. Saftige Mango- und mächtige Brotfruchtbäume werfen ihre Schatten auf große, palmwedelgedeckte Hütten. Überall spielen halbnackte braune Kinder. Auf einer geräumigen Veranda verteilen sich die Familienmitglieder. Scheinbar sorglose, zufriedene Leute mit offenen Gesichtern. Nach der zwanglosen Vorstellung folgt der Hinweis: „Mein Haus ist euer Haus."

Bei einem anschließenden Spaziergang lernen wir unsere „neue Heimat" etwas näher kennen. Am Dorfrand erreichen wir die Ausläufer eines dichten Palmenhains. Auf der einen Seite erstreckt sich die tiefblaue und endlose See, auf der anderen liegen saftige Weiden mit grasenden Ziegen und Kühen.

Der Fürst legt mir die Hand auf die Schulter, zieht mich unauffällig beiseite und beschreibt die verlockenden Vorteile eines beschaulichen Lebens in tropischer Umgebung. Nur mein besonderes Interesse an Fragen der Landwirtschaft, in die ich ihn verwickele, hält ihn vorübergehend davon ab, sich dem eigentlichen Ziel zu nähern.

Später folgt ein Festmahl im Familienkreis. Dabei geht es hoch her. Listiges Augenzwinkern des Fürsten versucht mich an meine Pflichten zu erinnern. Gemeint ist die Rolle des Freiers. Aufmunternd wechselt sein verschwörerischer Blick zwischen mir und der Inselschönen an meiner Seite. Um selbst ungehindert weiter um die Gunst meiner „Tochter" buhlen zu können, läßt er nichts unversucht. Immer wieder füllt er die Gläser und hält schwungvolle Reden. Doch je weiter die Nacht fortschreitet, desto stärker verfallen unsere Freunde dem Genuß des Alkohols. Als der Fürst bald friedlich in seinem großen Korbstuhl versunken vor sich hin schnarcht, ist es bereits weit nach Mitternacht. Unauffällig stehlen wir uns der Dunkelheit der nahen Landstraße entgegen und erreichen am frühen Morgen völlig übermüdet den Hafen.

Neue Yachten sind eingelaufen. So viele, daß wir den Eindruck gewinnen, eine Regatta stehe bevor: PLUNSH, WILLIWAW, DRAKKAR, FRABIOUS JOY – und die PETER VILLEMOE mit vier deutschen Studenten, die sich ebenfalls auf Weltumseglung befinden.

Für die kommenden acht Tage steht Seven Seas hoch und trocken auf der großen Slipanlage der Van-Camp-Fischfabrik, eingekeilt zwischen rostigen koreanischen Fischkuttern. Wir unternehmen die erste Grundüberholung seit Panama. Und wie so oft gestalten sich die Tage auf dem Slip nur wenig erfreulich. Nachdem man beim Verholen zunächst ein Unterwant wegbricht, läßt man anschließend einen Sandsturm über uns herfegen: Die auf Tuchfühlung angrenzenden gewaltigen Rümpfe unserer eisernen Nachbarn werden der Reihe nach gesandstrahlt.

Den dabei entstehenden Schmutz muß man erlebt haben. An Deck sammeln sich Billionen Sandkörner zu fingerdicken Schichten. Und weil Seven Seas zu allem Überfluß kopflastig aufgebockt ist, können die täglich niederprasselnden Regengüsse nicht durch die Speigatten abfließen. Eine breiige, knöcheltiefe Masse ist die Folge.

Unnötig zu erwähnen, wie es unter Deck aussieht. Staub- und regenfreie Minuten zum Malen finden wir nur während der letzten Tage.

Ein weiteres Problem brocken wir uns selber ein. Bisher regelmäßig dazu verurteilt, mit dem Spachtel zu tauchen und die wild wuchernden Entenmuscheln vom Rumpf zu kratzen, lassen wir uns kurzerhand zu einem Experiment hinreißen. Ein Versuch, die Zeiträume zwischen den Tauch- und Sliparbeiten ein wenig auszudehnen. Urheber ist der Werftleiter. Um die Sandstrahlmisere ein wenig zu glätten, versorgt er uns kostenlos mit einer wahren Flut von Antifouling. Bunt zusammengeschüttete Reste. Was ist also naheliegender, als diese im Literpreis bestem Whisky ebenbürtige rote Schutzfarbe, ohne sparen zu müssen, restlos zu verstreichen. Schließlich werden es sechs Schichten.

Mein Motto ,,Mehr Farbe gleich größerer Schutz" erweist sich jedoch als töricht. Aber die Erkenntnis kommt spät. Erst nachdem Seven Seas in neuem Glanz in die warmen Fluten des Pazifiks taucht, erhalten wir die Quittung. Wie die Schale überreifer Mangos löst sich schon nach Tagen Farbschicht um Farbschicht.

Die britischen Salomoninseln, etwa 2000 Meilen im Westen, sind unser nächstes Ziel. Der Plan, von dort zu den abgelegenen und weit im Norden liegenden Karolinen zu kreuzen, ermahnt uns zu größerer Eile. Vorher die Fidschiinseln anzulaufen, reizt uns nicht sonderlich. Nach allem, was wir hören, soll dort, besonders in Suwa, ein ziemlicher Rummel herrschen. Und gerade darauf können wir für eine Weile verzichten. Nach den ausgiebigen Bordpartys und anderen Zerstreuungen während der letzten Tage brennen wir jetzt förmlich darauf, ein wenig auf abgelegenen Pfaden zu wandeln. Und trotzdem – wie ich uns kenne, wird es nicht lange dauern, bis wir uns wieder auf ein Zusammentreffen mit anderen Yachten freuen.

Fünf Minuten vor der Abreise klagt Brigitte über Zahnweh. Doch lieber jetzt Verzögerung, als die Bürde, unterwegs einen Nothafen anlaufen zu müssen. Denn mit Zahnschmerzen ist auf See nicht zu spaßen. Für solche Fälle sind wir einfach nicht vorbereitet. Auch konnten wir uns vor Antritt der Reise nicht dazu entschließen, vorsorglich alle Zähne ziehen zu lassen. Es soll tatsächlich Leute geben, die sich dazu hinreißen lassen. Dann schon lieber Zahnschmerzen. Im Ernstfall verfügen wir über ausreichend Antibiotika.

Im amerikanischen Krankenhaus geraten wir in beste Hände. Der samoanische Zahnarzt, der Brigitte fast eine Woche lang behandeln muß, vergißt unter Augenzwinkern am Ende sogar, die Rechnung auszustellen. (Ein Vetter unseres Fürsten?)

Drei Tage ist es her, seit wir Samoa verlassen haben. Gegen Abend beginnt es plötzlich, bis auf 30 Knoten aufzubrisen. Wir bergen das Großsegel und laufen unter Arbeitsfock fast vor dem Wind. Welch herrliche Fahrt! Meile für Meile pflügt Seven Seas stürmisch voran. Tag für Tag. Und da unser Wohlbefinden meist ausschließlich vom Wetter abhängt, sitzen wir zufrieden an Deck, spielen mit dem Angelgerät, duschen mit der Pütz oder liegen dösend im Cockpit. Und trotzdem, irgendwo im Unterbewußtsein schlummern das Wissen und die nie versiegende Furcht, daß es nicht ewig so bleiben wird. Ein Unbehagen, das sich immer erst dann völlig legt, wenn der Anker sicher im Zielhafen gefallen ist.

Am frühen Morgen des sechsten Tages erweist sich wieder einmal überraschend, wie sehr dieser Argwohn berechtigt ist. Weit im Osten aufkommende Quellbewölkung schickt heftige Böen voraus, die See läuft meterhoch. Vielsagende Blicke: Da braut sich ein Sturm zusammen.

Vorsorglich setzen wir das Trysegel und tauschen die Arbeitsfock gegen das kleinere Sturmsegel aus. Mit dieser stark verkleinerten und gut ausbalancierten Beseglung kann Seven Seas eine ziemliche Portion Wind vertragen. Wann auch diese Beseglung zu groß wird, bestimmt meist die Höhe des Seegangs. Denn bei stark nachlaufender See und hoher Fahrt reagiert die Selbststeueranlage nicht mehr schnell genug. Das Schiff luvt an, läuft quer zur See, und bevor die Steuerseile das Ruder zurückreißen, drückt ein Brecher das Heck weg. Die mögliche Folge: Querschlagen mit Mastbruch. Natürlich kann SEVEN SEAS bei „gefährlichem" Seegang bis zu einem bestimmten Grad mit der Hand gesteuert werden. Aber auch dabei können, besonders durch Übermüdung, katastrophale Fehler entstehen. Bei schwerem Wetter halten wir uns daher stets an die gleiche Regel: Kommt das Schiff unter kleinster Besegelung und vor steil nachlaufender See ins Gleiten, drehen wir ohne zu zögern bei.

Und so auch diesmal. Der Eindruck offenbar eintretender Windstille, behäbig unter dem Rumpf durchlaufende meterhohe Wellen und halbwegs sanfte Schiffsbewegungen sind die Folge. Ein verblüffendes Resultat, das uns häufig das Gefühl vermittelt, der Sturm habe sich mit dem Moment des Beidrehens schlagartig gelegt.

Überaus lebhaft erinnere ich mich an bestimmte Erfahrungsberichte anderer Segler, die ich vor Antritt der Reise las. Insbesondere an Passagen über Verhaltensweisen in schwerem Wetter. Da hieß es nicht selten: „Draußen ist die Hölle los. Unbarmherzig heult der Sturm mit 50 Knoten, die Seen erreichen die Höhe der Saling. Fünf Tage geht das nun schon. Aber wir liegen gemütlich beigedreht, strecken uns behaglich in den Kojen, lesen Bücher, malen Bilder und backen täglich unser frisches Brot."

Wenn ich dies las, war ich stets skeptisch. Ich dachte so bei mir: Wird wohl halb so schön gewesen sein oder: typische Verglorifizierung vergangener Erlebnisse. – Aber nein, so ist es tatsächlich. Auch wir liegen „gemütlich" beigedreht.

Draußen heult der Wind mit 50 Knoten. In Böen sind es sogar 60 bis 70. Brigitte deckt den – kardanisch aufgehängten – Tisch zum Mittagessen, wir hören Nachrichten im BBC und lesen Jack Londons Südseegeschichten.

In fünf Tagen treiben wir 175 Meilen nach Westen und überqueren dabei die Datumsgrenze. Dann setzen wir wieder die Arbeitsfock und gehen auf Kurs. Nach zwei Wochen ungetrübter Bordroutine und prächtiger Sturmfahrt sichten wir Malaita, erste Insel der Salomonen, kreuzen vorbei an riffumsäumten Sandbänken vor Floridaisland und erreichen 27 Tage nach Pago Pago den nahen Dunstkreis von Guadalcanal. Der Hafen von Honiara liegt zum Greifen nahe.

Doch in die Freude der glücklichen Ankunft mischt sich unerwarteter Verdruß: Trotz vollaufgeladener Batterien und ausreichendem Kraftstoff will die Maschine nicht starten. Wir setzen die leichte Genua, reffen das Großsegel aus und kreuzen bei wechselnden und leichten Landwinden durchs Nadelöhr der riffumsäumten Hafeneinfahrt.

Unser Wunsch, hier die Maschine reparieren zu lassen, um zu den Karolinen zu segeln, ist nicht zu realisieren. Einmal bietet die schmale Riffbarre, die den Hafen bildet, bei auflandigem Wind nur wenig Schutz. Und zum anderen ermuntern uns die denkbar merkwürdigen Auflagen eines gewissen Mister White nur wenig zum Bleiben. Als Hauptzollinspektor Ihrer Majestät, einst bewährt in Indien und Pakistan, steht er hier auf der letzten Sprosse der bröckelnden Leiter des Kolonialismus. Nach der bereits angekündigten Unabhängigkeit nun auch der Salomoninseln, ahnt er das Unausweichliche: Rückzug ins Mutterland. Und daher wird noch einmal zünftig im bewährten Stil verfahren. Die Situation ist vielversprechend. Denn der Hafen ist ja völlig „overkrautet"!

„Krauts", das sind Gerhard und Robi auf der Neptun, Eckard und Vera Lütke mit ihren drei Kindern auf dem Trimaran Kranich und wir. Genau drei deutsche Yachten zuviel. Irgendwie muß man ihnen beikommen. Aber schon ergibt sich eines Abends im Yachtclub die günstige Gelegenheit:

Wir Segler haben – aus Unwissenheit – den Stammtisch der Obrigkeit besetzt. Und dazu gehört Mr. White, den wir bisher nicht kennen. Nun dürfen wir ihn kennenlernen. Binnen 24 Stunden sollen 65 Prozent des Marktwertes unserer Yachten als Sicherheit auf der Bank hinterlegt werden. Bei Zuwiderhandlung drohen schwerwiegende Folgen. 65 Prozent? Mal eben überweisen? Also rund 60000 Mark. Oder Folgen?

Aber dann tröstet man uns; wir brauchten bei Zahlungsunfähigkeit nur das Land zu verlassen. Und da wir das ohnehin früher oder später vorhaben, spielen wir ein paar Tage Katz und Maus und sprechen von Überweisungen aus Übersee, die dann aber dummerweise doch nicht eintreffen. Der Aufschub reicht, um ein wenig die Gegend zu erforschen.

Wenn auch die Salomoninseln ansonsten kaum mehr den abenteuerlichen Beschreibungen Jack Londons standhalten – es gibt keinen Kannibalismus mehr, keine blutigen Stammesfehden und nur noch wenige Kopfjäger –, so hat sich doch ein Brauch unverändert bis auf den heutigen Tag erhalten: der Frauenkauf.

Für nur 20000 Kaurischnecken (Moneycowries) mittlerer Größe erhält ein fleißiger Sammler bereits einen ansehnlichen Gegenwert. Eine

Inselschöne mit vollwertigem Gebiß. Denn bei dieser immerhin stattlichen Anzahl Muscheln gehen die meist hohen Zahnarztkosten zu Lasten des Verkäufers.

Seit Tagen fällt uns eine ausgesprochen gutaussehende Eingeborene ins Auge, die jeden Nachmittag im Yachtclub zum Tee erscheint. Rein zufällig lernen wir ihren Mann kennen. Er ist Deutscher und lebt schon seit Jahren auf den Salomoninseln. Die Frau an seiner Seite erwarb er erst kürzlich auf der großen Nachbarinsel Malaita. Den genauen Preis, den er für sie zahlte, will er zwar nicht nennen. Seinem Augenzwinkern entnehmen wir aber, daß sich der Handel gelohnt hat. Muscheln, so erfahren wir jedoch, hätten bei dem Handel jedenfalls nicht den Besitzer gewechselt. Denn das Zusammentragen dieser sogar für einen geübten Sammler immerhin großen Anzahl war ihm doch zu mühselig. Und schließlich, so klärt er uns auf, lebten wir nicht mehr im Mittelalter. Ein praller Sack Kleingeld sei daher weitaus angemessener und ließe sich außerdem von seinen Benutzern im Busch viel leichter zu Kettenschmuck verarbeiten.

Bevor wir endgültig der Alternativaufforderung Mr. Whites entsprechen, endlich in See zu stechen, müssen wir zunächst entscheiden, in welche Richtung. Ohne Motorhilfe sind die korallendurchzogenen Karolinen für uns gestorben. Nur ungern möchten wir dort ausschließlich auf die Kraft unserer Segel vertrauen. Um einen brauchbaren Ort für die Motorreparatur zu finden, müssen wir nach Westen. Am besten Australien. Aber schließlich entscheiden wir uns für Port Moresby, größte Hafenstadt Neuguineas unter australischer Verwaltung. Also: Kurs Korallenmeer.

Fünf Tage später umrunden wir bei schwerer See den südlichen Vorposten Neuguineas, Tagula Island, wichtiger Wendepunkt: Von nun an heißt es Kurs Nordwest. Längst haben wir Sturmbesegelung angeschlagen und messen konstante 40 bis 50 Knoten Windgeschwindigkeit. Die brandungsumtosten Riffe des Louisiadearchipels lassen wir weit an Steuerbord. Dabei nutzen wir jede Gelegenheit, unsere Position zu überprüfen. Kein leichtes Unterfangen, denn die bisher wild zerrissene Wolkendecke verdichtet sich bald zu einem grauen Schleier.

Schon der geringste Anschein eines vermeindlichen Durchbruchs der Sonnenscheibe läßt mich immer wieder aufgeregt mit dem Sextanten an Deck stürzen. Aber es mißlingt mir, sie auch nur ein einziges Mal herauszufiltern. Das geht zwei Tage so. Endlich beschließen wir, aus

Sicherheitsgründen ein paar Grad nach Westen abzufallen. Auf keinen Fall dürfen wir uns hier ausschließlich auf eine gekoppelte Position verlassen. Viel zu leicht können wir dabei zur Beute einer unbekannten Strömung werden, um während der Nacht am Küstenriff zu scheitern. Denn die dem Land vorgelagerten Riffe greifen stellenweise mehr als zehn Seemeilen weit hinaus ins Meer.

Am Abend des neunten Tages auf See stehen wir etwa 50 Seemeilen südlich vor Port Moresby und kalkulieren unsere Ankunft bereits freudig für die frühen Morgenstunden. Aber wie so oft, geht unsere Rechnung nicht auf. Im Laufe der Nacht verstärkt sich der Wind unvermittelt auf volle 50 Knoten und schiebt uns mit einer solchen Gewalt vor sich her, daß wir fürchten, bereits vor Tagesanbruch die Küste zu erreichen. Der Gedanke, dabei im Dunkeln aufs tosende Riff zu laufen, stimmt uns nachdenklich. Unbedingt müssen wir die Fahrt verringern. Oder sollen wir beidrehen und auf Tageslicht warten? Aber dann nimmt uns der immer noch zunehmende Wind die Entscheidung ab. Wir werden beidrehen – denn um bei dem inzwischen gefährlich steil laufenden Seegang noch manövrierfähig zu bleiben, müssen wir Seven Seas halsbrecherisch vorantreiben.

Der folgende Morgen bringt eine Wetterentwicklung, die alles bisher Erlebte in den Schatten stellt. Das Meer ist ein einziges Chaos: waagerecht fliegender Gischt und haushohe Seen so weit das Auge reicht. Tonnenschwere Brecher explodieren auf Decksaufbauten und im Cockpit und reißen Farbschichten von der Außenhaut. Grünes Wasser vor den Kajütfenstern hüllt das Schiffsinnere bisweilen in graues Zwielicht. Das Anemometer, bis zum Anschlag durchgedrückt, verharrt sekundenweise zitternd auf der Stelle. Zum erstenmal im Sturm bergen wir Trysegel und Sturmfock und treiben vor kahlen Masten. Denn inzwischen vermag auch die backgesetze Fock den Vortrieb des Trys nicht mehr ausreichend zu zügeln. Dann bringen wir Trossen aus – über den Bug, 180 Meter Nylonleine von der Vorschiffstrommel und eine andere von etwa 60 Metern. Ihre bremsende Wirkung verringert zwar die Fahrt erheblich, beschert uns jedoch ein permanent nasses Deck. Wie rollende Güterzüge hasten die Seen an uns vorüber oder explodieren unter wildem Schäumen direkt unter dem Kiel. Die Roll- und Schlingerbewegungen sind unerträglich. Wir unterliegen dem Wechselspiel ziehender Trossen und querdrückender Wellen. Mein Entschluß, die Leinen kurzerhand wieder einzuholen, scheitert kläglich. Als hingen tonnenschwere

Gewichte an ihren Enden, ragen sie wie gespannte Drahtseile aus der aufgewühlten See. Wie sähe das wohl mit einem Treibanker aus – ich wage nicht, daran zu denken.

Besorgt hasten wir unter Deck, lauschen dem Heulen in der Takelage und vermuten in jedem Geräusch den Beginn einer nahenden Katastrophe. Kein Winkel an Bord, in dem wir ihr entkommen könnten. An allen Seiten rauscht, brandet, poltert und hämmert es; die Kajütlampe rast in wilden Kreisbewegungen, und sogar der kardanisch aufgehängte Tisch wird von abrupten Schiffsbewegungen überlistet und wirft Teller und Tassen quer durch den Raum.

Nach drei Tagen beruhigt sich das Wetter. Der Sturm hat seine Kraft verloren, die See beginnt sich zu glätten. Aber dann folgt eine niederschlagende Feststellung. Wir sind weit nach Norden versetzt und längst an Moresby vorbeigetrieben und nun gezwungen, gegen die vorherrschende Windrichtung zurückzukreuzen. Und um das Maß vollzumachen, bemerken wir außerdem, daß das Ruderblatt der Selbststeueranlage fehlt. Die See hat es fein säuberlich direkt unterhalb seiner Aufhängung abgeschoren. Jetzt heißt es rudergehen. Volle 24 Stunden benötigen wir, um uns überhaupt bis auf Sichtweite an die Küste heranzuarbeiten. Eine anstrengende Knüppelei, während der sich Brigitte den linken Ringfinger verstaucht.

Nachdem wir unter Land sind, beschließen wir, den Hafen durch das flache Wasser hinter dem schützenden Barriereriff anzulaufen. Ausschließlich mit Hilfe der Sonne tasten wir uns mit den Augen durch weitverästelte Korallengärten und erreichen nach zwei unruhigen Nächten hinter verlassenen Sandinseln und mehr als 60 Kreuzschlägen durch enge Riffpassagen schließlich erleichtert die große Reede von Port Moresby. Sicher verankert im Pulk lokaler Yachten, genießen wir das wohlige Erschöpftsein nach einem anstrengenden Törn. Wir setzen das Sonnensegel, besorgen das erste eiskalte Bier aus dem Yachtclub und betrachten zufrieden und erwartungsvoll unsere neue Umgebung.

Abenteuer in Papua

Nur Pech mit dem Motor – Die Windmühlen der Southern Cross – Hochzeit in der Residenz – Als Buschpiloten in die Steinzeit – Schiffbruch – Ein letzter Versuch

Eines steht fest: Wenn wir nicht vor Mitte September wieder aufbrechen, haben wir die Saison für den Indischen Ozean verpaßt. Und das hieße ein gutes halbes Jahr Verzögerung. Zwar eine etwas betrübliche Aussicht, doch nach den letzten Erfahrungen auf See fällt die Entscheidung nicht sonderlich schwer: Auch wenn es ein ganzes Jahr dauern sollte – wir werden bleiben, bis der Motor repariert ist!

Auf keinen Fall wollen wir dabei unbedacht in die Hände erstbester Mechaniker fallen. Also sondiere ich zunächst in aller Ruhe das Feld, streife tagelang von Werkstatt zu Werkstatt, wäge ab, bringe Wichtiges zu Papier oder bespreche mein Anliegen mit Ortskundigen aus dem Yachtclub. Kaum zu glauben, wie stark das Interesse ist, auf das wir dabei stoßen.

Aber schon stellt sich erster Verdruß ein. Niemals, so scheint es, werden wir uns mit gutem Gewissen für eine Werkstatt entscheiden. Denn die Aufstellung meiner in Frage kommenden Firmen wird bald zur schwarzen Liste. Immer dringender wird der Rat, die Finger von den lokalen Mechanikern zu lassen. Sie seien durchweg Scharlatane. Am besten, wir gingen nach Australien (mal eben), da gebe es noch Fachleute.

Durch die wahre Flut zahlreicher Hilfswilliger stoßen wir schließlich auf einen gewissen Earnest Loeberger, Emigrant aus Österreich und Inhaber der Firma Loeberger Engineering. Earnests erster Blick auf den

Motor läßt uns handelseinig werden. Da sich auf Anhieb kein Schaden feststellen läßt, wird die Maschine ausgebaut und zerlegt. Die Ventile werden eingeschliffen und neue Kolbenringe in Neukaledonien bestellt. Dann heißt es warten.

Wir fassen den Entschluß, die lange Wartezeit nicht unnütz verstreichen zu lassen, und verlegen uns auf „Schwarzarbeit". Brigitte hat besonderes Glück. Im Yachtclub wird ihr die Stelle als Sekretärin angeboten. Ein idealer Posten – gut bezahlt und vor der Haustür. Ich selbst erhalte Gelegenheit, meinen ehemaligen Beruf als Verkaufsleiter endgültig an den Nagel zu hängen, und werde über Nacht zum Mechaniker. Oder besser Ingenieur. Denn so heißt es in meinem Vertrag. Zwar spricht Brigitte vom „Bock zum Gärtner machen" – aber das ficht mich nicht an. Und schließlich verbindet sich mit meinen Bemühungen auch ein gutes Werk.

Zahllose Dorfgemeinden im weiten Umkreis Port Moresbys sind seit Monaten ohne eigenes Wasser. Grund: mangelnder Service der einzigen Wasserspender – windgetriebene Mühlen der Southern Cross Engineering. Wie Wahrzeichen stehen sie über das ganze Land verteilt. Und jede dritte versagt ihren Dienst. Das soll jetzt anders werden! Als leitender Ingenieur vom Außendienst bin ich beauftragt, diese Mißstände ein für allemal zu beheben. Natürlich bleibe ich dabei nicht ohne geschickte Mitarbeiter – meine schwarzen Boys. Ich bin der „Masta", der Mann mit der fundierten Sachkenntnis, sie sind die muskulösen Hilfskräfte mit der einschlägigen Erfahrung. Unter meiner Aufsicht werden Rohre verlegt, Gräben ausgehoben und ganze Mühlen in ihre Einzelteile zerlegt.

Gilt es jedoch Schäden einzuschätzen, sie zu analysieren oder vorbeugend einzugreifen, wird mein persönlicher Einsatz unabwendbar. Dann strömen die Anwohner eines ganzen Dorfes an der einzigen Wasserstelle zusammen, hocken dicht beieinander und richten ihre kugelrunden Augen in Erwartung eines Wunders auf den „sagenhaften" Ingenieur, den weißen Magier, der Wasser fließen läßt. Das Vertrauen, das man mir während solcher Momente bedingungslos schenkt, beflügelt mich zu ungeahnten Leistungen: Hypnotisierend starre ich auf die seit Monaten ausgedorrten Rohre einer Windmühle, fahre mit den Fingerkuppen sanft über einen rostigen Flansch und hoffe auf ein Wunder. Strömt noch immer kein Wasser, greife ich zum Hammer – Standardwerkzeug bei diesem Geschäft. Meist sind Rohrbiegungen mit Schlamm verstopft; ein paar leichte Schläge, und das Wasser sprudelt fröhlich über den Dorf-

Die SEVEN SEAS *unter Großsegel und Arbeitsfock.*

So sieht die Seven Seas *von unten aus —* ▷
im Portalkran im Hafen von Campo Loro auf Korsika.

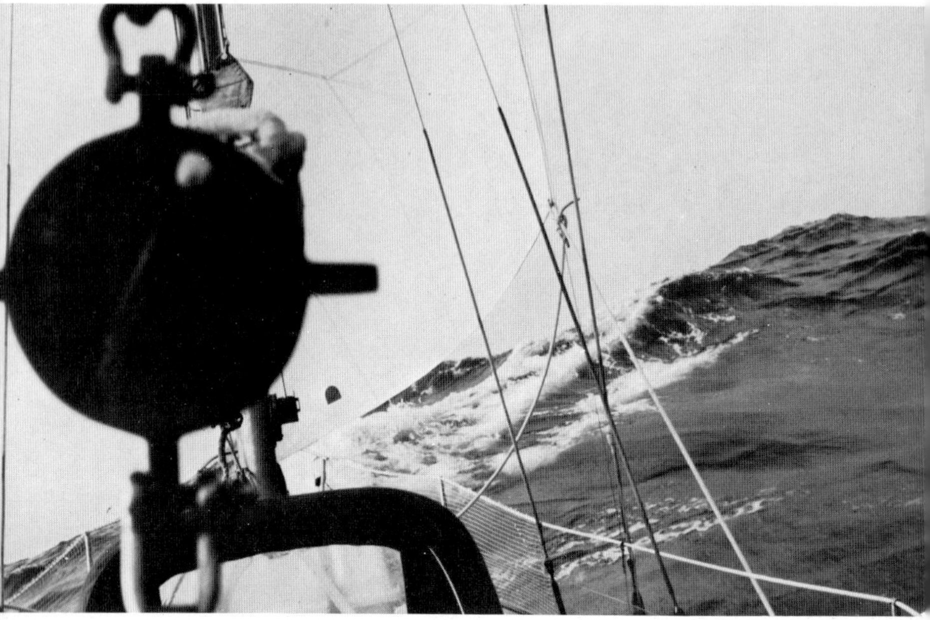

Brassfahrt unter Sturmfock.

Klönschnack im Salon der Seven Seas.

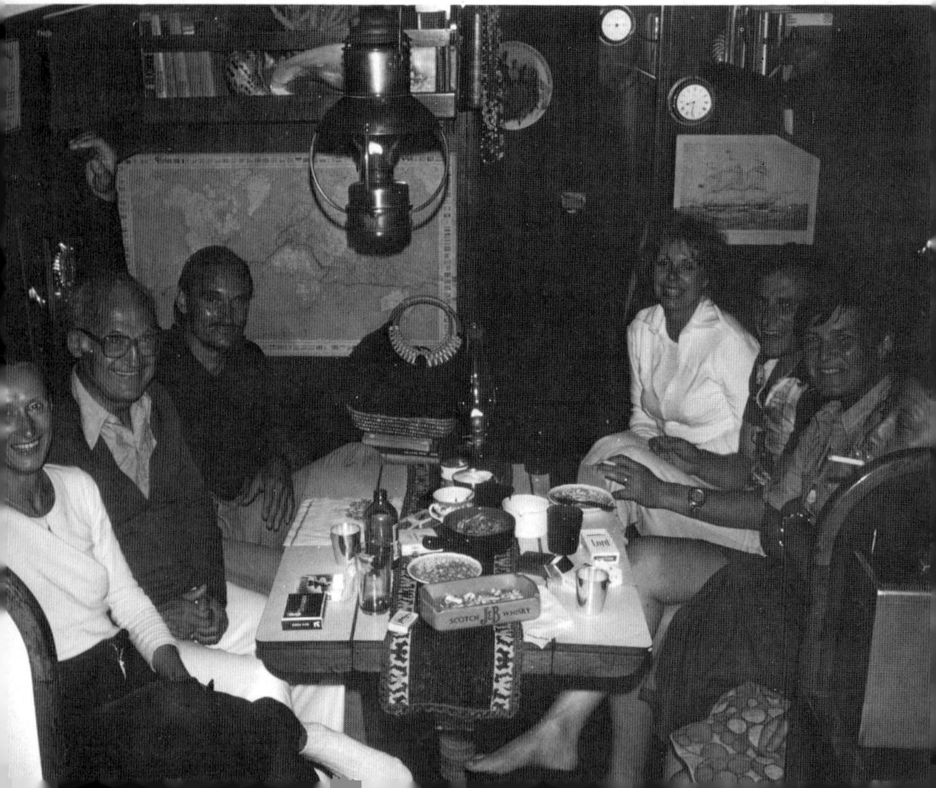

Menschen in Neuguinea: Krieger, Kind, alte Frau, Süchtiger (Betel kauend).

platz. Nach einem solchen Erfolg könnte ich bedingungslos die Tochter des Häuptlings fordern und den Rest meiner Tage als Ehrenbürger in der Dorfgemeinde verbringen.

Mitte November ist die Maschine fertig. Frisch gesandstrahlt und mit neuen Ringen steht sie zum Einbau am Steg vor dem Yachtclub. Neugierige strömen herbei, Flaschenkorken fliegen, Kameras klicken. Ein Ereignis wie bei einer Schiffstaufe.

Zwei Tage später läuft der Motor präzise wie nie zuvor, sauber und gleichmäßig wie ein Uhrwerk. Kein anderer Schiffsdiesel, der ihm gleichkommt!

Noch am selben Abend folgt die Ernüchterung: ein kurzes Würgen, eine schwarze Rauchwolke am Heck – Feierabend. Also rufe ich Earnest auf den Plan. Als fachkundiger Ingenieur zweifelsfrei Analysen gewohnt, schließt er messerscharf, daß die Einspritzpumpe defekt sei. Er nimmt sie gleich mit, reinigt sie mit Terpentin, pustet den vermeintlichen Schmutz heraus und versucht sie wieder zusammenzusetzen. Doch es tue ihm sehr leid, aber sie habe nun mal keine Markierungspunkte für die Einstellung des „timing".

Auf der Suche nach Fachleuten hetze ich tagelang von Werkstatt zu Werkstatt, erliege mehreren Scharlatanen, verliere dabei ein mikroskopisch kleines Teil aus der Pumpe, rekonstruiere den möglichen Ort des Verlustes, finde es wieder und will schon aufgeben, als mir durch Zufall die Adresse eines Spezialisten in die Hände fällt, eines Hobbybastlers mit eigenem Prüfstand – unsere letzte Chance in Papua Neuguinea. Der Mann ist Schotte: „Stränge pomb, but I'll fix it." Weihnachten soll sie fertig sein – also warten.

Aber schon bald erreicht uns frohe Botschaft vom Schotten. Die Pumpe sei generalüberholt und zum Einbau bereit. Am Prüfstand überzeugen wir uns von ihrer einwandfreien Funktion – doch als sie eingebaut ist, will sie den Motor noch immer nicht starten. Weitere Mechaniker treten in Aktion. Schwere Batterien, Werkzeugkästen, Generatoren und Prüfgeräte breiten sich über das ganze Schiff aus. Unmöglich, das heillose Durcheinander, die endlosen Verhandlungen, Verabredungen und Zänkereien nur halbwegs auf einen Nenner zu bringen. Vielleicht Chaos – ja, das wäre etwa der Zustand, in dem wir uns befinden. Freunde und Bekannte fragen nicht mehr: „Wie geht's, wie steht's?", sondern: „Was macht der Motor?" oder schlicht: „Läuft er?" Der vierte Mechaniker seit Earnest besitzt unsere ganze Hoffnung. Keiner, der aufgibt wie seine Vorgänger. Vielmehr ein Mann der Tat, jemand, der seine Sache ernst nimmt.

Er sagt: ,,Wenn ein Motor nicht starten will, dann muß man ihn dazu zwingen." Und tut es! Mit geballten 24 Volt zwingt er den 12-Volt-Anlasser zur totalen Kapitulation. Nun, Anlasser sind wohl auch nicht mehr das, was sie einmal waren. Telegrafisch bestellen wir in Berlin einen nagelneuen, Marke Ducellier, und warten.

Inzwischen haben wir Ende Januar. Fast ein halbes Jahr ist vergangen. Wir führen ein geregeltes Hafenleben und gewöhnen uns immer mehr daran, daß der Begriff Zeit hier offenbar einer anderen Auslegung bedarf. Die Tage verlaufen gleichförmiger. Das Leben ist unkomplizierter und weniger hektisch. Die Wertskala eine andere. Etwa so: Man arbeitet weniger, verdient mehr und genießt sein Leben. Den ursprünglichen Plan, eventuell hierzubleiben, eine Gummiplantage zu bewirtschaften oder Rinder zu züchten, haben wir indes längst aufgegeben. Die Unabhängigkeit des Landes steht ,,drohend" vor der Tür; die Zukunft der Expatriots, der weißen australischen Minderheit, ist in Frage gestellt. Aber noch herrschen geregelte Verhältnisse. Noch führt man das beschauliche Leben weißer Kolonialherren, ist Mitglied mehrerer Clubs, besucht einmal jährlich ,,Europe" und veranstaltet Barbecues – rauschende Gartenpartys, auf denen man rädergroße Steaks verzehrt.

Und weil jede neue Bekanntschaft in der unausbleiblichen Einladung zu einem Barbecue gipfelt, ist Brigitte inzwischen Meister im Erfinden handfester Ausreden. Die sprichwörtliche Gastfreundschaft der Australier ist beeindruckend. Aber auch die der Deutschen. Mehr als einmal sind wir Gast im gemütlichen Heim der Familie Piech: Reinhold ist Hamburger, seine Frau Ann aus Australien. Gemeinsam mit ihren beiden Töchtern Melissa und Natalie leben sie seit vielen Jahren in Port Moresby. Als 20jähriger Ende der fünfziger Jahre nach Australien ausgewandert, gelingt Reinhold eine für deutsche Verhältnisse beispiellose Karriere. Innerhalb weniger Jahre steigt der gelernte Maurer ohne Studium zum leitenden Ingenieur der Public Works auf. Heute untersteht ihm die gesamte Planung aller Hafenprojekte von Papua Neuguinea. Wenn er auch inzwischen ,,waschechter" Australier ist, so erliegt Reinhold doch noch immer alten Leidenschaften: der deutschen Küche. Es gibt Eisbein mit Sauerkraut, Kasseler Rippenspeer und Königsberger Klopse. Eine willkommene Abwechslung zu Barbecue, Australian Pie und Baramundi.

Eines Tages tritt ein, was ich im stillen häufig befürchtet habe. Ein Ereignis, das mich in Hemd und Kragen zwingt. Die überraschende Einladung zur Hochzeit unserer neuen Freunde Ruth und Neville in der Residenz Seiner Exzellenz, des High Commissioner Thomas K. Critchley, Staatsoberhaupt von Papua Neuguinea, läßt keine Alternative zu. Ein Anlaß, der gleichzeitig das Tragen ordentlicher Lederschuhe verlangt. Und damit habe ich am allerwenigsten gerechnet. Das einzige Paar, das diesem Prädikat hätte halbwegs standhalten können, ging schon vor den Kanarischen Inseln über Bord. Grund: Lederfäule.

„Ich kann nicht mitkommen", sage ich lauernd zu Brigitte, „du mußt alleine gehen." Aber das fruchtet nicht.

„Reinhold borgt dir Schuhe – der hat genauso große Füße wie du!"

Und wirklich, sie passen. Nach einem ganzen Tag voller Vorbereitungen rudern wir landfein dem Ufer entgegen. Brigitte springt leichtfüßig auf den Steg – kein Kunststück in dem luftigen und bequemen Kleid, das sie trägt –, mir fällt es schwer, auf die Beine zu kommen. Das in dieser Hitze wie eine Rüstung wirkende Jackett, der Würgegriff des Kragens – ein schwarzer Tag. Wenn ich jetzt ausgleite und über Bord falle, wird mich die Zentnerlast der Schuhe augenblicklich in die Tiefe ziehen . . .

Schweißgebadet erreichen wir das Portal zur Residenz des obersten Landesvaters. Schwere Limousinen, schwarze Geheimpolizei, dunkle Sonnenbrillen, livrierte chinesische Diener – James Bond kann nicht weit sein. Ein Butler führt uns an den Ort der Feierlichkeiten. Fürstlich bemessene Parkanlagen mit riesigem Baumbestand, Freitreppen, Springbrunnen . . .

Der kleine Kreis der Gäste teilt sich in angeregt flüsternde Grüppchen. Man trinkt Schaumwein oder Sherry, und ein Heer wieselnder Chinesen serviert Käsehäppchen. Im Schatten von wild wucherndem Hibiscus spielt ein kleines Orchester „Walzing Mathilda".

Unvermittelt geraten wir in den Blickwinkel der Gäste. Schweigen entsteht. Kein Zweifel, sie starren wie gebannt auf meine Schuhe. Aber da rettet uns das Brautpaar. Von blumenstreuenden Kindern umringt, erscheint es am Hang vor der Kulisse des prächtigen Palais und erreicht den provisorischen Altar.

Kaum sind die Jaworte im dichten Buschwerk verhallt, setzt sich ein Fuhrpark wartender Bentleys und Jaguare in Bewegung und strebt nun der Villa des Bräutigams zu. Schuhe und Jacken werden in der Garderobe abgegeben. Der gemütliche Teil beginnt. Die Diener sind hier schwarz und nicht weniger flink als die Chinesen aus dem Palais. Emsig bereiten sie einen Tanzboden vor und tragen Musikinstrumente herein. Im Handumdrehen formiert sich ein kleines Ensemble. Der Bräutigam übernimmt das Piano, andere Gitarren, Flöten und eine Harfe. Ich bediene das Schlagzeug. Nur dem Mann an der Posaune gelingt es, mich dabei zu übertönen.

Es ist bereits lichter Tag, als wir die etwas beschwerliche Überfahrt zur Seven Seas antreten.

Mitte Februar überstürzen sich dann auf einmal die Ereignisse. Eine Serie heilloser Aufregungen, als deren Folge sich endlich Licht über das Dunkel der Motormisere breitet. Eines Abends besucht uns Manfred. Er lebt an Bord seiner kleinen Slup Floating Rock, ist Deutschaustralier und arbeitet als Elektriker für Public Works. Als das Gespräch wie üblich beim Motor landet und Manfred hört, daß wir noch immer auf den Starter warten, schlägt er vor, etwas zu basteln.

Zwei Tage später erscheint er mit einer haarsträubenden Improvisation. Ein Anlasser, zusammengebaut aus drei verschiedenen Modellen. Und weil er nicht auf Anhieb paßt, sägt Manfred kurzerhand ein Stück Eisen aus dem Motorblock, benutzt Draht, Zweikomponenten-Spachtel und bedient den Startknopf. Der Motor dreht zwar, aber er will nicht starten. Wir verbrauchen ein halbes Dutzend Batterien, ziehen weitere Berater hinzu, benutzen „Quickstart" und geben erst mal auf. Erleuchtende Erkenntnis: Am Starter liegt es nicht. Aber woran sonst? Die Pumpe war in Ordnung und der Motor generalüberholt. Sollte vielleicht Earnest gepfuscht haben?

Also bauen wir den Zylinderkopf ab, schleifen ihn plan, überholen erneut die Ventile und lassen in mühevoller Bastelarbeit ein kleines Kunstwerk entstehen: eine Zylinderkopfdichtung ganz aus Kupfer. Aber trotz all dieser Bemühungen und der Hilfe von zwei weiteren Mechanikern entlocken wir der Maschine nur ein trockenes Husten.

Endgültig mit unserem Latein am Ende, erhalten wir zu guter Letzt den Beistand eines wirklichen Fachmannes: Tom – englischer Yachtsman von der Galaxie. Er hört die Vorgeschichte, stößt ein kurzes Pfeifen durch die Zähne und holt eigene Werkzeuge. Am selben Abend liegt der Beweis auf dem Kartentisch: vier völlig verrußte und zerbrochene Kolben. Der gute Earnest hatte die falschen Ringe falschherum eingesetzt. Am nächsten Morgen schicken wir per Eilbrief eine neue Bestellung nach Berlin: Kolben, Zylinder, Lager . . .

114

Ich glaube, Tom war der achte oder neunte Mechaniker seit Earnest – ein wahrer Retter in der Not.

Schon lange tragen wir uns mit dem Gedanken, einen Abstecher ins Landesinnere zu unternehmen. Im undurchdringlichen Dschungel abgelegener Täler beginnt das eigentliche Neuguinea. Die Domäne der Steinzeitmenschen und Kannibalen. Ein Gebiet größer als Japan mit einem Rekord von 700 verschiedenen Sprachen und noch immer vorkommenden Ritualmorden. Die von den Küstenstädten ausgehenden Straßen reichen kaum 100 Meilen landeinwärts. Wer weiter will, muß marschieren. Über wolkenverhangene Berglandschaften und durch reißende Flüsse. Aber es gibt auch eine andere Möglichkeit – das Flugzeug. Wichtigstes Verkehrsmittel für Regierungsbeamte, Missionare, Patrol Officers und Kaufleute. Eine stattliche Flotte einmotoriger Cessna- und Piper-Maschinen verteilt sich auf zahllose Landeplätze über das ganze Land.

Ende März werden auch wir in die Highlands fliegen. Und zwar völlig in eigener Regie. Als Buschpiloten am Steuerknüppel einer einmotorigen Maschine, einer 172er Cessna mit robustem Spornrad. Das ideale Gefährt für holprige Landepisten. Ein australischer Freund hat sie uns zur Verfügung gestellt. Gerade zur rechten Zeit für meine fällige Lizenzverlängerung.

Nach ersten Platzrunden lesen wir Luftfahrthandbücher und beschäftigen uns mit lokalem „Air law". Dann machen wir uns genüßlich ans Pläneschmieden. Flugkarten verteilen sich über die Kajüte der Seven Seas. Vertraute Namen rufen Erinnerungen hervor: Angoram, Ambunti, Telefomin. Mehr als zehn Jahre ist es her, seit ich das Land zum erstenmal besuchte. Im robusten Doppelkanu folgte ich damals reißenden Flüssen bis ins Quellgebiet, drang vor bis in abgelegene Dschungeldörfer der Western Highlands und filmte die wilden Kriegstänze der Mount-Hagen-Männer.

Doch ganz so weit will ich mich diesmal nicht vorwagen. Denn auf gar keinen Fall wollen wir das Gebirge der Highlands überfliegen. Die Vorstellung, dort in tiefhängende Wolken zu geraten, behagt uns nur wenig. Zu groß ist die Gefahr, dabei in einen Talkessel eingeschlossen und zur Notlandung gezwungen zu werden.

Mendi, unser Bestimmungsort in den Ausläufern des Zentralmassivs, ist ein leichtes Ziel. Am Ende weitverzweigter Flußläufe und umgeben von prominenten Landmarken, werden wir es ausschließlich mit Hilfe terrestrischer Navigation erreichen.

An einem sonnigen frühen Morgen besteigen wir die vollgetankte Cessna. Nach einer weiten Abschiedsschleife über dem Yachthafen rasen wir in nordwestliche Richtung. Auf der einen Seite das Tiefblau der endlosen See, auf der anderen ein dichter Teppich aus saftigem Grün – Dschungellandschaft. Der bizarre Küstenverlauf mit seinen schillernden Korallenbänken zeigt uns den Weg.

Schon nach einer knappen Stunde loggen wir die ersten 120 Meilen. Ein Ergebnis, das einem überdurchschnittlichen Etmal der SEVEN SEAS entspricht. Das Gefühl, Meilen zu fressen, ist berauschend. Immer weiter folgen wir der Küste und überfliegen schon bald ein verästeltes Fluß-delta, 30 Meilen breit und unübersehbar in seiner Tiefe. Ein Labyrinth zahlloser Wasserläufe. Einer davon ist der Kikori River. Wichtiger Wegweiser für unseren Kurs ins Landesinnere. Aber noch ziehen wir zögernde Schleifen und vergleichen Landmarken und Flußläufe mit der Karte. Ein wahrer Irrgarten, in dem wir nach dem Kikori suchen. Um ihn besser übersehen zu können, schrauben wir die Maschine in die dunstige Höhe von 4000 Fuß. Und plötzlich erkennen wir es deutlich: die flachen Hügel der Airth Hills, die kleine Ortschaft Kikori und das grüngraue Band des Kikori River. Wir nehmen das Gas zurück und gleiten auf 500 Fuß. Die Navigation wird zum Kinderspiel. Der Fluß bestimmt den Weg.

Weit im Norden dringt jetzt die wuchtige Bergkette der Highlands durch den Dunst. Dort, am Fuße des über 4000 Meter hohen Mount Giluwe, liegt Mendi. Doch je mehr wir uns den Bergen nähern, desto turbulenter wird auch das Fliegen. Immer häufiger sacken wir durch, verlieren an Höhe und müssen den Kurs korrigieren. Außerdem kommt bald böiger Nordwestwind auf. Wir steigen auf 1500 Fuß. Und dann sind sie plötzlich da: tiefliegende Kumuluswolken mit bizarren Unterrän-dern. Sie bedecken das gesamte Flußtal des Mendi River, an dessen Ufern sich die Berge steil bis auf 2000 Meter erheben. Es schaudert uns bei dem Gedanken, dort hineinzugeraten, und wir drehen kurz entschlossen ab.

Minuten später erblicken wir Lake Kutuba. Die kleine Landepiste am Ende des Sees ist alles andere als mit dem Lineal gezogen. Zweimal inspizieren wir im Tiefflug die Bodenwellen und setzen zur Landung an.

In der Nähe zerfallener Hütten tauchen Schwarze auf. Sie kommen zaghaft näher und streifen neugierig um den Rumpf der im Sonnenlicht glänzenden Maschine. Die Umgebung ist trostlos. Flache Sumpfland-schaft und wenig Grün. Auf keinen Fall wollen wir in dieser Einöde hängenbleiben.

Gebannt beobachten wir die dichte Wolkendecke im Nordosten und entschließen uns am späten Nachmittag zum Aufbruch. Der Himmel ist inzwischen leergefegt von jeder Wolke. Eilig schrauben wir uns in eine Höhe von 1500 Meter, erreichen das schmale Band des Erau River und folgen ihm in Richtung Norden.

Welch herrliches Fliegen! Zu beiden Seiten ansteigende Berglandschaf-ten und undurchdringlicher Dschungel. Unter uns der braune Fluß mit seinen schilfbestandenen Ufern und malerischen Pfahldörfern. In der Mitte jeder Ansiedlung erkennen wir das große Haus Tambaran, das Gemeinschaftshaus. Dort hocken die Männer schwatzend um ein träge brennendes Laubfeuer. Eine schmale Rauchsäule vertreibt Moskitos. Überall spielen splitternackte und dunkelhäutige Kinder. Aufgeregt springen sie uns entgegen, für Sekunden erkennen wir ihre erstaunten Gesichter, wir winken – vorbei. Wenig später landen wir in Mendi.

Langsam gleitet das Kanu mit uns über den Fluß. Dichtes Buschwerk und wehende Schilfwälder huschen im Schein der Taschenlampen vorbei. Tausendfaches Zirpen und Quaken dringt aus dem Dunkel. Das nächtli-che Lied des Dschungels. Unsere Augen versuchen, die schwarze Ober-fläche des wie Öl dahinfließenden Wassers zu durchdringen.

Da plötzlich zwei rote Punkte wie glühende Kohlen im Kegel der Scheinwerfer. Ein Schuß peitscht durch die Stille, ihm folgt ein zweiter. Ein kurzes Aufbäumen, Geplätscher – die Punkte versinken unter der dunklen Wasseroberfläche. Der Schütze und seine Helfer lenken das Boot in Sekundenschnelle über das Opfer. Mit gefährlichen Haken ziehen sie die Beute geschickt an Bord. Ein gut drei Meter langes Krokodil aus dem Erave River. Brigitte rückt erst dann wieder auf ihren schmalen Platz in der Mitte des Kanus zurück, als dem dunklen Untier das riesige Maul mit seinen langen Zähnen mehrfach verschnürt wird.

Zweimal erleben wir das Abenteuer nächtlicher Krokodiljagd. Die kleine Kommune der Weißen, die hier als Missionare und Regierungsbe-amte ihren Dienst versehen, ist ständig darum bemüht, unseren kurzen Aufenthalt so interessant wie möglich zu gestalten.

Einer von ihnen ist Richard McCoy, genannt Dick. Im Dienst der Regierung hat er die Funktion des Distriktpolizisten und Patrol Officers. Seit drei Jahren verrichtet er seinen harten Dienst. Unterstützt von nur einer Handvoll lokaler Hilfskräfte, kontrolliert Dick ein etwa 2000 Quadratkilometer großes Gebiet mit mehr als 100 Dörfern und 15000 Einwohnern – kein leichtes Stück Arbeit. Auf seinen Patrouillengängen zu Fuß oder per Boot kümmert er sich um Gesetz und Ordnung. Er berät Hilfesuchende, organisiert lokale Wahlen und treibt Steuern ein. Gelegentlich schlichtet er Stammesfehden. Denn nicht selten zieht man hier noch auf den Kriegspfad. Dabei sausen Äxte durch den Busch, schwirren Pfeile hin und her, jedoch mehr in die Luft geschossen als gezielt. Oft dienen solche Gefechte ausschließlich als Vorwand zu einem ,,Sing-Sing", dem anschließenden Friedensfest, bei dem nicht selten bis zu 100 Schweine geschlachtet werden. Und weil ein ,,Sing-Sing" immer irgendwo im Gange ist, verlegt Dick seine Patrouille speziell für uns in ein solches Gebiet. Im langen Einbaum machen wir uns eines frühen Morgens gemeinsam auf den Weg.

Brigitte und ich sitzen im Heck. Dick thront in der Mitte auf einem Holzkasten. Umgeben von seinen schwarzen Ruderern, bestimmt er den Kurs. In einem Dialekt, von dem wir kein einziges Wort verstehen. Die Strömung läuft hart. Die Männer müssen alle Geschicklichkeit aufwenden, um nicht von der tiefen Fahrrinne ins flache Wasser vor der Böschung zu treiben. Die mächtigen Kronen der Urwaldriesen bilden hoch oben über dem Fluß ein dichtes Gewölbe. Nur gelegentlich dringt ein Sonnenstrahl hindurch und verwandelt das lehmige Grau unserer schmalen Wasserstraße in lichtes Grün. Kakadus und Paradiesvögel kreischen. In der Nähe flattert eine Kronentaube. Immer wieder attakkieren uns dunkle Schwärme hartnäckiger Moskitos. Mit dichtgeflochtenen Federwedeln geben wir ihnen keinen Pardon. Selbst wenn man durch die Einnahme von Resochin-Tabletten gegen Malaria geschützt ist, bilden allein ihre Stiche oft fladengroße Stellen, die im tropischen Klima zu unangenehmen Entzündungen führen.

Gegen Mittag landen wir vor einem winzigen Pfahldorf. Hier endet der gemütliche Teil. Aus dunklen Hütten treten die Gestalten kräftiger Eingeborener hervor. Finster blickende Burschen mit wildem Kraushaar und reichgeschnitzten Knochen in den Nasen. Die australischen Armee-Shorts, die ihnen bis zu den Knien reichen, weisen sie als gläubige Christen aus. Denn neben dem bedingungslosen Glauben an die fremde Gottheit der weißen Missionare wird ihnen nicht minder dringend das Tragen kurzer Hosen empfohlen.

Über verschlungene Pfade, durch reißende Wasserläufe und dichtes

Buschwerk erreichen wir spät am Abend erschöpft das kleine Dorf mit dem Friedensfest.

Schon von weitem erkennen wir ein breites Spalier festlich geschmückter Krieger und Tänzerinnen. Die Frauen tragen raschelnde Blätterröcke und prächtigen Kopfschmuck aus Paradiesvogelfedern. Die Gesichter sind leuchtend rot. Weiße Punkte zieren die Wangen. Die Brüste glänzen in öligem Schweinefett. Wie in Trance wiegen sie die Hüften zu einem eintönigen Singsang. In der Luft liegt der Geruch aus Schweiß und verbranntem Laub. Kinder laufen kreuz und quer, lepröse Alte hocken wie leblose Geister im Schatten vor ihren Hütten. Eine Gruppe älterer Frauen ist mit den toten Leibern eines guten Dutzend Schweine beschäftigt. Eine andere trägt große Berge Laub herum und häuft sie an einer gewaltigen Kochstelle zusammen. Beim Näherkommen bemerken wir einen wild schreienden Haufen heftig im Kreis stampfender Krieger. Der marschierende Tritt läßt den Boden erdröhnen. Ihre scharfen Äxte tragen sie wie erhobene Schilder dicht vor der Brust. Grelle Kriegsbemalung und Muskeln wie Stahl – wir befinden uns in einer anderen Welt.

Vor einer großen Hütte empfängt uns der Häuptling. Ein faltiger, alter Mann mit freundlichen Gesichtszügen. Dick begrüßt ihn wie einen alten Freund. Sehr herzlich und mit Schulterklopfen. Mißtrauisch, aber keinesfalls feindselig formiert sich bald eine stattliche Gruppe. Beobachtend schleicht man um uns herum. Brigitte bildet den Mittelpunkt des allgemeinen Interesses. Plötzlich greifen scheue Hände aus der Menge. Ihre weiße Haut und die blonden Haare haben es den Schwarzen angetan. Sie werden nicht müde, sie immer wieder anzufassen – Neugierde rangiert vor Mißtrauen. Kein Wunder, wie wir von Bill erfahren, denn zum erstenmal sei eine weiße Frau in die Wälder hinter dem Erave River vorgedrungen. Auf bewährte Weise versuchen wir das Eis zu brechen: Wir verteilen Tabakwaren und Streichhölzer und werden vorbehaltlos in der Gemeinschaft aufgenommen.

Im Schatten einer der großen Hütten läßt uns der Häuptling ein Lager errichten. Eine Art Ehrentribüne, von der aus wir das halbe Dorf überblicken können. Während sich die Krieger weiterhin ihrem monotonen Tanz hingeben, wird der Festschmaus serviert: in Blättern gedünsteter Schweinebraten, verschiedene Wurzeln und etwas, das wir nicht identifizieren können und Brigitte schließlich für geräucherte Maden hält. Wir zeigen sie Dick. Er kostet, nennt einen Namen und stürzt die ganze Portion hinunter.

Spät abends erleben wir den Höhepunkt. Vor einer breiten Bambusbarriere versammelt sich der Häuptling mit seinen engsten Vertrauten. Die Kriegstänze der Männer und der Singsang der unverheirateten Frauen weichen erwartungsvollem Schweigen. Im Halbkreis formieren sie sich um ihre Führer. Auf ein Zeichen Dicks treten auch wir vor und mischen uns in den Kreis der Anwohner. Und ebenso unvermittelt, wie die Situation entstanden ist, tritt nun der Häuptling auf uns zu und beginnt eine kleine Ansprache, die Dick über einen seiner Boys ins Englische übersetzt.

„Früher bekämpften wir den weißen Mann. Aber diese unseligen Zeiten gehören der Vergangenheit an. Heute leben wir in Frieden – und so soll es bis in alle Zeiten bleiben."

Dann überreicht uns der Häuptling symbolische Geschenke. Eine Handvoll reichverzierter Pfeile, einen kunstvoll geschnitzten Bogen und eine Steinaxt.

Nach einer Nacht in einer der Häuptlingshütten treten wir den beschwerlichen Rückmarsch nach Mendi an und landen drei Tage später wohlbehalten und um unvergeßliche Erlebnisse reicher in Port Moresby.

Die Euphorie, die anläßlich der Ankunft und des geglückten Einbaus der neuen Kolben entstanden war, weicht nur allzu schnell verzweifeltem Brüten. Es gibt nicht den geringsten Hinweis, warum der Motor noch immer nicht starten will.

Tom, der uns beim Zusammenbau aufopfernd zur Seite stand, beginnt an seinen Fähigkeiten zu zweifeln und rät dringend, erneut den Schotten zu Rate zu ziehen. Aber auch er scheitert kläglich am „Mysterium" unserer inzwischen stadtbekannten Maschine. Der ganze März vergeht mit weiteren fruchtlosen Versuchen. Mechaniker reichen sich an Bord die Hand. Brigitte kocht literweise schwarzen Kaffee und schenkt Liköre ein. Doch nachdem Mechaniker Nr. 10 das Schiff verläßt, steht unser Entschluß fest: Komme, was wolle, wir werden segeln. Nie wieder wird ein Mechaniker die Planken der Seven Seas betreten!

Am Vorabend unserer endgültigen Weiterreise geben Ruth und Neville zu unseren Ehren eine Farewell-Party. Es ist die dritte oder vierte im Laufe der letzten vierzehn Tage. Langsam wird es uns peinlich. Morgen werden wir aufbrechen, egal was passiert.

Gegen Mitternacht erscheint Helmut. Er ist Deutscher und Angestellter einer arabischen Krabbenflotte. Nebenbei ist er Reeder. Als stolzer

Besitzer eines kleinen Frachters läßt er Eisschränke, Kraftstoffe und Dinge des täglichen Bedarfs in abgelegene Dörfer transportieren oder lädt Kopra und Kautschuk in Gegenden, die für die Konkurrenz mit ihren größeren Schiffen unzugänglich sind.

Heute nacht befindet sich Helmut in Nöten. Sein Schiff, die KIBENI, liegt mit einer Fracht Benzinfässer im Hafen und soll unbedingt noch an diesem Morgen in See stechen. Doch leider wäre sein Kapitän, ein unzuverlässiger Alkoholiker, seit Tagen unauffindbar, und er selbst könne aus verschiedenen Gründen unmöglich einspringen. Ein Ersatzmann wäre auch nicht verfügbar. Übrigens, wie er zu seinem Bedauern höre, laufe unser Motor noch immer nicht. Wäre es da nicht weitaus vernünftiger, wenn er sich den Schaden mal ansehen würde, bevor wir uns endgültig den Klauen der gefährlichen Torresstraße aussetzten? Das ließe sich sicher im Handumdrehen wieder geradebiegen, wäre doch gelacht.

Ach ja, zwischenzeitlich könne ich mit der überfälligen Fracht nach Marshall Lagoon aufbrechen. Das dauere nur zwei bis drei Tage. Anschließend wäre die Maschine bestens generalüberholt und startklar . . . na, wie wär's?

Wir sind fassungslos. Der Mann besitzt die Stirn . . ., auf unserer wirklich allerletzten Abschiedsparty . . .!

Inzwischen ist es ein Uhr. Die ersten Freunde verabschieden sich. Farewell-Lieder werden gesungen. Helmut trägt ein letztes Mal überzeugende Argumente vor. Um keinen Preis will uns der Gute ohne Maschine segeln lassen! Also lassen wir uns breitschlagen. Was bedeuten schon zwei Tage Verzögerung; befindet sich der Mann doch in Nöten, und wer weiß, vielleicht kann er uns tatsächlich helfen.

Wenig später stehen wir im menschenleeren Hafen. Ich bin hundemüde. Der Gedanke, ohne Schlaf in die Dunkelheit der riffverseuchten Gewässer fahren zu müssen, versetzt mich jetzt in schlechte Laune. Mißmutig betrachte ich die KIBENI. 23 Meter lang, grauer, plumper Rumpf mit wenig Freibord und turmhohem Deckshaus. Brigitte murmelt etwas von Seelenverkäufer. In doppelter Schicht stehen an die 80 Benzinfässer auf dem offenen Ladedeck. Um von der Brücke aus das Vorschiff erreichen zu können, müssen wir außenbords an der Reling entlangklettern. Helmut pfeift in den Laderaum. Er will uns die Besatzung vorstellen. Kurzes Poltern und Fluchen, Lukenschlagen – die Crew ist angetreten. Bai und Josef, zwei Papuaner wie aus dem Bilderbuch. Josef, muskulös, stämmig und mit strubbeligen Haaren, ist Superkargo, Bai, zwei Köpfe größer, der Ingenieur. Beim Sprechen spielen ihm die Ohrläppchen ums Schlüsselbein. Er sei das Faktotum an Bord, vertraut mit allen Arbeiten und bewährt auf zahllosen Reisen. Als neuer „Masta" werde ich mißtrauisch gemustert.

Helmut weist mich in die Handhabung der verschiedenen Instrumente ein. Wir prüfen die Hauptmaschine, die Pumpen und das Funkgerät. Nur bei letzterem bestehen Zweifel; alles andere scheint bestens in Ordnung zu sein. Obwohl eine Kontrollampe aufleuchtet, können wir dem Funkgerät kein akustisches Lebenszeichen entlocken. Helmut beruhigt mich: Auf See werde alles tadellos funktionieren. Noch ein aufmunterndes „Mast- und Schotbruch!", dann sind wir allein. Mittlerweile ist es drei Uhr. Um Marshall Lagoon noch vor der nächsten Dunkelheit zu erreichen, muß ich um fünf Uhr auslaufen. Bleiben noch zwei Stunden für einen kurzen Schlummer auf der Seven Seas.

Um die Kibeni aus ihrem Päckchen an der Pier ins offene Fahrwasser bugsieren zu können, muß zunächst eine Reihe Schiffe verholt werden. Überall auf den Decks erscheinen verschlafene Gestalten. Luken schlagen. Leinen werden geworfen, unverständliches Gemurmel dringt aus dem Dunkel.

Als wir mit fünf Knoten dem Leuchtfeuer der Baselisk-Passage zustreben, setzt zu meiner Erleichterung schlagartig die Dämmerung ein. Und da es außerdem bereits recht kräftig weht, fasse ich den Entschluß, für die ersten Stunden innerhalb des schützenden Außenriffs zu bleiben. Die offene See mit ihren weißen Schaumkronen erscheint mir als viel zu ungemütlich. Lieber nehme ich die ständige Wachsamkeit in Kauf, die hier zwischen den Korallenriffen erforderlich wird.

Mit voller Fahrt, das sind gute acht Knoten, passieren wir in rascher Folge ausgedehnte Riffbarrieren und zahllose kleine Inselchen aus Sand und Koralle. Je höher die Sonne steigt, desto klarer erkennen wir unseren Weg.

Als ich meinen Morgenkaffee bestellen will, entdecke ich Josef in der Bilge. In stetem Rhythmus schwingt er den Hebel der Lenzpumpe. Merkwürdig, hat Helmut seine Kibeni nicht wörtlich als dicht wie eine Nuß bezeichnet?

Gegen Mittag erreichen wir die letzte Ausfahrt im Küstenriff. Schmal und scharf durchschneidet sie das scheinbar endlose Band rollender Brandung und fliegendem Gischt. Die gemütliche Innenpassage mit ihrem türkisblauen, geschützten Wasser muß jetzt verlassen werden.

Unfreundlich empfängt uns die aufgewühlte See des offenen Ozeans. Der Wind steht uns voll auf die Nase und läßt die KIBENI schwer in meterhohe Wellen eintauchen. Während Bai mich am Ruder ablöst, klettere ich aufs Hauptdeck, um die Ladung zu überprüfen. Die Rollbewegungen nehmen ständig zu, Brecher schlagen über Deck und Aufbauten. Das Ladeheck mit seinen Fässern steht bald permanent unter Wasser.

Bei einem Blick in den Maschinenraum traue ich meinen Augen nicht. Neben Josef, der noch immer pumpt, entdecke ich die Gestalt eines Mädchens und erfahre, daß die Kleine eine Verwandte Bais sei, also seinem Stamm angehöre. Offenbar haben die starken Schiffsbewegungen ihr geheimes Quartier im Vorschiff zu unbequem werden lassen.

Inzwischen befinden wir uns etwa acht Seemeilen vor der Küste. Um ein an Backbord liegendes, meilenweit nach See ragendes Korallenriff sicher zu passieren, muß ich für die nächsten 30 Meilen genau nach dem Kompaß steuern. Gerade als ich den neuen Kurs errechne, erscheint unvermittelt Josef im Deckshaus. Völlig verstört und durchnäßt bis auf die Haut, läßt er seine schwarzen Augen rollen und deutet abwechselnd auf die am Heck befestigte Rettungsinsel und in unbestimmbare Richtung an Land. In wenigen Sätzen erreicht er die Insel. Wild entschlossen, sich zu retten, zerrt er wie besessen an ihrer Aufhängung. Dabei fuchteln seine Arme immer wieder in Richtung Land. Schlagartig geht es mir durch den Kopf: das Bilgewasser!

Kam Josef nicht geradewegs von seinem Dauerposten an der Lenzpumpe? Mit Ach und Krach zerre ich den Verstörten von der Rettungsinsel und haste in Richtung Maschinenraum. Was ich dort sehe, trifft mich wie ein Hammerschlag. Fassungslos starre ich in ein Inferno aus schwimmenden Bodenbrettern und umgestürzten Regalen. Das ölige Bilgewasser hat bereits die Batteriekästen überflutet und droht nun die Hauptmaschine zu ertränken. Wenn wir nicht augenblicklich handeln, ist es in wenigen Minuten zu spät.

Benommen stürze ich ins Deckshaus und entschließe mich zum einzig Wahren: Im Handumdrehen reiße ich das Ruder herum und lege die KIBENI vor den Wind. Sanft schieben die zuvor ungestümen Brecher das angeschlagene Schiff zurück nach Norden. Dann beschäftigt mich nur eine Frage: Wo befindet sich das Leck?

Während Bai das Ruder übernimmt und Josef die Hauptpumpe bedient, tauche ich in der Bilge herum. In der Hoffnung, eine sprudelnde

Leckstelle zu entdecken, taste ich die ölige Bordwand ab und überprüfe die Seeventile. Aber die Suche bleibt erfolglos. Schließlich gelingt es mit vereinten Kräften, vorübergehend Herr der einströmenden Fluten zu werden. Die Batterien liegen trocken, die Fahrt bleibt ruhig. Ich übernehme wieder das Ruder. Fest entschlossen, auf direktem Kurs nach Port Moresby zurückzulaufen, halte ich Kurs auf die Baselisk-Passage.

Schon schöpfe ich Hoffnung, doch noch sicher ans Ziel zu gelangen, als Josef erneut an Deck stürzt. Das Gesicht zu einer Grimasse blanker Angst entstellt, verfällt er diesmal in seinen Eingeborenendialekt. Aber ich brauche nicht zu verstehen. Mit einem Satz stehe ich über der Luke zum Maschinenraum. Ein Bild des Schreckens: Schwarzes Wasser spielt um den Motorblock, die Keilriemen durchpflügen die dicke Ölschicht an der Oberfläche, die Batterien sind längst versunken. Es ist, als habe jemand mit unsichtbarer Hand ein Seeventil geöffnet.

Dann: ein markerschütternder Knall – drückende Stille. Der Motor schweigt. Unmittelbar darauf treibt die KIBENI jammervoll quer zur See. Noch einmal bäumt sich die Maschine auf, spendet für Sekunden Hoffnung, um unabänderlich für immer zu verstummen. Unser Schicksal ist besiegelt. Wir werden sinken! Das strömende Wasser dringt jetzt unaufhaltsam ein und zieht das schwankende Deck bald auf Wasserspiegelebene. Ich stürze ans Mikrofon des Radiosenders: Mayday . . . Mayday . . . Mayday . . . Ich versuche es erneut. Aber mein Notruf verhallt ungehört im Äther. Das Radio versagt.

Mit leichtem Argwohn löse ich die Insel aus ihrer Halterung. Wird der Aufblasmechanismus funktionieren? Als ich sie über Bord werfe, empfinde ich wie der Fallschirmspringer vor dem ersten Absprung. Aber „der Schirm" öffnet sich! Mit erlösendem Zischen verwandelt sich das weiße Plastikgehäuse zu einem stattlichen Rettungsfloß. Josef springt als erster. Sein Eingeboreneninstinkt läßt ihn sich verzweifelt an seinen einzigen Besitz klammern – eine gewaltige, messerscharfe Axt. Ich springe in einem Satz hinterher, um ihm das mörderische Instrument aus den Händen zu reißen. Bai bewahrt den kühleren Kopf. Mit einem Karton Coca-Cola im Arm steht er über der Tür zur Pantry, atmet durch, taucht erneut zum bereits überfluteten Eisschrank und erscheint mit einem vollen Kanister Wasser. Ein Geschenk des Himmels.

Anschließend unternehme ich einen letzten Tauchgang, um Eßbares zu bergen. Ein fast verhängnisvolles Unterfangen. Mit einem Glas Mirabellen aufgetaucht, bleibt mir nur ein Atemzug, um mit einem Satz das rettende Gummifloß zu erreichen. In fieberhafter Eile kappe ich die Sicherheitsleine. Dann sinkt die KIBENI wie ein Stein. Zurück bleiben ein paar Dutzend volle Benzinfässer und mehrere Eisschränke – die Decksladung. Wind und Strom treiben sie nach Norden.

Unsere Position ist vier Meilen südwestlich der ersten Korallenbänke des Küstenriffs. Port Moresby, unsere ganze Hoffnung, liegt etwa 35 Meilen im Norden. Mit Wind und Strom parallel zur Küste werden wir ungünstigenfalls bei Dunkelheit daran vorbeitreiben. Der Gedanke, etwa 150 Meilen weiter nördlich an die Küste zu treiben, ist wenig vielversprechend. Dichter Dschungel, ein Wirrwarr an Wasserläufen, Ausläufer des Fly River, und Myriaden gieriger Moskitos gestalten die Gegend zu einem wahren Inferno für den Schiffbrüchigen. Hinzu kommt die Gefahr, in die Hände der Eingeborenen zu fallen.

Weit im Osten erstreckt sich verlockend der grüne Küstenbereich. Dunstverhangene Berge, ein Streifen Sand und das wild brodelnde Küstenriff. Wir müssen versuchen, uns in diese Richtung vorzukämpfen. Unsere einzige Chance. Vielleicht gelingt es, dort sicher ins flache Wasser vor der Küste zu gelangen. Von heftigen Roll- und Schlingerbewegungen begleitet, bedienen wir abwechselnd die kleinen Hilfspaddel. Langsam, aber beständig kämpfen wir quer zur See. Während der eine vom Bug aus paddelt, kauert ein anderer in der schmalen Öffnung am Heck, um mit dem zweiten Paddel den Kurs zu halten. Ein mühsames Verfahren. Hin und wieder werden wir aus der Bahn geschleudert, drehen auf der Stelle und verlieren für Sekunden die Orientierung. Die See läuft so hoch, daß es an ein Wunder grenzt, überhaupt voranzukommen. Nach acht Stunden, die mir wie eine Ewigkeit erscheinen, erkenne ich Grund.

Das bisher tiefblaue Wasser nimmt unvermittelt eine helle Färbung an. Je näher wir dem Riffbereich kommen, desto schwindelerregender baut sich die See auf. Mit dem Geräusch von Güterzügen rollt sie bald unter uns hindurch, um sich wenige Meter weiter unter furchtbarem Tosen aufs Riff zu ergießen. Da Wellen nach einer Faustregel zu brechen beginnen, wenn also das Verhältnis von Wellenhöhe zu Wassertiefe 3 zu 4 beträgt, befinden wir uns bereits in sehr flachem Wasser.

Zum erstenmal befallen mich Zweifel. Ob wir über dem Riff wohl ausreichende Tiefe vorfinden, oder werden wir in zentimetertiefem Wasser mit dem Boden über messerscharfe Korallen schleifen? Oder werden wir gar über Kopf gehen?

Mehr und mehr steigert sich die Spannung in unserer kleinen Enklave. Schluchzend verbirgt das Mädchen sein Gesicht in den Händen. Die Angst vor den tobenden Riffen nimmt ihm die Fassung; nur schwer gelingt es, die Kleine zu beruhigen. Bai zeigt ein festentschlossenes Gesicht. Die Hoffnung, bald rettendes Land zu erreichen, spornt ihn zu letzten Anstrengungen an.

Bald nahen wir uns der kritischen Schwelle. Direkt voraus brodelt das Riff. Mehr als 200 Meter weit rollen dort die Brecher in dichter Folge weiß schäumend voran. Das Land dahinter verschwimmt hinter fliegendem Gischt und wirbelndem Korallenstaub. Zu meinem Schrecken bemerke ich, daß die Rettungsinsel beim Voranstürmen auf einem Wellenkamm plötzlich dazu neigt, kopflastig zu werden. Ihre Schräglage während dieser Sekunden muß fast 70 Grad betragen. Unbedingt müssen wir vermeiden, über Kopf zu gehen. Die Möglichkeit, im Moment der Talfahrt auf Grund geschleudert zu werden, ist eine zusätzliche Gefahr.

Zu weiterer Besorgnis bleibt keine Zeit. Wie von Geisterhand werden wir in schwindelnde Höhe getragen, immer höher und steiler, Schaumfetzen und Gischt dringen zu uns herein, der Lärm ist ohrenbetäubend.

Auf das Äußerste vorbereitet, klammern wir uns an die Haltegurte – der kritische Punkt ist erreicht. Die Schräglage beträgt 80 Grad. Jeden Moment drohen wir über Kopf zu gehen. Wir müssen unser Gewicht verlagern! Wild entschlossen stürzen wir uns gemeinsam auf die Luvseite und verhindern um Haaresbreite ein Überschlagen.

Für Sekunden verharren wir reglos zwischen den Wellenkämmen, als erbarmungslos ein neues Ungetüm röhrend heranrauscht. Und wieder erfaßt uns seine Gewalt, um uns erneut davonzutragen. Diesmal wird die Fahrt weitaus beängstigender. Mehrere Brecher stürzen aus unterschiedlichen Richtungen über uns her und lassen die Insel wild kreiseln. Für Augenblicke verlieren wir jede Orientierung. Drei-, vier-, vielleicht sechsmal wiederholt sich die Fahrt über Berg und Tal, bis wir unsagbar erleichtert ins ruhige Wasser gleiten.

Noch eine gute Meile trennt uns vom schützenden Land, an dessen Ufer wir eine kleine Ansiedlung ausmachen. Mehrere Pfahlbauten, die sich malerisch über den Strand erstrecken. Und dann tauchen die ersten Eingeborenen auf. Fischer in ihren schlanken Doppelkanus.

Sie haben unseren Kampf mit dem Riff beobachtet und sind gekommen, um uns in ihr Dorf zu ziehen. Mehrere Versuche, die Insel in Schlepp zu nehmen, scheitern jedoch an zu starker Strömung. Wir verankern die Insel an einem Korallenblock, um sie später einzuschleppen, und werden einzeln ans Ufer gebracht.

Als ich als erster den Strand erreiche, empfängt mich ein buntes Durcheinander. Junge Männer und zahllose Kinder, schwarz und nackt, strömen in Scharen aufgeregt herbei. Auch ein paar Frauen wagen sich vor. Neugierig und scheu schleichen sie um mich herum. Ganz plötzlich erscheint eine kleine Gruppe sehr alter Männer. Eine winzige Gestalt in gebückter Haltung, mit schäbigem Lendenschurz bekleidet, ist ihr Führer. Seine Haut wirkt wie gegerbtes Leder. Zwei Coca-Cola-Verschlüsse füllen die großen Löcher seiner Ohrläppchen. Die Art, in der die Umherstehenden dem Alten Respekt erweisen, läßt vermuten, daß er der Häuptling ist. Höflich werde ich willkommen geheißen und ohne Umstände aufgefordert, ins Dorf zu folgen.

Begleitet von einer Schar Neugieriger, gelangen wir zur Häuptlingshütte. Ein fensterloses Haus auf morschen Pfählen. Über eine ebenso vermorschte Leiter besteigen wir die Terrasse und betreten ein großes dunkles Zimmer. Der einzige Wohnraum. Kein Stuhl, kein Regal, nicht die Spur eines Mobiliars. Durch breite Ritzen in den Bodenplanken dringt das Grunzen einer Schweinefamilie, und das schroffe Zurechtweisen der johlenden Kinderscharen durch die reizbaren Alten setzt der Lärmkulisse nur die Krone auf.

Wir nehmen Platz. Dicht gedrängt kauern die tätowierten Leiber der ranghöheren Anwohner auf dem mürben Holzboden. Plötzlich taucht jemand mit einem verfallenen Korbstuhl auf. Mit breitem Grinsen werde ich aufgefordert, darauf Platz zu nehmen. Ich throne in der Mitte, der Häuptling kauert zu meinen Füßen und frönt dem Genuß rauschspendenden Betels.

Dann werden Brotfrucht und heißer Kräutertee serviert. Als ich zu essen beginne, verstummt unvermittelt jedes Raunen und Zetern und weicht gebanntem Beobachten. Schweigend verfolgt man jede meiner Bewegungen. Immer mehr Neugierige strömen andächtig herbei, um Zeuge meiner einsamen Mahlzeit zu werden. So sitze ich wohl eine Stunde, die mir endlos erscheint, und kämpfe mit der Brotfrucht, die nicht weniger werden will. Ein kläglicher Versuch, meine noch fast volle Schüssel im Schatten des Korbstuhles zu verbergen, wird durchschaut und löst lautes Wehklagen aus. Offenbar hält man mich, den Schiffbrüchigen, für völlig abgezehrt und ausgehungert und ist daher fest entschlossen, die angesetzte Mahlzeit durchzusetzen. Um meine Retter in

Laune zu halten, nehme ich jetzt einen besonders kräftigen Happen und ernte prompt anerkennendes Raunen und aufmunternde Beifallsgesten. Auf diese Weise wird jeder Bissen begeistert verfolgt und honoriert. So lange, bis auch die letzte Krume verzehrt ist.

Aber die Völlerei ist zu meinem Entsetzen damit noch nicht beendet. Mit entschlossenen Mienen serviert man das Hauptgericht: eine breite Tonschale voll dampfender Yamswurzeln. Um der furchtbaren Mahlzeit zu entgehen, muß ich zur List greifen, also Zeit gewinnen, bis meine schwarzen Kameraden von der Kibeni erscheinen.

Unter gebannten Blicken aus dem Halbdunkel krame ich nunmehr in aller Ruhe ein Päckchen Tabak und ein Briefchen Zigarettenpapier aus meinen Habseligkeiten und reiche es dem Häuptling. Ein voller Erfolg. Umständlich beginnt er mit dem Drehen und wird augenblicklich zum Mittelpunkt. Erleichtert nutze ich die Ablenkung, um die dampfende Schüssel mit dem Fuß Zentimeter für Zentimeter ins Dunkel unter dem Korbstuhl und damit dem allgemeinen Interesse zu entführen.

Dicke Rauchschwaden erfüllen den Raum. Hier und da entsteht Gezeter über die Technik des Zigarettendrehens. Einige der geschickteren Raucher drehen sich flink noch ein zweites und drittes Röhrchen. Zur späteren Verwendung wird es, bietet das Ohrläppchen keinen ausreichenden Halt, vorerst durch die Nase gezogen.

Dann wird man geschwätzig. Zu meinem Erstaunen spricht sogar plötzlich jemand ein paar Brocken Pidgin English und fordert mich auf, zu schildern, was für ein Unglück uns draußen auf See zugestoßen ist. Aber der Übersetzer versteht nicht mal die Hälfte. Jeder Satz wird daher mit vielen ausschmückenden Attributen bedacht und im übrigen sehr dramatisch weitergegeben. Das Ende jeder Schilderung wird stets mit lautem Schluchzen und Wehklagen quittiert. Bald versiegt die angeregte Plauderei und weicht nun wieder erneutem Brüten. Ich befürchte bereits, daß man sich der Yamswurzelmahlzeit besinnt, als zu meiner unendlichen Erleichterung Bai, Josef und das Mädchen erscheinen.

Für sie ist jede sprachliche Verständigung mit unseren Gastgebern von vornherein aussichtslos. Als Angehörige eines fremden Stammes sprechen sie einen hier völlig unbekannten Dialekt. Eine seltsame Situation. Angehörige desselben Landes, gleicher Rasse und Hautfarbe hocken zusammen und sind zum Schweigen verurteilt.

Aufgeschreckt durch einen plötzlichen Spektakel auf dem dunklen Dorfplatz, stürzen wir ins Freie. Was ich dort sehe, mutet an wie die

Szene aus einer Science-fiction-Erzählung. Die knallgelbe Rettungsinsel, um die sich die Dorfbewohner aufgeregt scharen, wirkt in dieser Umgebung wie ein Objekt aus einer fremden Welt. Den Trägern, die das seltsame Objekt bewachen, gelingt es nur schwer, Herr der Lage zu werden. Immer wieder müssen sie Scharen tobender Kinder, die wild johlend auf die Insel zustürmen, zurückdrängen. Ein paar alte Frauen suchen mit weit aufgerissenen Augen vor Schreck das Weite.

Bei einem Blick in das Innere der Insel muß ich entdecken, daß sie vollständig ausgeräumt ist. Was mich annehmen läßt, daß all unsere geretteten Habseligkeiten längst an sicherem Ort versteckt sind. Um die höfliche Gastfreundschaft unser aufopfernden Retter nicht durch undiplomatische Recherchen zu beeinträchtigen, vergesse ich den Vorfall.

Nach kurzer Nachtruhe auf dem harten Holzlager der Häuptlingshütte pilgere ich mit meinen Kameraden zurück nach Port Moresby. Über verschlungene Dschungelpfade gelangen wir zur Küstenstraße und erreichen am späten Nachmittag wieder den Hafen.

Am Steg zwischen den arabischen Krabbenbooten liegt SEVEN SEAS. Auf halbem Weg kommt mir Brigitte entgegen und sagt: ,,Schön, daß du schon zurück bist. Helmut hat noch gar nicht angefangen, am Motor zu arbeiten." Dann erst fügt sie erstaunt hinzu: ,,Das ging aber schnell."

Helmut erscheint plötzlich hinter ihr. Offenbar nach der KIBENI ausschauend, schweift sein Blick suchend über den Hafen.

,,Ja, das ging schnell", sage ich jetzt mehr zu ihm gerichtet, ,,verdammt schnell, hätte ins Auge gehen können." Und was ich in meiner Erregung erst drastischer formulieren wollte, bringe ich dann aber in Anbetracht der noch ungeklärten Unglücksursache zunächst vorsichtig und ohne jeden Pathos an: ,,Die KIBENI ist gesunken."

Helmuts lahme Frage, wie das passieren konnte, klärt tags darauf die Hafenbehörde. Zu unserem Erstaunen müssen wir hören, daß die KIBENI keine Zulassung besaß, das offene Meer zu befahren. Ihr Zustand wurde vom Seefahrtsamt in der Vergangenheit mehrfach als nicht seetüchtig bezeichnet. Der nächste Hinweis kommt vom Spediteur. Von ihm erfahren wir besonders Haarsträubendes. Die KIBENI, so meint er, sei zur Zeit des Unglücks restlos überladen gewesen und besaß außerdem keine Genehmigung, gefährliche Güter zu transportieren.

Das ist genug Beweismaterial. Zum Glück, denn Helmuts Vorwurf, ich hätte mir den Job mit der Lüge erworben, ein Kapitänspatent zu besitzen, bleibt daher nur ein kläglicher Versuch, mir die Schuld in die

Schuhe zu schieben. Die Versicherung wird für den Schaden nicht aufkommen. Aber das ficht Helmut nicht an. Der arabische Krabbenkonzern, für den er arbeitet, ist im Begriff, seine Flotte nach Kuweit zurückzubeordern. Nicht alle Schiffe sind für diesen langen und beschwerlichen Seetörn in bestem Zustand. Bei einem streikt das Radar, ein anderes hat Maschinenschaden. Und da Ersatzteile nur schwer zu beschaffen sind, wird eines der Boote als Ersatzteillager genutzt und ausgeschlachtet. Doch das Opfer ist deshalb kein Wrack. Weitaus größer und seetüchtiger als die KIBENI, soll es in Moresby zurückbleiben. Nach dem „tragischen" Verlust der KIBENI sieht der großzügige arabische Konzern nun den guten Helmut als neuen Eigner vor.

Am nächsten Morgen sind wir endgültig startbereit, als wir wie aus heiterem Himmel einem „Rückfall" erliegen, der eher tragisch als komisch ist. Während ich mit der Winschkurbel am Mast stehe, um das Großsegel zu setzen, versammelt sich am Steg eine lärmende Menschenmenge. Etwa 40 Filipinos, ausnahmslos Ingenieure der arabischen Fischereiflotte von nebenan. Unsere Vermutung, sie seien zum Abschied erschienen, erweist sich als Trugschluß. Wie sie hörten, hätten wir da ein Motorproblem, und da dachten sie, mit ihren Fähigkeiten und Mitteln . . .

Ich schlucke einmal trocken, stecke die Winschkurbel zurück in ihre Halterung am Mast und gehe nach einer Ausrede ringend gemächlich ins Cockpit. Brigitte kommt mir zuvor. Jedoch ihr zaghaftes „Nein, wirklich sehr reizend von Ihnen, aber . . ." wird von den Männern als Schüchternheit ausgelegt. Fest entschlossen, jede weitere Bescheidenheit von vornherein im Keim zu ersticken, setzen die ersten acht leichtfüßig zu uns über. Bevor ihre Kameraden beherzt hinterherspringen, reichen sie ausladende Werkzeugkisten, schwere Batterien und einen gewaltigen Generator nach.

„So, und wo versteckt sich jetzt das Sorgenkind?" fragt der Wortführer, der mir bis zu den Ellenbogen reicht. Ich ringe nach Luft, versuche einen erneuten Einwand zu formulieren und gebe schließlich auf. Ohne weiteren Widerstand öffne ich das Schiebeluk und deute mit lahmer Kopfbewegung in Richtung Motor. Allgemeines Kichern ist die Folge. Die übliche Heiterkeit, die entsteht, wenn „Dickschiffmechaniker" mit den „Spielzeugmotoren" auf Sportbooten in Berührung kommen.

„Ach so einer ist das", höhnt der Kleine belustigt, „ist ja kaum größer als ein Scheibenwischermotor. Kommt runter, Jungs."

Wie ein Hornissenschwarm verteilen sie sich über die Kajüte. Die ungeheure Zuladung unserer zahlreichen Helfer drückt die Abflußöffnung des Spülbeckens unter die Wasserlinie. Hilfe, wir sinken! Unter erneutem Kichern unserer Helfer schließt Brigitte die Seeventile. Das Schnattern und Streiten um uns herum ist unerträglich.

Obwohl wir kein einzigs Wort verstehen, bleibt uns nicht verborgen, daß sich die Gruppe der Hilfswilligen bald in zwei Lager teilt. Das eine, daran besteht kein Zweifel, plädiert für den sofortigen Ausbau des Motors. Das andere verfolgt einen weniger kritischen Kurs. Es dringt darauf, lediglich den Zylinderkopf abzubauen. Um Himmels willen, wenn wir jetzt nicht augenblicklich eingreifen, werden wir zu willenlosen Opfern . . . Wir brauchen unsere Nerven für die Torres-Straße.

Aber gutes Zureden fruchtet nicht. Schon schwingt der Wortführer der gemäßigten Gruppe den Drehmomentschlüssel, um die Kopfbolzen zu lösen. Schnell den Whiskey raus, wir müssen sie ablenken, bevor es zu spät ist.

Unverzüglich kreist die Flasche von Mund zu Mund. Jemand taucht mit einer Gitarre auf. Ein paar Hillybillys werden zum besten gegeben. Dann geht es weiter. Wir sind am Ende. Jetzt gibt es kein Halten mehr. Bald ist die halbe Maschine in ihre Einzelteile zerlegt. Das öde Gerippe des Motorblocks bleibt einsam zurück. Mit dem Kopf als Beute verschwindet die Meute in Hochstimmung in die große Werkstatt an Land. Offenbar ist es längst gelungen, die Ursache des Schadens zu analysieren. Denn ohne Aufhebens wird nun zielstrebig am ,,Schaden" gearbeitet. Und dann erfahren wir, was passiert war – endlich.

,,Sehen Sie sich das an", sagt einer der Kleinen triumphierend, ,,vollkommen verrußt und ausgebrannt." Dabei tippt er immer wieder mit dem Zeigefinger auf völlig makellose und saubere Ventile.

Der nächste Tag ist der 14. April. Bereit, das Großsegel zu setzen, stehe ich – erneut die schwere Winschkurbel in den Händen – an Deck. Wer es jetzt wagt, auch nur ein Wort . . .!

Turbulente und abenteuerliche neun Monate gehören mit einem Schlag der Vergangenheit an.

Durch die Torres-Straße

*Bramble Cay – Der gute alte Ned – Sturmfahrt nach Timor –
An den Sundainseln entlang nach Westen – Drachenjagd
auf Rindja – Als erste europäische Yacht in Tjilatjap*

Eine ganze Woche ist vergangen, seitdem wir Port Moresby verlassen haben. Allein vier aufreibende Tagestörns waren nötig, um uns mühsam entlang der Küste nach Norden zu kämpfen. Nach endlosem Ringen mit Strom und Flaute erreichten wir schließlich Hall Sound, eine geschützte Bucht im flachen Küstenverlauf.

Dort hieß es warten. Warten, bis der seit Tagen flaue Südost sich erneut anschickte, uns unserem Ziel endlich näherzubringen: Bramble Cay – winzige Sandinsel inmitten der weiten Wasserwüste des Golfs von Papua und Wegweiser zur nördlichen Einfahrt des Great North East Channel. Ein Gebiet, in dem harte Tidenströme laufen, das in seiner ganzen Ausdehnung ein gewaltiges Labyrinth von Korallenriffen, Untiefen und winzigen Sandinseln darstellt und 130 Seemeilen im Südwesten in der nicht weniger berüchtigten Torres-Straße mündet.

Und dann ist sie da. Ganz plötzlich und wie von Geisterhand scheint sie immer höher und deutlicher aus dem Schnittpunkt zwischen Himmel und Erde zu wachsen. Kein Zweifel, das ist der Leuchtturm von Bramble Cay. Großes Händeschütteln und Schulterklopfen im Cockpit, noch ein paar Meilen vorangeprescht, dann fällt der Anker in Lee der von Tausenden von Seevögeln bewohnten Sandinsel. Der Leeschutz erweist sich jedoch bald als trügerisch. Die See ist so bewegt, daß wir sogar auf ein Übersetzen zur Insel verzichten und den Rest des Tages und eine lange Nacht schwer in der auf beiden Seiten der Bank vorbeilaufenden Dünung rollen.

Am nächsten Morgen sind wir sehr früh auf den Beinen. Bei frischem halbem Wind machen wir uns eilends auf den Weg in südwestliche

Richtung und nähern uns bald den ersten blendendweißen und palmen-
bestandenen Inselchen am Weg: Stephens, Campbell, Dalrymple fliegen
in rascher Folge vorbei. Die Navigation ist ein Kinderspiel: Kaum
versinkt eine Insel im Kielwasser, taucht die nächste auf. Immer gibt es
ausreichend Ansteuerungs- und Orientierungspunkte. Jede Strombe-
rechnung würde hier zur Farce. Ja, wir lassen sogar den Kompaß außer
acht. Während wir mit etwas weniger als sieben Knoten Fahrt unter
dreifach gerefftem Groß und kleiner Arbeitsfock in wilder Fahrt voranstürmen, überrascht uns die flachlaufende See. Welch unbändiges, herrliches Segeln! Und das inmitten des angeblich so gefahrvollen Nordostkanals? Nie wieder werden wir uns bange machen lassen!

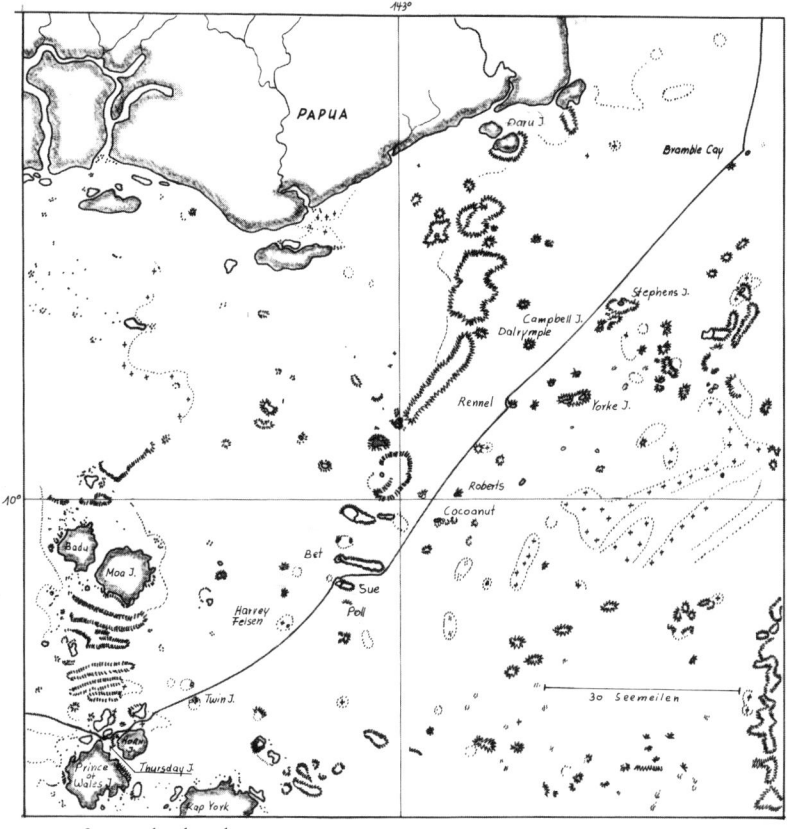

Der große Nordostkanal.

Nachmittags laufen wir Rennel Island an. Der Anker fällt so dicht am Ufer der unbewohnten Insel, daß wir in drei Schwimmstößen an den verlockenden Sandstrand gelangen.

Vom Wind geschützt, erholen wir uns für den Rest des Tages im Schatten dichtstehender Kokospalmen von den Anstrengungen der vergangenen Tage.

Am nächsten Morgen segelt SEVEN SEAS erneut mit Maximalgeschwindigkeit. In rascher Folge passieren wir neue windumtoste Sandinseln und brandungsumspülte Korallenplateaus. Die See zeigt ein faszinierendes Farbenspiel, wirkt wie eine übergroße Lagune; blendendes Türkis, da, wo das Wasser flach und der Boden sandig ist, dazwischen das kräftige Blau der tieferen Stellen mit ihren dunklen Korallengewächsen. Gelegentlich steckt eine Schildkröte ihren Kopf neugierig aus der schmalen Rinne unseres Fahrwassers und taucht erst im letzten Moment senkrecht ab.

Voran geht die zügige Fahrt. Für einen Moment nur bleiben wir außer Landsicht, und schon sichten wir zwischen dem heillosen Toben der Brandung die schlanke Bake über dem Bet-Riff. „Zur Hölle mit dem Motor!" brüllen wir euphorisch in den Wind. An Backbord erstreckt sich wieder ein brandungsgepeitschtes Korallenband: das Sue-Riff. An seinem westlichen Ende liegt der Wendepunkt für den weiteren Kurs nach Thursday Island. Schweren Herzens beschließen wir, dort die prächtige Fahrt zu unterbrechen. Es ist längst zu spät, um vor Einbruch der Dunkelheit noch eine andere Insel sicher zu erreichen.

Noch immer unter vollen Segeln, nähert sich SEVEN SEAS dem flachen Ausläufer dunkel schimmernder Korallenbauten – unserem Ankerplatz in Lee der Riffbarriere.

Dann rasselt die Kette.

In der Nacht lassen heftige Böen aus unterschiedlichen Richtungen SEVEN SEAS nach allen Himmelsrichtungen an der Kette zerren. Wiederholt stürzen wir besorgt an Deck, um nach dem Rechten zu sehen. Und jedesmal argwöhnen wir, bereits vor dem Anker zu treiben – bis wir schließlich doch die altbewährte Ankerwache installieren: Ein halbes Kilo Blei am Ende einer Angelschnur wird in Höhe des Ankers ausgeworfen. Bei leicht gespannter Schnur wird die Angelrute befestigt und der Schnarrmechanismus der Spule auf Ausfahren gestellt. Sobald sich der Anker löst und das Boot zu treiben beginnt, weckt uns die Knarre. Doch nachdem alles installiert ist, flaut der Wind ab.

Am frühen Morgen sind wir erneut auf den Beinen und durchpflügen die ersten Meilen der letzten Etappe.

Im Südwesten erheben sich bald die bewaldeten Hügelkuppen der großen Insel Prince of Wales, daneben die breite Landzunge von Kap York – nördlicher Ausläufer des australischen Festlandes. Während immer mehr Inseln aus dem Meer zu tauchen scheinen, kauert Brigitte im Schutz der Niedergangspersenning und liest im „Pacific Island's Year Book":

„Für über 150 Jahre gelang es den Spaniern, den von Luis Vaez de Torres entdeckten Seeweg zwischen Neuguinea und Australien als Geheimnis zu hüten. Erst 1764, nachdem die Engländer das damals spanisch besetzte Manila eroberten und die dortigen Archive durchstöberten . . ."

„Sieh mal an", unterbreche ich begeistert und bringe Seven Seas, die mir beim Zuhören aus der Bahn gelaufen ist, zurück auf Kurs.

Am späten Nachmittag erreichen wir Thursday Island, die Donnerstag-Insel. Unter äußerster Vorsicht tasten wir uns an vorgelagerten Sandbänken vorbei und ankern schließlich im gurgelnden Gezeitenstrom vor Port Kennedy, administratives Hauptquartier der Torres-Straße. Wir haben es geschafft! Die „Klauen" der Torres-Straße liegen hinter uns. Zufrieden, doch mit geringem Interesse betrachten wir die scheinbar menschenleere Ortschaft mit ihren hinfälligen Baracken und staubigen Sandwegen. Der Eindruck einer Geisterstadt.

Mit dem Dingi gegen starken Strom ankämpfend, erreichen wir eine morsche Landungsbrücke und erfahren zu unserem Bedauern, daß die Zollbehörde schon Feierabend hat. Es sei nämlich Samstag auf der Donnerstag-Insel, und da arbeiteten die hiesigen Behörden nicht.

Warum wir nicht einen Ausflug zur Freitag-Insel unternähmen, um dort den Sonntag zu verbringen, fragt uns der Wirt der „Donnerstag-Klause" und tröstet, daß am Montag bestimmt alle offiziellen Stellen wieder zu unserer Verfügung stünden. Aber dann verschlafen wir das halbe Wochenende und stürzen uns zur Abwechslung zum Sonntagnachmittagskaffee ins Grandhotel – erstes Haus am Platze.

An der Bar, in einer Atmosphäre aus Provinzcafé und Spielhölle, treffen wir die Männer, die auf Thursday Island das Sagen haben. Perlenhändler, Krabbenfischer, Dickschifflotsen und Regierungsbeamte – ein feuchtfröhliches Durcheinander von Schwarz und Weiß. Keiner von ihnen spielt eine bestimmte Position heraus. Man kennt sich viel zu gut, um imponieren zu wollen.

Den Rest des Tages lauschen wir endlosem Garnen aus längst vergangenen Tagen. Einer Epoche, in der die stattliche Flotte der Perlenlogger mit ihren verwegenen Besatzungen aus Papuanern, Japanern, Malaien und Salomoninsulanern in den Weiten des Archipels die Perlenfischerei betrieb. Die besten und mutigsten Perlentaucher der Geschichte sind aus ihr hervorgegangen, Männer, die es gewohnt waren, 30 Meter tief zu tauchen, und lange Minuten darauf verwandten, mit geübtem Auge die wertvollen Muscheln treffsicher aus dem bunten Gewirr der Korallen zu schlagen. Die Bedingungen waren mörderisch, der Konkurrenzkampf hart. Heute hat die künstliche Perlenzucht die Situation verändert.

„Ja, das waren noch Zeiten", schwelgt einer der Männer, stürzt ein volles Glas South Pacific Lager hinunter, das populäre Bier, wünscht inbrünstig, er könne die alten Tage noch einmal von neuem durchleben, und fragt, ob wir je vom sagenhaften Yankee Ned gehört hätten. Und ohne eine Antwort abzuwarten, beginnt er mit der ungewöhnlichen Beschreibung eines Mannes, dessen abenteuerliche Geschichte die Augen der Zuhörenden in nostalgisches Glänzen verwandelt. „Ja, der gute alte Ned", sinnieren ein paar der Betagteren in einer Art, wie man von einem guten Bekannten spricht. Dabei ist der sagenhafte Yankee Ned bereits 1920 gestorben. Sein Leben ist eine Chronik, wie man sie in zahllosen Variationen auf fast allen Südseeinseln zu hören bekommt. Die Geschichte vom weißen Glücksritter, den Fernweh und Abenteuerdurst in die Tropen trieben.

Ned, der gegen Ende des letzten Jahrhunderts auf einem Vollschiff der amerikanischen Handelsmarine die Gewässer der Torres-Straße befuhr, war einfacher Matrose. Als er erkannte, daß ein Landleben in tropischer Umgebung hier außerdem mit schnellem Reichtum zu verbinden war, tat er das, mit dem schon so manches Abenteuer seinen Lauf genommen hat. „He jumped ship", wie es in seinen Kreisen wohl geheißen haben mag.

„Er flüchtet heimlich an Land" und hält sich so lange versteckt, bis das Schiff wieder Kurs Richtung Heimat nimmt. Sein Aufstieg kann beginnen. In wenigen Jahren rafft Ned ein gewaltiges Vermögen zusammen, das mit dem Auffinden einer ganzen Kiste spanischer Goldstücke nur seinen Anfang nimmt. Bald steigt der Glückspilz zum unumschränkten Herrscher der Perlenszene auf. Ein paar Dutzend zäher Taucher stehen in seinem Lohn. Jede Perle, die sie der Tiefe entreißen, macht ihn reicher.

Auf York Island, einer kleinen Insel inmitten der grünen Gewässer des Nordostkanals, regiert Ned wie ein Großwesir. Acht eingeborene Ehefrauen sorgen für ständigen Nachwuchs, und Ned wird 90 Jahre alt. Noch heute ist jeder dritte oder vierte im kleinen Korallenbereich zwischen Australien und Neuguinea ein ferner Verwandter von Ned, dem Yankee.

Montag früh entflammt zu unserem völligen Unverständnis ein Papierkrieg, wie wir ihn seit Panama nicht mehr erlebt haben.

Acht Tage, nachdem auch die letzte Insel der Torres-Straße an der Kimm versunken ist, steht SEVEN SEAS 50 Seemeilen südlich von Moa, einer kleinen Insel der Sermata-Gruppe östlich von Timor. Rund 800 Seemeilen haben wir ausschließlich unter dreifach gerefftem Groß und der Sturmfock zurückgelegt. Feuchtkühle Ruderwachen vor hochlaufender See, schwere Gewitterböen mit sintflutartigen Regengüssen und die ermüdende Qual besonders harter Schiffsbewegungen liegen hinter uns.

Mit dem Erreichen unmittelbarer Landnähe beginnt der Wind überraschend zu schralen. Wir setzen die leichte Genua und schütten die Reffs aus. Überall scheinen jetzt Inseln aus dem Meer zu wachsen. Wuchtige, mit dichtem Dschungel überzogene Hänge, schroffe und brandungsweiße Ufer. Ein winziger Teilbereich der ausgedehnten Kette der Sundainseln. Für zwei Tage folgen wir der windungsreichen Nordküste Timors und liegen dabei stundenlang bekalmt. Zwischendurch prescht SEVEN SEAS minutenweise mit Höllenfahrt dahin.

Als wir uns dem Hafen von Dili schließlich bis auf Sichtweite genähert haben, breiten wir die Seekarten-Skizze auf dem Kartentisch aus, die wir anhand einer Beschreibung im englischen Seehandbuch angefertigt haben. Doch zu unserem Kummer mißlingt es, auch nur den geringsten Zusammenhang mit den tatsächlichen Gegebenheiten festzustellen. Verdrossen gehen wir drei Meilen vor Dili vor Anker. Ohne genaue Seekarte wagen wir uns einfach nicht dichter heran. Zu flach erscheint uns das unsichtige Wasser, das uns vom Hafen trennt.

Bald rast ein Motorboot auf uns zu. An Bord eine ausgelassene Gesellschaft weißer Portugiesen. Wohl angesichts unserer ratlosen Gesichter weisen sie uns freundlich darauf hin, daß dies Portugiesisch Timor sei.

Dann zeigen sie lebhaft in die Richtung, in der wir beruhigt den Hafen ansteuern können. Beim vorsichtigen Weitertasten über die vermeintlichen Untiefen stellt sich bald heraus, daß wir tatsächlich ausreichend Wasser unter dem Kiel haben.

Mit jedem Schlag geraten wir nun stärker in die Flautenzone der Küste. Und erst im letzten Augenblick entdecken wir die schwer auszumachende Einfahrt, die durch einen breiten Riffgürtel ins seichte Wasser des kleinen Naturhafens führt. In unmittelbarer Nähe der dicht von Bäumen umsäumten Uferstraße fällt der Anker in fünf Meter tiefes, hellgrünes Wasser. Weitere 1000 Seemeilen liegen im Kielwasser.

Unsere Planung sieht eigentlich vor, schleunigst weiter nach Westen zu segeln, so daß wir die Seychellen – den Wendepunkt zum Roten Meer – noch mit dem letzten Hauch des ausklingenden Südwest-Monsuns verlassen können, also spätestens im August/September. Aber leider steht vorher die für den Törn durchs Rote Meer so entscheidende Reparatur der Maschine auf dem Programm. Ein Umstand, der uns nachdenklich und mürrisch stimmt. Ständig diskutieren wir darüber, die Route zu ändern, um einen Ort anzulaufen, der uns für die Reparatur geeignet erscheint: Singapur, Darwin, Ceylon, Djakarta. Doch schließlich einigen wir uns doch auf die Seychellen. Dort wollen wir endgültig einen Strich unter die entnervende Motorszene ziehen. Und zwar ein für allemal! Der gerade Weg über das offene Wasser des Indischen Ozeans wird uns nämlich am zügigsten voranbringen und uns die Maschine am wenigsten vermissen lassen.

Unseren ersten Tag in Dili verbringen wir mit den Pflichten, die sich in einem neuen Hafen unvermeidlich einstellen: zuerst mit der Einklarierung. Eine zeitraubende Zeremonie, die hier zusätzlich in der für uns überraschenden Auflage gipfelt, die Cholera- und bei mir außerdem die Pockenimpfung zu erneuern. Eine offenbar zum Sadismus neigende Schwester, die mir die Pockenimpfung verpaßt, säbelt und bohrt mit ihrer Klinge in einer Art an meinem Oberarm herum, wie man Rinde von einem Baum abkratzt. Die Folge: halbe Ohnmacht. Zwar nicht bei mir, aber bei Brigitte, die der „Folterung" als Zeuge beiwohnt.

Dann brauchen wir dringend Landeswährung. Aber wo sollen wir wechseln? Die übliche Frage: auf der Bank oder beim Friseur? Der Besuch im ersten großen Bankpalast in der Innenstadt nimmt uns die Entscheidung sofort ab. Hier nicht! Denn der verlockende Bananasplit, den wir anschließend im Dili-Hotel probieren wollen, würde bei der offiziellen Bankrate gut das Doppelte kosten. Also raffen wir uns auf, den Schwarzmarkt zu sondieren. In dunklen Krämerläden und schmuddeligen Restaurantbüdchen schachern wir mit den Inhabern um den höchsten Wechselkurs. Aber den bieten sie alle. Die einen wollen auf der Stelle blind werden, die anderen auf ewig im Fegefeuer schmoren, wenn sie die Unwahrheit sagen. Der redegewandte indische Friseur gewinnt schließlich das Rennen. Gewitzt verbindet er das angebliche Verlustgeschäft mit der direkten Aufforderung, mir wenigstens die Haare schneiden zu lassen.

Nachmittags schlendern wir feilschend über den Markt. Obwohl wir nur etwas Gemüse und ein paar Eier kaufen wollen, zieht uns das bunte Durcheinander der feilgebotenen Waren von einem Stand zum nächsten. Ein besonders fanatischer Tuchhändler, der sich Brigitte in immer neuen Versuchen in den Weg wirft und seine bunten Stoffe breit ausgefaltet durch den Staub zieht, ist nur einer aus der großen Schar Hartnäckiger, die uns in Trauben verfolgen. Lebende Hühner, Berge losen Tabaks, T-Shirts mit dem Kopf J. F. Kennedys, halbfaule Mangos, ausgedörrte Innereien hinter beschlagenen Glasvitrinen, lauwarme Cola, Schnitzereien und Stickereien, gebrauchte Armeestiefel, Zahnersatz, Töpferarbeiten, Korbwaren und wieder Stoffe und Tücher sind nur ein Teil des breiten Angebots, bei dessen Anblick so mancher Timorese in hemmungslosen Konsumrausch verfällt.

Hinter dem Markt entdecken wir ein fensterloses, kreisrundes Steingebäude – die Arena für den Hahnenkampf, beliebtester Sport des Landes. Angelockt durch lautes Gackern und Kikerikien, das geheimnisvoll durch den Haupteingang dringt, kaufen wir Tickets und erreichen die von einer flachen Mauer umgebene Arena.

Der Kampf, der sich bei unserem Eintreten abspielt, kann nur den Bruchteil einer Sekunde gedauert haben. Wir hören noch das Startzeichen zum Gefecht und beobachten, wie einer der Hähne ohne zu zucken reglos in den Staub des Kampfbodens fällt.

„Der ist ja tot!" ruft Brigitte erschrocken und legt die Hände vor die Augen. Doch das wäre so üblich, erfahren wir. Kaum einer der gefiederten Verlierer hätte hier je die Chance, mit dem Leben davonzukommen.

Brigitte drängt zum Aufbruch. Aber nein, jetzt wird die Sache erst interessant. Vor dem Eingang zur Arena beziehen nämlich bereits die nächsten Gegner siegesbewußt Stellung und kontrollieren ein letztes Mal den festen Sitz der rasiermesserscharfen und gut zehn Zentimeter langen Metallsporen. Mit Isolierband und Draht befestigt, blinken sie drohend im fahlen Licht der einfallenden Sonne. Unter lautem Gezeter werden letzte Wetten abgeschlossen, die farbenprächtigen Kampftiere noch einmal gekrault und gestreichelt. Und nachdem die inzwischen wild krähenden und wütend flatternden Hähne in Kampfposition gehalten werden, tritt unvermittelt Schweigen ein. Der Kampf kann beginnen: ein kurzes Kommando, heiseres Kreischen und Gackern, Federn fliegen, der tödliche Stoß. Brigitte schmult durch die Finger – der Kampf ist vorüber. Ein paar Scheine wechseln den Besitzer; die folgenden Teilnehmer beziehen mit ihren mächtigen Hähnen Aufstellung zum nächsten Kampf. Der stolze Halter, der noch vor dem letzten Kampf sein kraftstrotzendes ein und alles liebevoll durchs glänzende Federkleid strich, wirft den jetzt leblosen Vogel lieblos in den Staub der Arena und verläßt mit angewiderter Miene das Schlachtfeld. „Das reicht", sagt Brigitte, „ich gehe."

Die Fahrt entlang dem windungsreichen Küstenverlauf der Sundainseln erweist sich als besonders mühevoll. Aber damit haben wir gerechnet. Denn der Monsun, dieser stete Wind, der nur wenige Meilen im Süden ungebrochen über die Weiten der Arafura-See streicht, wird hier zum Spielball der Landmassen. Stundenlang liegen wir reglos in bleierner Flaute, und nur gelegentlich treiben uns unvermittelt heftig einfallende Böen in ungestümer Fahrt nach Westen. Sekunden später dümpelt Seven Seas erneut mit nutzlos umherschlagenden Segeln durch das ölige Schwarzblau der Sawu-See.

Oft kreuzen gewaltige Schulen verspielter Tümmler den Kurs und sorgen mit ihren übermütigen und meterhohen Sprüngen stundenlang für Abwechslung.

Am zweiten Tag, wir befinden uns gerade in der breiten Passage zwischen Pantar und Alor, um unter der Küste Ankergrund für die Nacht zu suchen, überfällt uns aus heiterem Himmel eine aus den Bergen kommende Bö. Ein kurzes Aufbäumen, ein peitschenartiger Knall, das Großsegel hängt in Fetzen. Stundenlanges Segelnähen ist die unausbleibliche Folge. Aber das soll uns nicht aufhalten. Bereits am nächsten Morgen humpeln wir unter leichter Genua erneut auf Kurs. Und erst am Abend, als wir vor der Südküste von Flores Schutz für die Nacht finden, ist das mühsame Werk vollbracht: mehr als zweitausend Nadelstiche über eine vier Meter lange Segelnaht. Wie oft haben wir dieses morsche Tuch immer wieder zusammengeflickt, dabei geflucht und nur einen Wunsch gehabt: eine ordentliche Zickzack-Nähmaschine. Oder noch besser: ein nagelneues Segel. Aber nein, das alles erscheint uns dann doch zu aufwendig. Außerdem sind wir inzwischen vom Vorsatz durchdrungen, allein mit diesem Segel und keinem anderen den langen Weg um die Erde zu beenden.

Drei Tage lang folgen wir dem abenteuerlichen Küstenverlauf von Flores.

Nur hier und da wird das satte Grün des Dschungels von kahlen, rauchspeienden Vulkankegeln unterbrochen. Dazwischen steigen Rauchsäulen auf – Zeichen dort lebender Menschen. Ihre ursprüngliche Lebensweise verläuft seit Generationen in unveränderten Bahnen.

Dicht unter der Küste segelnd, sichten wir eines Abends acht breite, behäbig dahinziehende Gaffelkutter. Piraten?

Beim Aufkreuzen entdecken wir, daß es lokale Handelssegler sind. Die Decks sind dicht beladen mit großen Fässern und klobigen Stämmen wertvoller Edelhölzer. Wahrscheinlich Teak. Die Besatzungen, hellhäutige flinke Burschen, winken freundlich herüber. Also ganz bestimmt keine Piraten – oder doch? Denn vor Indonesien und seinen Freibeutern hat man uns vor Antritt der Reise immer wieder mit besonderem Nachdruck gewarnt: ,,Da müßt ihr höllisch aufpassen. Die sind getarnt als Handelssegler, kommen freundlich winkend längsseits und schwupp, eh' ihr euch verseht, liegt 'ne Handgranate mitten im Cockpit."

Aber das haben wir wohl kaum zu befürchten. Denn die Fahrt, mit der die leichte SEVEN SEAS spielend an den plumpen Holzkuttern vorbeizieht, ist eher dazu angetan, uns selbst als Piraten erscheinen zu lassen.

Am vierten Tag nach Dili sichten wir kurz vor Sonnenuntergang ein lang ersehntes Etappenziel: Rindja, die Insel der Drachen. Ein Wettrennen mit der Dunkelheit beginnt. Mit gepreßter Fahrt halten wir auf die bereits von fortgeschrittener Dämmerung umhüllte Küste zu und erreichen in allerletzter Minute die Einfahrt zu einer tiefen und schutzversprechenden Bucht. Nachdem die enge Passage, deren dunkle Umrisse wie vage Schatten nach uns zu greifen scheinen, mit bangem Herzen durchpflügt ist, kürzen wir die Segel.

Der schmale Sandstrand, vor dem wir schließlich erleichtert in den Wind drehen und hastig den Anker ausbringen, unterscheidet sich nur noch schemenhaft vom angrenzenden Dschungel. Die Nacht wird zum Alptraum. Denn bald stellt sich heraus, daß der steife Wind, der auf See aus südöstlicher Richtung stand, hier in der schluchtartigen Enge der Bucht zum heulenden Südwester wird. Abgelenkt durch die angrenzende Berglandschaft und verstärkt von der engen Einfahrt, die wie eine Düse wirkt, fällt er gnadenlos über uns her. Nie zuvor fühlten wir uns den Gewalten stärker preisgegeben als in dieser Nacht. Eine wahre Zerreißprobe. Wie weit ist das stockschwarze Ufer entfernt? Wird der Anker halten? Bange Fragen, die uns eine ganze Nacht lang unruhig auf den Beinen halten.

Aber wir dürfen nichts dem Zufall überlassen. Und bevor der Wind stärker und stärker zu wehen beginnt, ziehen wir SEVEN SEAS Meter für Meter an der Kette hinaus in die Bucht. Erst als wir schon über dem Anker liegen, bringt Brigitte hastig an Steuerbord einen zweiten und ich an Backbord einen weiteren Anker aus – und zusätzlich eine beleuchtete Ankerwache. Gebannt verfolgen wir das fahle Licht im kabbeligen Wasser oder sitzen nervös rauchend und literweise Kaffee trinkend unter Deck und lauschen dem Ansturm der Böen. Wir versuchen zu schlafen. Aber es gelingt uns nicht. Unsere Stimmung unterliegt der wechselhaften Spannung im Luftschutzkeller: ängstliches Schwanken zwischen der Furcht vorm Ungewissen und der Hoffnung, daß schon alles gutgehen werde.

Als die Sonne aufgeht, betrachten wir unsere neue Umgebung. Vom schmalen Strand ausgehend, in dessen Richtung der Wind in unverminderter Stärke bläst, ragen auf der einen Seite flache Korallenbänke, auf der anderen kleine Felseninseln hufeisenförmig um uns herum auf. Eine bedrohliche Situation. Dreimal unternehmen wir Ausbruchversuche. Aber sie enden kläglich. Bevor wir überhaupt einen Meter Fahrt vorausmachen, drückt der Wind den Rumpf quer und läßt uns den Untiefen zutreiben. Eine wahrhaft verzwickte Lage. Aber dann sinnen wir nicht weiter darüber nach, denn schließlich sind wir gekommen, um die berühmten Komodo-Drachen zu beobachten und sie, falls möglich, sogar aus nächster Nähe zu fotografieren.

Nachdem wir zunächst den überfälligen Schlaf nachholen, bereiten wir eine erste Expedition vor. Vorher liest Brigitte im englischen Seehandbuch: „Hör bloß mal, was hier geschrieben steht:

Eine eigentümliche Kreatur bevölkert die Wälder von Komodo, deren Nachbarinseln Rindja und Südflores. Durch ihre Ähnlichkeit mit der Sagengestalt des legendären Drachens werden sie Komodo-Drachen genannt.

Die Bestien verfügen über kolossale Schlagkraft und können eine Länge von drei Metern erreichen.

Gut, das wissen wir bereits, aber jetzt kommt es erst:

Sie leben von den zahlreichen Wildpferden und -schweinen, die die Inseln bevölkern, und sollen auch Menschen gefährlich werden.

Ich wiederhole, auch Menschen gefährlich werden", sagt Brigitte bedeutungsvoll.

Plötzlich entsinnen wir uns all der Geschichten, die wir so häufig über die „Drachen" zu hören bekamen. Erst kürzlich sei ihnen auf Komodo ein Wissenschaftler zum Opfer gefallen. Nur die frischgestopfte Pfeife und der Krückstock des Verschollenen seien später in der Nähe eines trockenen Flußbettes von Suchmannschaften geborgen worden.

Schon während der ersten Schritte an Land überrascht uns die ungeahnte Vielfalt tropischen Lebens. Ein unsichtbares Insektenheer erfüllt die Luft mit seinem Gesumm, das eine einzigartige Geräuschkulisse bildet. Über den buschigen Wipfeln mächtiger Urwaldriesen flattern weiße Kakadus. Und die Heerscharen winziger, pupurroter und leuchtendgelber Vögel mit ihrem schrillen Zwitschern setzen der lebensstrotzenden Umgebung nur die Krone auf. Weil Ebbe ist, ziehen wir das Dingi hoch auf den steil abfallenden Strand und begeben uns auf den beschwerlichen Weg, zunächt das zerklüftete Ufer der Bucht nach einem Flußlauf abzusuchen. Von dort hoffen wir bequemer in den dichten Dschungel zu gelangen. Außerdem gehören die meist trockenen Wasserläufe zu den bevorzugten Brutstätten der „Drachen".

Die leichten Buschstiefel, die wir speziell für solche Mission in Port Moresby angeschafft haben, drücken uns Barfußgewohnte schon bald schmerzhaft an den Füßen. Aber auch die warmen Flanellhemden und langen Drillichhosen tragen nur wenig zu unserer Bequemlichkeit bei. Doch die Psychose, in die wir uns aus Furcht vor giftigen Vogelspinnen und Schlangen unbedacht hineingesteigert haben, läßt uns keine andere Wahl. Mit geschulterter Winchester und blitzenden Macheten am Gürtel erreichen wir bald den ersten Flußlauf, einen von dichtem Buschwerk umwucherten Tunnel, dem wir bis tief ins Inselinnere folgen, ängstlich bereit, jeden Moment auf die ersten Drachen zu stoßen. Aber auch nach längerem Umherstreifen entdecken wir nicht die geringste Spur.

Nachdem wir eine Höhe erreicht haben, von der wir einen guten Teil der grauen und noch immer windgepeitschten Bucht übersehen können, beschließen wir zu rasten. Wir lassen uns gerade behaglich nieder, um uns an mitgenommenen Kokosnüssen zu laben, als uns ein Rascheln aufschreckt. Sofort schießt es uns durch den Kopf: die Drachen! Vorsichtig verschaffen wir uns Deckung und legen die Kamera in Anschlag. Dann ein erneutes Rascheln, und das Unbekannte tritt in kühnem Satz auf das andere Ende der Lichtung. Überrascht vom unerwarteten Anblick des so plötzlich aufgetauchten Besuchers, nehme ich statt der Kamera erschrocken die Winchester in die Hand. Ein Schuß peitscht durch den Busch, Vögel kreischen. Ein weiterer folgt – dann treten wir vor. Ein blutiger Anblick. Unsere Beute ist noch größer und fleischiger, als wir es mit dem ersten Blick erfaßt haben. Der Schuß drang ihr glatt durch den stämmigen Hals.

„Na also", meint Brigitte, in Gedanken bereits die Gewürzpalette zusammenstellend, mit der sie unser Opfer in der Pantry zubereiten wird. „Wildschweinbraten! Aber wie schaffen wir das Monster bloß zurück an Bord?"

Eine berechtigte Frage. Wir überlegen hin und her – es bleibt nur die eine Möglichkeit: Wir müssen das Opfer zerlegen. Mit zäher Beharrlichkeit, die uns die nicht übermäßig scharfen Klingen unserer Macheten abverlangen, säbeln und ratzen wir uns abwechselnd durch die dicke Lederhülle. Ohne einen Tropfen Wasser gestaltet sich die wüste Schlachterei zur argen Probe. Von Heerscharen gieriger Insekten attackiert, gelingt es schließlich, die Hinterläufe und große Stücke Filets herauszuschneiden. Mit langen Streifen, in die ich mein Hemd zerreiße, verschnüren wir die Beute und treten den beschwerlichen Rückmarsch an. Unser einziger Wunsch: ins Wasser und das klebrige Schweineblut vom Körper waschen.

Als wir erleichtert an Bord zurückkehren, ist es bereits später Nachmittag. Wir beginnen damit, in aller Ruhe genießerisch ein schmackhaftes Festmahl zu bereiten: Wildschweinbraten mit Dosenrotkohl und Tütenklößen. Eine willkommene Abwechslung. Den großen Rest der Fleischmassen, den wir mangels ausreichender Salzvorräte nicht einpökeln können, bringe ich zurück ans Ufer. Vielleicht gelingt es auf diese Weise, einen Drachen aus dem Wald zu locken.

Erwartungsvoll beobachten wir den Strand. Doch für die ersten Tage geschieht gar nichts. Das Fleisch verrottet, schon haben wir uns damit abgefunden, niemals einen der scheußlichen Kaltblütler vor die Kamera zu bekommen, als unser banges Warten eines Morgens doch noch belohnt wird.

Als das erste Ungeheuer träge um die Beute herumschleicht, stürze ich mit der Kamera Hals über Kopf ins Dingi. Der noch immer stürmische

Wind treibt mich in zügiger Fahrt dem Ufer zu. Kaum bin ich an Land, tritt ein zweites Tier aus dem Busch und nähert sich dem Wildschweinköder. Als besonders merkwürdig empfinde ich die trägen Bewegungen der Tiere, die etwa die Größe ausgewachsener Krokodile haben. Sie schleichen schläfrig um die ausgelegte Beute. Aus den flachen Mäulern züngeln lange, rote Zungen. Obwohl ich aus Luv anpirsche, überrascht mich ihre Sorglosigkeit. Noch immer unbemerkt, stehle ich mich so nah heran, daß ich einem der Drachen ums Haar auf den furchtbaren Schwanz trete. Fast glaube ich, seinen entsetzlichen Atem zu spüren. Aber die Tiere hören und sehen mich nicht. Seelenruhig schnuppern sie an der Keule herum, setzen sich schließlich in einer Art auf die Hinterbeine, wie ich es von Abbildungen hockender Dinosaurier kenne, und glotzen mir schläfrig ins Gesicht. Aber ihr Blick geht ins Leere. Erst als ich sie füttern will, schleichen sie träge in den Busch zurück.

Brigitte, die mein mutiges Vorgehen von Bord aus beobachtet, macht bange Minuten durch. Besonders, als mich die ,,Bestien" so grimmig ins Visier nehmen und mich jeden Augenblick zu attackieren drohen.

Während der kommenden Tage treffen wir auf ein gutes Dutzend ,,Drachen" und spielen Fangen mit ihnen.

Am Nachmittag des elften Tages läßt endlich der Wind nach. Ohne zu zögern bergen wir die drei schweren Anker und segeln eben durch das offene Wasser der Bucht, als eine unerwartete Erscheinung an der Steuerbordseite uns vorübergehend in Schrecken versetzt. Ein grauer, scheinbar atmender Buckel ragt dort so weit ins Freie, daß wir instinktiv an ein Monster glauben. Vielleicht ist das erst der Drachen von Komodo? Aber dann erkennen wir den gewaltigen Schwanz und atmen erleichtert auf. Kein Zweifel, ein Wal! In der Abgeschiedenheit der stillen Bucht wirkt er wie ein freundlicher Moby Dick. Für Sekunden verharrt er auf unserem Kurs, versprüht ein paar steile Fontänen und verliert sich darauf friedlich in seiner engen Behausung.

Komodo, das massige Sumbawa und sein westlicher Nachbar Lombok bleiben nach zweieinhalb Tagen und 270 Seemeilen achteraus. Das nennen wir prächtige Fahrt! Um ein Haar erreichen wir voller Vorfreude das nahe, verheißungsvolle Bali, doch kurz zuvor verwandelt sich der kräftige Wind in bleierne Flaute. Elf Tage später liegt SEVEN SEAS unverändert reglos über ihrem ungebrochenen Spiegelbild. Bali ist längst am Horizont versunken. Die fernen Berge im Norden gehören schon seit

Tagen zum angrenzenden Java. Mehr als hundert Meilen sind wir nach Westen getrieben.

Der Wind, der am elften Tage schließlich als Mittagsbrise aufspringt, entpuppt sich bald als ausgelassener Südoster, der in den Böen 45 Knoten erreicht. Wir setzen die kleine Sturmfock und drehen ein vierfaches Reff ins Groß.

Mit mächtiger Bugwelle läuft SEVEN SEAS Höchstgeschwindigkeit nach Westen. Bali liegt vergessen im Kielwasser. Den flüchtigen Gedanken, gegen Wind und Strom dorthin zurückzukreuezn, haben wir längst im Keim erstickt. Dann lieber direkt über den Indischen Ozean! Aber nein, wir brauchen frische Vorräte – Lebensmittel, Wasser, Batterien. Für sieben Wochen wäre zwar noch alles ausreichend an Bord, aber was geschieht, wenn sich die Reise unerwartet verzögert? Nein, wir müssen auf jeden Fall einen Hafen anlaufen – unbedingt! Aber welchen? Irgendwo auf Java? Aber davon besitzen wir keine detaillierten Seekarten.

„Wie wäre es mit Christmas Island?" wirft Brigitte ein und streicht mit dem Finger über die Seekarte.

„Nur das nicht – viel zu abgelegen!"

Falls wir da bei schwerem Wetter vorbeisegeln, gibt es nur schwer ein Zurück. Nein, wir müssen auf Nummer Sicher gehen. Keine Experimente!

Dann fällt uns der Riesenstapel noch unsortierter Seekarten ein, den wir in Moresby von einem englischen Kapitän als Geschenk erhielten. Ob da was Passendes dabei ist? Wildentschlossen, darin eine Karte von Javas Südküste zu finden, breiten wir das schwere Paket auf den schwankenden Bodenbrettern aus und beginnen fieberhaft zu suchen. Gut 300 Seekarten werden dabei sorgfältig durchgesehen. Die 299. ist dann die richtige. Kaum zu glauben, aber es ist in der Tat eine detaillierte Hafenkarte von Tjilatjap. Einziger Hafen am Weg, nur 300 Seemeilen voraus.

Außer uns vor Freude, schütten wir sogar eines der Reffs aus dem Großsegel und preschen für zwei volle Tage an der Küste von Java entlang – um kurz vorm Ziel erneut in den Bereich leichter und wechselnder Winde zu geraten. Ein ermüdendes Wechselspiel. Für leidige 60 Meilen brauchen wir ganze vier Tage! Dann sind wir am Ziel. Jedenfalls fast. Denn um ins Hafengebiet von Tjilatjap zu gelangen, gilt es zunächst einem schmalen Flußlauf zu folgen. Ein mühsames Ringen mit Strom und Flaute. Das dauert zwei weitere Tage. Aber dann liegen wir wirklich vor Anker.

Morsche und zerfallene Hafenanlagen sind stumme Zeugen längst vergangener Tage. Kais und Lagerhäuser – einst durch die Holländer erbaut – gammeln traurig dahin; und ein Heer schwerbewaffneter Polizisten wacht darüber, daß sich daran nichts ändert. Polizei ist übrigens überall. Eindringlich werden wir gewarnt, auf keinen Fall eine bestimmte, der Küste vorgelagerte Insel zu betreten. Dort halte man nämlich Indonesiens Staatsfeinde gefangen: die Kommunisten, gefährliche Gegner des Polizeistaates.

Als erste europäische Yacht (wir wollen es kaum glauben) in der Chronik von Tjilatjap werden wir besonders freundlich aufgenommen. Die Polizei hält ein wachsames Auge auf die Seven Seas und versucht, unseren Aufenthalt so angenehm wie möglich zu gestalten. Überrascht sind wir von der völlig neuen Art des Einklarierungsgeschäftes. Statt des komplizierten Papiergefechts, auf dessen spontanen Ausbruch wir bestens gewappnet sind, verlangt man lediglich die Abdrücke aller zehn Finger. Denn sicher ist schließlich sicher! Das vorgeschriebene Yachtvisum übrigens, das wir seinerzeit in Port Moresby über die deutsche Botschaft in Djakarta und nach endlosen Lauferei zur indonesischen Botschaft in Neuguinea und später in Dili wacker erkämpft haben, ist zu unserer Verblüffung völlig überflüssig; mehr noch: Man hat von einem solchen Papier nie gehört! An seiner Stelle erfindet man aus dem Stegreif sinnlose Gebühren, die wir nach zähen Verhandlungen mit dem Hauptinspektor der obersten Zollbehörde schließlich doch nicht zu zahlen brauchen . . . na, und so weiter.

Das bunte Treiben im Ort verwöhnt uns dafür mit seinem besonderen fernöstlichen Zauber. Tagelang streifen wir von neugierigen Gaffern umringt durch malerische Gassen, bestellen in winzigen Restaurantbüdchen Menüs mit drei Gängen für den Spottpreis von umgerechnet 1,50 DM und sind erstaunt über das breite Angebot an Frischgemüse und Früchten. Viele der feilgebotenen Arten sehen wir hier zum ersten Male.

Schwierig ist es, die umfangreichen Lebensmittel für den Indischen Ozean zusammenzukaufen. Von einer dreimonatigen Reisedauer ausgehend, sind wir gezwungen, einen erheblichen Dosenvorrat anzuschaffen. Aber das lokale Angebot ist mehr als spärlich. Wir besinnen uns deshalb sogar des bewährten Corned beefs und erstehen zusätzlich ein paar Kisten sehr einseitiger indonesischer Konservenkost: Nasi Goreng und ähnliches. Als Ausgleich greifen wir bei den Süßigkeiten und Fruchtdosen etwas großzügiger zu. Und natürlich Frischgemüse und Obst für die ersten Wochen.

Was schleppen wir da nicht jedesmal wieder alles an Bord! Ungeheuerlich diese ständigen Besorgungen, dieses ewige Heranschaffen von Kisten und Kästen. Aber es muß sein. Auch wenn wir in der Hauptsache von Fisch und Reis lebten, brauchten wir noch immer Petroleum, Spiritus, Streichhölzer, Fett, Mehl, Zucker, Tee, Gewürze, Zwiebeln und Knoblauch – um nur einiges zu nennen. Dinge, die schon bei geringsten Bedürfnissen zur grundlegenden Ausrüstung gehören.

57 Tage bis Denis Island

Invasion aus der Luft – In Familie beim Inselchef – Hafen-leben – Die Jungs von der DRAKKAR – Zwischen den Inseln – Im Reich der Seejungfrau – Kurs liegt an zur letzten Etappe – Ums Horn von Afrika

Eines Morgens ist es dann wieder soweit. 3500 Seemeilen und Wochen der Einsamkeit warten auf ihre Bewältigung. Schon lange beschäftigt der Indische Ozean, diese berüchtigte Teilstrecke der Weltumsegler, unsere Gedanken, wenn auch zum Teil unterdrückt und unbewußt. Es ist keine Angst – weit gefehlt –, eher ein inneres Gespanntsein aus Ungewißheit und bangem Hoffen.

Vor dem Wind läuft SEVEN SEAS unter Vollzeug am südlichen Java entlang, kreuzt mit Höchstgeschwindigkeit die vielbefahrene Sunda-straße und steht nur viereinhalb Tage und 500 Seemeilen nach dem Auslaufen bereits westlich von Enggano, brandungsumspülter Außenpo-sten vor Sumatras Südwestküste. So könnte es weitergehen. Schon ergeben wir uns dem beliebten Spiel der Hochrechnerei. Etwa so: Noch 3000 Seemeilen geteilt durch, sagen wir, 100 Seemeilen: folglich werden wir in 30 Tagen am Ziel sein. Nur machen wir die Rechnung ohne ein nur wenige Meilen entferntes Tief, das uns bereits am selben Nachmittag mit durchschlagendem Erfolg auf den Boden der Tatsachen zurückführt.

Plötzlich ist er da. Genau aus Nordost, dort, wo die tropischen Regenwälder Sumatras liegen. Ein Gewittersturm, in dem Blitz und Donner scheinbar gleichzeitig über uns hereinbrechen. Als uns das Zentrum zum erstenmal mit voller Stärke umtost, wird es Zeit, Segel zu bergen. Es ist tiefschwarze Nacht. Peitschender Regen trifft das Deck mit der Gewalt von Hagel. Mit beängstigender Schräglage stürmt SEVEN SEAS noch immer durch die aufgewühlte See.

Barfuß krieche ich über das regennasse Deck in die Finsternis des schwer stampfenden Vorschiffs. Der dichte Regen ist eisig kalt. Mir klappern die Zähne. Aber die Arbeitsfock muß geborgen werden. Jetzt und keine Minute später. Für einen Moment erkenne ich im abgedunkelten Viereck des Niedergangs schemenhaft Brigittes Kopf. Besorgt in die Nacht spähend, verfolgt sie meinen Kampf. Dann ist es geschafft. Erleichtert krieche ich zurück in die wohlige Geborgenheit des warmen Salons. Wir müssen versuchen, uns so trocken wie möglich zu halten. Die Gefahr eines Blitzeinschlags schwebt drohend über dem Schiff. Die Furcht davor läßt uns stundenlang mit angewinkelten Beinen auf den dicken Schaumstoffmatratzen der Kojen verharren. Luftschutzkeller-Atmosphäre!

Am nächsten Morgen gelingt es, vorübergehend Segel zu setzen. Nur so lange, bis uns das Zentrum des Gewitters abermals erfaßt. Erneute Manöver, wieder Blitzschlag und Donner. Das währt vier Tage. Dann gehen wir endgültig auf Kurs, um die ersten Meilen nach Westen anzutreten.

Nach zehn Tagen Westkurs erreichen wir eine Position etwa 90 Grad östlicher Länge. Der fahrthemmende Bewuchs am Bootsboden ist inzwischen so dicht, daß wir ihn sogar hören können: ein Geräusch wie Waldesrauschen, ein ständiges Säuseln und Brausen, das aus der Tiefe des Kiels zu uns herauf an Deck dringt. Von nun an erreichen wir kaum mehr als vier Knoten Geschwindigkeit. Eine trübe Feststellung.

Zu unserer Freude jedoch ergeben sich daraus auch nicht zu verachtende Vorteile. Angelockt durch die träge Fahrt und den reichen Bestand organischen Lebens, scharrt sich bald eine beachtliche Schule stattlicher Doraden um den Rumpf, ständige Begleiter auf über 3000 Seemeilen. Sie stellen eine ausgesprochen schmackhafte Beute dar. Fein säuberlich filetiert und in der Pfanne gar gebrutzelt, bieten sie eine willkommene Abwechslung in der endlosen Folge aus Bully beef und Nasi Goreng.

Neben den Doraden tauchen immer wieder gewaltige Schulen kleinerer Thunfische auf. Zu Tausenden kreuzen sie unseren Kurs oder kommen in Heerscharen achterauf. Ihre dunklen Körper schwimmen wie schwarze Punkte durch die steil nachlaufenden Seen. Steht uns der Sinn nach Abwechslung, so jagen wir auch mal einen von ihnen. Zum Harpunieren jedoch eine zu ferne Beute. Beim Fang mit Leine und Haken müssen wir darauf achten, daß nicht trotzdem eine der schnellen und im Kampf erprobten Doraden an den Köder geht.

Regelmäßig ziehen Delphine vorbei, und gelegentlich verfolgen uns große Scharen starrblickender, mächtiger Haie. Allein die gestreiften Pilotfische, die ihnen ständig ums Maul herumspielen, sind groß genug für eine Mahlzeit.

Eines Tages packt uns das Großwildfieber. Mit einem fliegenden Fisch als Köder erwischen wir den ersten ,,Whitetip", einen mächtigen Hai von fast drei Meter Länge. Nun ist der ,,König der Meere" alles andere als ein wilder Kämpfer. Einmal am Haken, folgt er dem Schiff in aller Seelenruhe. Um seinen Sauerstoffbedarf zu decken, ist er angewiesen, in ständiger Bewegung zu bleiben. Darüber vergißt er die Verteidigung. Aber wehe, wenn er an Deck gezogen werden soll! Mit der Dirk versuche ich, unser Opfer an Bord zu hieven. Doch als der schwere Fisch hoch über dem Deck hängt, schlägt er im Todeskampf heftig nach allen Seiten aus, verbiegt den sechs Millimeter starken Eisenhaken, zerbricht ihn in zwei Teile und fällt schwer zurück in die kochende See. Wir versuchen es erneut und nehmen unseren größten Köder, einen Haken von 15 Zentimeter Durchmesser und schwer wie ein Schönwetteranker. Diesmal klappt's!

Als das nächste Opfer anbeißt, nehmen wir die Winchester zu Hilfe. Nach einem gezielten Schuß in den Kopf gelingt es, den Fisch kampflos ins Cockpit zu befördern. Ein stattlicher Bursche mit einem gewaltigen Gebiß. Und genau darauf waren wir aus. Eine furchtbare Schnitzerei mit dem Küchenmesser beginnt. Ich muß höllisch aufpassen, die Kiefer nicht bereits beim Heraustrennen zu zerstören. Da aus Knorpel, sind sie äußerst zerbrechlich. Widerlicher Blutgeruch verbreitet sich über das Schiff. Brigitte verkrümelt sich lesend und rauchend in der Koje und erscheint erst wieder an Deck, nachdem die Metzelei ihren Abschluß gefunden hat.

Inzwischen sind wir 38 Tage auf See, und noch immer trennen uns 1000 Meilen vom Ziel. Außerdem herrscht Totenflaute. Wie soll das bloß weitergehen? Und trotzdem gibt es Veranlassung zu Hochstimmung und Zuversicht. Und zwar aus zwei Gründen: einmal, weil Brigitte seit Enggano die gesamte Navigation übernommen und heute mittag auf ein paar Meilen genau Diego Garcia vorausgesagt hat, und zum anderen: Es regnet! Wie in einem Rausch tanzen wir an Deck herum, fangen das kostbare Naß in einer ausgespannten Plane auf und füllen damit im Handumdrehen Tanks und Kanister. Ein Geschenk des Himmels! Die kühlen Sturzbäche, die wir aus den Speigatten auffangen, verschwenden wir in einer hemmungslosen Wasserorgie. Wochenlang waren wir angewiesen, die kostbaren Vorräte einzig zum Zähneputzen zu benutzen. Sogar das Kochwasser verdünnten wir drei zu eins mit Seewasser.

Diese Segeltage so kurz vor den Seychellen sind von zwei bemerkenswerten Vorgängen gekennzeichnet, der eine amüsant, der andere bedrohlich. Zunächst der heitere:

Eben ist die Sonne glutrot im Westen versunken. Im Salon taucht das matte Licht der Petroleumlampen unser kleines Reich in die gemütlich vertraute Atmosphäre vor dem Abendessen, als es unerwartet über uns hereinbricht: eine Invasion fliegender Fische! Plötzliches Brausen an Deck läßt uns neugierig ins Cockpit stürzen. Und schon schwirren uns die ersten Gleiter wild um die Ohren. Brigitte, die sich im Niedergang festklammert, erhält mehrere Volltreffer und rutscht erschrocken in den Salon zurück. Aber da fliegt ihr ein ausgewachsener Bursche hinterher, trifft sie am Hals und landet heftig zappelnd direkt vor der Pantry. Zwei weitere steigen schwungvoll durchs offene Vorluk und veranstalten ein keckes Hämmern und Schlagen. Unvorstellbar die ständig zunehmende Fülle aufgeregt um den Mast sausender Fische! Wie ein silbernes Riesenrad erfüllen ihre zappelnden Leiber die Luft. Lebendem Hagel gleich stürzen sie gegen die vollstehenden Segel, gleiten daran herab und schlagen anschließend hart aufs Deck. Das dunkle Wasser neben der SEVEN SEAS brodelt von ihren im wilden Jagdrausch befindlichen Verfolgern: ein mächtiges Heer torpedoschneller Doraden, Artgenossen unserer ständigen Begleiter im Kielwasser.

Aber auch sie beteiligen sich jetzt an der wilden Hatz. Einer dieser schweren Fische landet bei seiner gnadenlosen Verfolgungsjagd unter mächtigem Poltern sogar im Cockpit. Wir werden nicht müde, diesem außergewöhnlichen Schauspiel stundenlang zuzusehen. Am nächsten Morgen wird Bilanz gezogen: Allein sieben Fische klauben wir aus Regalen und Ecken im Salon. Fünf finden wir im Vorschiff. 67 sind es auf den Planken an Deck. Wie ein silberner Teppich bedecken ihre glänzenden Leiber das Schiff. Nachdem unsere große Pütz mit ihnen randvoll aufgefüllt ist, spielen wir Zoo. Eine abwechslungsreiche Zerstreuung, mit der wir den halben Vormittag verbringen. Fisch für Fisch werfen wir unseren Freunden im Kielwasser zum Fraß vor und bewundern die enorme Geschicklichkeit, mit der sie darüber herfallen.

Tags darauf geschieht dann aus heiterem Himmel das zweite Ereignis.

Es ist der 46. Tag auf See. Lesend und dösend liegen wir auf den Cockpitbänken, als schräg voraus der graue Buckel eines Wals aus den Fluten ragt. Sofort auf den Beinen, entdecken wir erschrocken die mächtigen Rücken eines zweiten und dritten Tieres. Und dann tauchen immer weitere auf. Im Handumdrehen umgibt uns eine ausgewachsene Walherde. Überall sprühen mächtige Fontänen in den Himmel, gewaltige Schwanzflossen peitschen dröhnend das Wasser. Jetzt heißt es höllisch aufpassen, um nicht unversehens mit Höchstgeschwindigkeit voll auf eines dieser lebenden Hindernisse aufzubrummen. Ein solcher Zusammenstoß könnte das jähe Ende der Reise bedeuten. Zwar waren es bisher meist Holzschiffe, die während solcher Zusammenstöße zugrunde gingen, aber wir wollen das Schicksal nicht unnötig auf die Probe stellen. Auch ein stählerner Rumpf besitzt nur eine begrenzte Belastbarkeit.

Rasch löse ich die Verbindungsleinen der Selbststeueranlage und übernehme die Pinne. Während ich SEVEN SEAS slalomartig in meterdichtem Abstand an den gewaltigen Säugern vorbeiziehe, rennt Brigitte aufgeregt über das Vordeck und versucht mit grellen Lauten auf uns aufmerksam zu machen. Eine Fahrt auf Messers Schneide. Ein paar Atemzüge lang preschen wir voran, dann liegt die Gefahr achteraus.

,,Der Indische Ozean hat es wirklich in sich", stöhnt Brigitte und setzt erst mal Teewasser auf.

Zehn Tage darauf ist es dann wieder soweit: der Augenblick des Landfalls – ein nie versagender Nervenkitzel. Bereits früh am Morgen steigen wir voll Aufregung immer wieder hinauf in den bewährten Ausguck unter der Saling. Doch erst gegen Mittag schallt es markerschütternd hinunter aufs Deck: ,,Land in Sicht."

Brigitte hat es entdeckt. Voller Freude beschreibt sie das seit Wochen sehnlichst Vermißte – den Anblick saftiger und grün bewaldeter Berghänge. La Dique und Praslin, erste Inseln der Seychellen. Obwohl sie noch meilenweit entfernt sind, bilden wir uns ein, den frischen Geruch von Erde zu atmen.

Unsere Freudensprünge an Deck und das fieberhafte Schwelgen in den verlockendsten Ausschweifungen, denen wir uns nach der Ankunft unverzüglich hinzugeben planen, erhalten jedoch zu unserem Kummer noch in letzter Minute einen unerwarteten Dämpfer. Als die tropische Dämmerung – kurz und fast ohne jeden Übergang – über das nahe Inselreich hereinbricht, trennen uns noch 15 Meilen von Port Victoria, unserem Hafen auf der Hauptinsel Mahe. Außerdem dreht der Wind mit zunehmender Dunkelheit unvermittelt auf Südwest. Genau die Richtung, in der unser Ziel liegt. Sollen wir nun gegenankreuzen oder beidrehen und abwarten?

Schließlich entscheiden wir uns für die zweite Möglichkeit. Denn der vage Kreuzkurs durch das nächtliche und von unbeleuchteten Felsinseln durchzogene Seegebiet erscheint uns zu gewagt. Also werden wir in aller Ruhe abwarten, um am frühen Morgen unser Glück zu versuchen. Die halbe Nacht verbringen wir in ausgelassener Vorfreude auf die Ankunft im Hafen. Rhythmische Segaklänge über Radio Mahe gaukeln uns vor, bereits am Ziel zu sein.

Doch als der Morgen anbricht, sind wir fassungslos. Über 20 Meilen hat uns die Strömung über Nacht nach Norden versetzt. Die Berge Praslins liegen weit im Süden. Außerdem beginnt der südliche Wind mit steigender Sonne stärker und stärker zu werden. Wir sind gezwungen, uns gegen die bald steil aufbäumende See zurückzukämpfen. Zwei ermüdende Tage lang versuchen wir vergeblich aufzukreuzen und glauben dabei, zum „Fliegenden Holländer" zu werden. Es mißlingt uns einfach, auch nur eine Meile voranzukommen. Wenn nicht unmittelbar eine Winddrehung eintritt, werden wir rettungslos nach Norden in die Weiten des Arabischen Meeres treiben. Eine besonders trübe Vorstellung, denn der Vorrat an Lebensmitteln und Süßwasser ist inzwischen doch bedrohlich zusammengeschrumpft. Wir müssen handeln, bevor es zu spät ist. Kurzerhand beschließen wir, Denis Island anzulaufen, ein winziges Eiland im Norden. Dort werden wir ankern, um auf Wetterbesserung zu warten. Und wer weiß, vielleicht ist die Insel sogar bewohnt und bietet frische Vorräte und Wasser.

Mit einer improvisierten Seekarte, die wir nach Angaben des englischen Seehandbuches zeichnen, laufen wir, von sturmartigen Regenschauern begleitet, entschlossen nach Norden und sichten kurz vor Sonnenuntergang die vertraute Erscheinung einer tropischen Insel: ein breites Band wiegender Palmen, endlose Strände und Brandung. Noch wenige Meilen, und das Ziel ist erreicht. Als wir jedoch dicht unter Land sind, überfällt uns schlagartig der Schleier der Nacht. Es ist zum Verzweifeln!

In einer Hand die Vorschot, in der anderen die Pinne, stehlen wir uns auf Zehenspitzen in die dunkle Ungewißheit der flachen und riffdurchzogenen Bank von Denis. Das Seehandbuch läßt uns dabei nicht im Stich. Erleichtert erreichen wir schließlich bei tiefster Dunkelheit den heißersehnten Leeschutz. Wenn es auch nicht Port Victoria ist, so sind wir dennoch am Ziel: 57 Tage und 3640 Seemeilen, nachdem wir Tjilatjap verlassen haben. Wie soll ich die Empfindungen beschreiben, die uns in diesem Moment befallen, das Hochgefühl, die längste Teilstrecke sicher überwunden zu haben, die verlockend süßen Düfte der Erde und die Freude auf den ersten Schlaf vor sicherem Anker . . .

Am nächsten Morgen betrachten wir die Umgebung, durch die wir uns da während der Dunkelheit hindurchgetastet haben. Trockener Mund und vielsagende Blicke – aber wir sprechen nicht darüber: Überall schimmern dunkelbraune ,,Niggerheads" durch das Türkis der nur wenige Meter tiefen Bank; drei, vier Kabellängen entfernt brandet donnernd das Riff. Und trotzdem liegen wir noch eine ganze Meile von der Insel entfernt. Wir müssen einfach näher heran! Aber wie? Gegen den Wind durch dichtstehende Korallenbänke kreuzen? Viel zu gefahrvoll! Wir werden es so machen wie die alten Segelschiffsleute mit ihren bewährten Warpankern: Neunmal spulen wir mit dem Dingi 180 Meter Verholleine aus, werfen dabei 17mal Anker und ziehen uns über ganze acht Kabellängen bis dicht vor den von Palmen umsäumten Strand. Eine Aktion, die uns fast den ganzen Tag über in Atem hält und Blasen und Schwielen zurückläßt.

Zu unserer Freude erscheinen am Nachmittag plötzlich Leute am Ufer. Nackte, dunkelhäutige Kinder, dahinter muskulöse Männer mit Netzen auf den Schultern. Also ist die Insel doch bewohnt. Zwar hörten wir bereits das merkwürdige Blöken irgendeines Lebewesens (das sich nachträglich als Esel erwies), waren aber nicht sicher, auch Menschen anzutreffen. Erwartungsvoll rudern wir hinüber und erfahren, daß die 60 Einwohner der Insel gemeinsam eine großangelegte Kopraplantage bewirtschaften. Ein freundlicher, hagerer Kreole mit breitkrempigem Hut stellt sich als Chef de village, als Inselchef, vor und lädt uns herzlich ein, als seine Gäste so lange zu bleiben, bis in Kürze der nördliche Monsun einsetze – mit Wind von achtern würden wir im Handumdrehen Port Victoria erreichen. Und dann fällt uns etwas betroffen ein, daß wir den Anschluß ans Rote Meer um Haaresbreite verpaßt haben.

Drei Wochen lang genießen wir unumschränkte Gastfreundschaft, speisen regelmäßig in Gemeinschaft der ,,Chef-Familie", lassen mit den Kindern Drachen steigen, durchstöbern muschelträchtige Korallengärten und erliegen mehr als einmal dem beliebten Kokosschnaps, der unter den fröhlichen Kopraleuten wie Wasser fließt. Der ,,Chef" unternimmt alles, um die für gewöhnlich einseitigen kreolischen Reismahlzeiten uns zu Ehren bisweilen ein wenig aufzubessern. Einmal ist es der besondere Leckerbissen einer schmackhaft zubereiteten Schildkröte, dann wieder ein über offenem Feuer gebratenes Ferkel.

Gelegentlich übernimmt Brigitte das Zubereiten der Mahlzeiten. In der kleinen Kochhütte ist sie dabei im dichten Rauch des Kokosfeuers kaum auszumachen. Während ihr der alte Koch der Familie mit Rat und Tat zur Seite steht, bin ich für gewöhnlich mit den Söhnen des „Chefs" auf Hühnerfang oder raspele Kokosnußfleisch für den „Poisson crue" (rohen Fisch). Welch herrlich unkompliziertes Leben! So unbeschwert und abweichend von dem, was wir einst zurückließen, daß wir uns mehr als einmal fragen, ob es überhaupt erstrebenswert wäre, erneut Segel zu setzen . . .

Eines Morgens rauscht Seven Seas endgültig der großen Insel Mahe entgegen. Rauschen im wahrsten Sinne des Wortes, auf dem Haken einer Motoryacht. Lyn, der Skipper, ist weißer Kenianer. Politische Wirren in seiner Heimat verschlugen ihn auf die Seychellen. Hier betreibt er ein einträgliches Chartergeschäft. Seine schneeweiße Mako, eine bildschöne Striker 44, erreicht 22 Knoten.

Sechs Stunden später fällt der Anker am alten Leuchtturm vor der Hafeneinfahrt. Wir setzen die gelbe Quarantäneflagge und warten. Als geschlagene 25 Stunden später die Barkasse mit dem britischen Hafenarzt auftaucht, kostet ihr forsches Längsseitsgehen ein gutes Vierfelpfund weißer Farbe und Spachtel. Ohne Entschuldigung setzt er grußlos über. Als wir bitten, höflicher zu sein, droht er, uns hier draußen weitere 24 Stunden liegen zu lassen. Unsere Gedanken schweifen zu Mr. White nach Honiara in den Salomonen. Aber schließlich entschädigen uns die Kollegen an Land mit echt britischem Zuvorkommen.

Mit Bug- und Heckanker vermuren wir Seven Seas an einer kleinen Insel vorm Yachtclub und bereiten uns in jeder Hinsicht auf einen längeren Aufenthalt vor. Brigitte ist in ihrem Element. Täglich schlendert sie durch den Ort, bummelt feilschend an bunten Auslagen des kleinen Marktes vorüber und findet im Trubel der Insel abwechslungsreichen Ausgleich für die letzten Monate in Abgeschiedenheit. Ganz nebenbei vergrößert sich unser Bekanntenkreis bald so sehr, daß wir die zahllosen Einladungen mit dem Terminkalender abstimmen müssen.

Gleich während der ersten Tage stellt uns Ruedi, ein Schwager Lyns, freundlicherweise sein Motorrad zur Verfügung. Mehr als einmal erforschen wir damit nach Herzenslust die letzten Winkel der wirklich malerischen Insel. Im Gegensatz zu den Pazifischen Inseln empfinden wir die Atmosphäre hier als weniger schwermütig.

Eines Tages lernen wir ein deutsches Ehepaar kennen: Wilfried und Katharina Pfeiffer aus Hamburg. Gemeinsam mit ihren beiden Kindern leben sie im großzügigen Wohntrakt des modernsten Hotels der Seychellen. Als Chefkoch steht Wilfried dort voll im Streß: „Ob ich nun hier oder irgendwo im kalten Europa meine Zeit verbringe, ist doch im Grunde egal. Was hab' ich eigentlich von der herrlichen Umgebung – ohne die notwendige Zeit, sie ausreichend zu genießen!" Anschließend fordert er uns lebhaft auf, noch einen weiteren Krabbencocktail zu nehmen. „Und auch die Pastete, die Trüffel, also bitte, greift doch zu."

Aber es lebt sich auch interessant im tropischen Mahé. Gemeinsam mit Katharina – Wilfried arbeitet noch – besuchen wir an einem Sonntag ein anderes deutsches Ehepaar. Um ihr riesiges Anwesen im Süden der Insel zu erreichen, müssen wir die Hauptstraße verlassen. Über pfadähnliche Sandwege gelangen wir in die märchenhafte Enklave der Familie Gutszeit. Am Rand dichtbewaldeter Hänge liegt das Haus mit Seeblick. Ein rustikaler Bungalow, den die beiden von den Grundmauern auf mit eigenen Händen geschaffen haben. Ein robuster Dieselgenerator sorgt für eigenen Strom, eine Regenauffanganlage für ausreichend Wasser. Telefon gibt es keins – wozu auch! Hinter dem Haus sprießen kräftige Papaya- und Brotfruchtbäume. Ein kleines Paradies!

Bei deutschem Kaffee und selbstgebackenem Kuchen genießen wir die Kühle der Terrasse und lauschen der Vorgeschichte. Sie beginnt an einem grauen, verregneten Morgen in einer norddeutschen Großstadt und klingt wie ein Märchen:

Vor ermüdender Tagesarbeit beim Frühstück sitzend, fällt dem Ehepaar eine Illustrierte in die Hände. Ein ausführlicher Farbbericht über die Seychellen erweckt längst vergessene Sehnsüchte. Der Gedanke, alles aufzugeben und gegen ein unbeschwertes Leben in tropischen Gefilden zu vertauschen, läßt für Sekunden den grauen Alltag vergessen. Doch die flüchtige Vorstellung erwächst schließlich zu greifbarer Realität. Ungeachtet aller Warnungen wird die Firma verkauft, werden alle Zelte abgebrochen. Ein neues Leben beginnt. Den Entschluß haben die beiden nie bereut: „Hier spüren wir wieder, daß wir leben, sinnvoller und ausgeglichener. Dieses krankhafte Wühlen mit den Ellenbogen, der ewige Konkurrenzkampf – aus und vorbei, keine zehn Pferde . . .!"

Ein paar Tage darauf, wir sind gerade mit Malerarbeiten an Deck beschäftigt, starren wir verblüfft zur Hafeneinfahrt und sichten die zierlichen Linien der einlaufenden DRAKKAR. Zum letztenmal sahen wir sie vor anderthalb Jahren auf Samoa. Jetzt kommt sie geradewegs über den Indischen Ozean. Mit ihrem typischen „Salüüü" fahren Alfred und Rolf grinsend an uns vorüber und müssen beim Ankermanöver aufpassen, sich nicht gegenseitig auf die langen Bärte zu treten. Die beiden sehen aus, als seien sie Monate, nicht Wochen auf See gewesen.

Beim anschließenden Klönschnack beginnt jeder zweite Satz mit „Wißt ihr noch" oder „Das waren noch Zeiten", so, als sei ein halbes Jahrzehnt vergangen. Aber schließlich hat sich auch eine Menge ereignet. Und dann erfahren wir ein wenig enttäuscht, daß ihre kühne Reise hier auf Mahe ein vorzeitiges Ende finden soll. Zwar wird noch hin und her überlegt, aber Alfreds Argumente sind kaum zu überhören. Mit Ebbe in der Bordkasse fängt es an und gipfelt im Bedenken, einfach nicht den Gegebenheiten im Roten Meer gewachsen zu sein. Ihr kleiner Außenborder ist dafür auch in der Tat ein wenig zu schwach. Außerdem bestünden bei ihren zu kleinen Tanks ernst zu nehmende Schwierigkeiten mit dem Wasser.

Und es gibt weitere Probleme: physische und psychische. Denn die Anstrengungen der letzten Monate waren alles andere als die einer beschaulichen Kreuzfahrt. Im Golf von Papua war die DRAKKAR in einer gefährlichen Grundsee quergeschlagen und mußte im Indischen Ozean, auf der Höhe von Kocos Keeling, tagelang beidrehen. Die stürmischen Ausläufer eines Wirbelsturmes stellten die beiden auf eine harte Bewährungsprobe. Situationen, die sich eine Landratte auch mit viel Phantasie nur schwer auszumalen vermag.

Mitte Dezember kommt Brigitte eines Tages freudestrahlend vom Landgang zurück. Aufgeregt winkt sie mit der heißersehnten Nachricht, daß am Flughafen die längst überfälligen Motorteile bereitlägen. Welch einmalige Weihnachtsüberraschung! Auf Ruedis Motorrad erreiche ich zehn Minuten später die Zollabteilung.

Umständliche Einfuhrerklärungen gipfeln in der unvermeidlichen Feilscherei um Gebühren. Zunächst zeigt sich der Zoll unnachgiebig, wälzt Listen, zitiert Statuten und beruft sich auf . . .

Zum x-ten Male versuche ich meinen Standpunkt zu verdeutlichen: „ . . . doch nur Ersatzteile für eine gebrauchte . . .“
Der Mann hinter dem Schalter: „So, so, gebraucht.“
Darauf ich wieder: „. . . nach dem Einbauen die Hoheitsgewässer verlassen . . .“
Er: „Das haben wir aber gerne.“
Schließlich doch noch siegreich, kehre ich an Bord zurück. Dort herrscht eine Stimmung, als wäre bereits Heiliger Abend. Behutsam öffnen wir die schwere Holzkiste und breiten den Inhalt ehrfürchtig über den Kartentisch: eine nagelneue Bosch-Einspritzpumpe, ein funkelnagelneuer Zylinderkopf, dazu passende Ventile, Federn – alles da! Unnötig zu erwähnen, daß wir die nun folgende Reparatur inzwischen völlig selbständig bewerkstelligen, ohne Mechaniker und andere Berater.

Doch als wir den Kopf zusammenbauen, müssen wir passen. Die Ventile gehören zu einem anderen Modell. Gewitzt durch Moresby, beschließen wir zu improvisieren; lassen auf einer Drehbank alles fachmännisch zurechtschleifen und nähern uns mit großen Schritten der Stunde der Wahrheit: Ich bringe die Kolben auf 13 Grad vor T.D.C., prüfe das Ventilspiel von Zylinder Nummer 1 und . . . Ich will es nicht unnötig spannender machen. Eine Woche später – anderthalb Jahre nach dem Versagen – läuft der Motor wieder. Ein großer Tag in der Geschichte der SEVEN SEAS. An Bord herrscht eine Laune wie beim Stapellauf.

Der Bann ist gebrochen, mein Selbstvertrauen in Dingen der Mechanik so stark gefestigt, daß ich anschließend mit voller Überzeugung und bestem Gewissen auch den letzten mechanischen Störenfried beseitige: den 2-PS-Johnson, Quelle endloser Kopfzerbrechen. Erleichtert werfe ich ihn über die Kante und beobachte genüßlich, wie er sprudelnd und Blasen werfend in der Tiefe des Hafens versinkt.

Tags darauf erstehen wir, was längst fällig war: einen zuverlässigen britischen Seagull, 2 PS stark, zehn Jahre alt, aber kerngesund. Eine der wenigen Anschaffungen, die wir nie bereuten.

Langsam wird es Zeit, Pläne für die Weiterreise zu schmieden. Gut vier Monate bleiben uns, um Anfang Mai, mit Beginn des Südwestmonsuns, zu segeln. Mit diesem einzigen Termin im Kopf machen wir uns genüßlich ans Pläneschmieden. Zunächst wollen wir in aller Ruhe die Inseln der Seychellen und die im Westen angrenzenden Amiranten besuchen, um im Anschluß daran 1000 Meilen nach Kenia zu segeln. Dort erwartet uns eine Abwechslung besonderer Art. Ein weiträumiges Landhaus direkt am Kilifi River. Unsere britischen Freunde Jenny und Maurice von der FANDANGO haben es uns zur Verfügung gestellt. Eine Verlockung, auf die wir uns schon lange freuen. Wir haben bereits mit der Heimat korrespondiert, um den Anlaß zu einem längst überfälligen Treffen mit der Familie zu nutzen.

Doch vorerst steht wieder einmal Weihnachten vor der Tür. Das fünfte Fest an Bord der SEVEN SEAS. Ein Jubiläum also! Wieder Lametta, wieder Posaunenengel, der Quellebaum . . . Den Heiligen Abend verbringen wir jedoch an Land, im gemütlichen Heim von Aggie und Lyn. Hoch oben in den Bergen und weit über der Stadt erleben wir eine echt tropische Weihnacht. Das obligate Bordfest fällt deshalb nicht aus. Auf den zweiten Feiertag verlegt, wird es zu einer ausgelassenen Fete. Unter Deck herrscht Schieben und Drängen. 13 Personen aus sieben Nationen verteilen sich über den festlich geschmückten Salon. Alles Yachtleute aus der unmittelbaren Nachbarschaft. Jeder hat etwas mitgebracht. Die einen selbstgebackene Plätzchen oder stärkende Getränke, andere ihre Musikinstrumente. Nicht lange, da geht es so hoch her, daß wir in den Lachsalven, die dabei über den dunklen Hafen schallen, um die Ruhe der fernen Landbewohner fürchten.

Am 8. Januar werfen wir endgültig die Leinen los und tuckern gemächlich der offenen See entgegen. Ungewohntes, gesundes Grollen dringt dumpf aus der Tiefe des Maschinenraums. Es klingt so vertrauensvoll, daß wir mit gutem Gewissen gleich bis nach Kenia weiterzufahren wünschen. Aber ganz so eilig haben wir es dann auch wieder nicht und beschließen, zunächst vor St. Ann's zu ankern. Eine kleine Insel nur wenige Meilen hinter der Hafenausfahrt.

Früher, so erfahren wir aus eingeweihten Kreisen, nutzten französische Freibeuter wiederholt die Vorzüge der zerklüfteten Hügellandschaft von St. Ann's, um ihre tonnenschweren Schätze an sicherer Stelle zu vergraben.

Bluey, der Inhaber der Insel, der sie über Nacht in ein Vermögen eintauschen oder mit aufwendigen Hotel- und Bungalowbauten Touristen aus aller Welt zur Kasse bitten könnte, denkt gar nicht daran. Reichtümer aufzutürmen ist nicht seine Sache. Es befriedigt ihn weit mehr, am kühlen Saum zwischen Wald und Strand eine dürftige Imbißstube zu betreiben und Fahrtensegler aus aller Welt mit derbem australischem Humor zu verwöhnen. Er ist ein Kerl wie ein Donnerkeil. Weit über 70 und so breit wie hoch, hält er im grellfarbenen, weit offenen Tahitihemd und feuerroten Wangen auch dann noch die Stellung hinter der Bar, wenn bereits im Osten die ersten Sonnenstrahlen über die Inseln greifen und seine sich gegenseitig stützenden Gäste gerade die vorletzten Runden bestellen.

Am Abend, bevor wir hinüber nach Praslin segeln, bereiten Bluey und seine Frau Phil für uns ein Abschiedsessen vor – eine Völlerei, von der wir noch heute schwärmen. Gemeinsam mit Cathy und Jim von einer amerikanischen Slup werden wir Herr über drei Dutzend tellergroße Steaks sowie eine endlose Palette weiterer Menüs. Bluey, der sein wildes Harmonikaspiel nur unterbricht, um uns mit heißen Anfeuerungsreden zum Weiteressen anzuspornen, ist in seinem Element. Anschließend schwelgt er bis in den frühen Morgen in haarsträubenden Abenteuern, die er während seines langjährigen Aufenthaltes im tropischen Siam erlebt hat: Wie er mit bloßen Händen den tödlichen Angriff einer im Blutrausch befindlichen Tigerin abwehren konnte und wie es ihm schließlich gelang, ohne einen roten Heller in der Tasche stolzer Besitzer von St. Ann's zu werden.

Obwohl wir uns mitten in der Regenzeit befinden, ist das Wetter meist sonnig und klar. Doch es gibt auch Perioden, in denen tiefhängende Wolken die Atmosphäre einen ganzen Tag lang in graues Licht hüllen und sintflutartiger Regen die Sicht auf nur wenige Meter beschränkt. Aber das ist höchst selten.

Als wir am nächsten Morgen in aller Frühe den Anker lichten, um nach Praslin zu segeln, strahlt die Sonne. Die Luks bleiben weit offen, und der leichte Zug der Genua führt uns beständig der offenen See entgegen. Am Ufer steht Bluey. Er reißt sich das grelle Hemd vom Leib und winkt damit, als ginge es um sein Leben. Wir winken zurück. Dann versinkt St. Ann's im schäumenden Kielwasser.

Je mehr wir uns der Praslin dicht vorgelagerten kleinen Insel Cousin nähern, desto schwächer wird die bisher so kräftige Brise. Wenig später herrscht Flaute. Kurzentschlossen bergen wir die Genua, überlassen uns dem Strom, kochen Kaffee und lehnen uns behaglich zurück. In aller Seelenruhe genießen wir das wohlige Gefühl, nur auf den Anlasser der Maschine drücken zu brauchen, um zu jeder Minute sicheres Land zu erreichen.

Sanft treiben wir auf die mit dichtem Gebüsch überwucherte Insel zu und lauschen dem Kreischen aus tausend Vogelkehlen. Rufe der einzigartigen Spezies kühner Sturmtaucher und seltener Tropikvögel. Aber auch Feen- und Russeeschwalben haben auf Cousin ihre Nistplätze.

Als Folge einer Expedition der Universität Bristol wurde die Insel erst kürzlich vom Internationalen Rat für Vogelschutz gekauft und unter Naturschutz gestellt. Ein dort eingesetzter Vogelwart wacht seitdem darüber, daß weder Katzen noch Ratten sein Reich bedrohen; er überprüft schriftliche Genehmigungen, mit denen gelegentlich Wissenschaftler die Insel besuchen, und macht mit der Schrotflinte gnadenlos Jagd auf jede einfliegende Schleiereule. Denn Cousin soll einzig den Seevögeln vorbehalten bleiben.

Ein gutes Dutzend Feenseeschwalben haben sich auf einer weit über das Meer ragenden Palme niedergelassen. Sekunden später lassen sich die weißen Gleiter graziös vom Wind tragen. Geschickt nutzen sie dabei jede Luftbewegung. Ein paar kräftige Flügelschläge genügen, um sie minutenlang schwebend in der Luft zu halten.

Gebannt beobachtend sitzen wir vor dem Mast, schenken Kaffee nach und knabbern an unseren Keksen. Brigitte hat inzwischen das Vogelerkennungsbuch aus dem Bücherschapp geholt und ist völlig aus dem Häuschen: ,,Die ganzen Seychellen sind ja ein einziges Vogelparadies, und nicht nur für Seevögel! Erinnerst du dich an diese winzigen, flammendroten Spatzvögel, die wir auf Mahe so häufig beobachtet haben? Das ist der Seychellen-Weber oder Tog Tog, wie ihn die Einheimischen nennen – hier steht's! Auf Praslin werden wir vielleicht sogar den sagenhaften Vasopapagei beobachten, der erst vor etwa zehn Jahren entdeckt wurde. An seinem eindringlichen Woit-Woit soll man ihn ganz leicht erkennen."

Den ganzen Nachmittag verbringen wir mit einem längst überfälligen Vogelstudium und erfahren dabei sogar endlich, daß die ozeanischen Seevögel, die uns unterwegs so häufig fasziniert haben, zum Teil tatsächlich Monate auf See zubringen, ohne sich je auf dem Wasser niederzulassen – nicht einmal, um auszuruhen! Abends steigen sie einfach in große Höhe auf, sinken langsam mit weit ausgespannten Flügeln bis fast zur Meeresoberfläche, erwachen plötzlich und steigen erneut auf, um im Gleitflug weiterzuschlafen. Nur zum Brüten kehren die ausdauernden Luftschläfer an Land zurück.

Bald springt eine leichte Brise auf, wir ziehen die Segel hoch und erreichen nach wenigen Minuten die palmenbestandene Küste Praslins. Gerade zur rechten Zeit, um mit letztem Sonnenlicht hinter die breite Riffbarriere vor Grande Anse zu gleiten.

Nach bewegter Nacht in ungemütlicher Dünung beschließen wir bereits früh am Morgen, den Anker zu lichten, um im Osten Praslins die große und besseren Schutz bietende Bay St. Ann's zu erreichen. Leider ist es nach der rasanten und kurzen Fahrt noch viel zu früh, dort mit Hilfe der Sonne die schmale und schwer auszumachende Riffeinfahrt zu finden. Also werden wir warten, bis die erste Fähre aus Mahe kommt. Sie wird uns den Weg schon zeigen. Als sie jedoch nach Stunden des Wartens endlich mit zehn Knoten an uns vorüberprescht und genau dort in die Bucht einfährt, wo es auf unserer Seekarte nur so von Riffen wimmelt, bleiben wir für einen Moment ratlos. Nein, das wagen wir trotzdem nicht. Wer weiß, wieviel Tiefgang die hat.

Nun, schließlich tasten wir uns doch Meter für Meter voran, erreichen erleichtert das Ende der Bucht und freuen uns, die wohlbekannten Linien der MAKO zu sichten. So eine Überraschung – irgendwo trifft man sich doch immer wieder. Lyn kommt sofort herübergerudert und rät uns, unbedingt ein paar Tage zu bleiben. Praslin, so meint er voll Überzeugung, sei nämlich die schönste und vor allem interessanteste Insel der gesamten Gruppe.

Ihre Küsten sind mit dichten Kokoshainen bepflanzt, im Landesinneren erstrecken sich dichtbewaldete Hügelketten und verträumte, von Bächen durchrauschte Täler. Eines dieser Täler strahlt in seiner Abgeschiedenheit und fernen Stille eine solch märchenhafte, ja unheimliche Schönheit aus, daß Seeleute über lange Jahrzehnte vermuteten, hier das ursprüngliche Paradies gefunden zu haben: das sagenumwobene Vallee de Mai. Man nahm an, daß die Seychellen Überreste eines gewaltigen Kontinents bildeten, der einst in den Fluten des Indischen Ozeans versunken sei. Im „Tal des Mai" will man schließlich den wichtigsten Hinweis auf das ehemalige Paradies gefunden haben, einen Baum, der sonst nirgends auf der Welt gedeiht und dessen riesige doppelte Kokosnuß mit einem Gewicht bis zu 30 Kilo die schwerste Frucht der Erde ist: die Coco de Mer oder Seekokospalme. In der Sage ist dies der Baum der Erkenntnis, die gewaltigen Nüsse mit ihrem weißen und saftigen Fruchtfleisch sind die verbotene Frucht.

Am nächsten Morgen begeben wir uns erwartungsvoll an Land. Im kleinen offenen Autobus holpern wir auf der von hohen Königspalmen bestandenen Uferstraße entlang und erreichen nach einem anschließenden Fußmarsch über schmale Pfade aus rotem Lehm den dichten, urzeitlich wirkenden Wald. Gewaltig steigen hier die berühmten Coco de Mer zu wahrhaft schwindelnder Höhe auf. Kaum ein Sonnenstrahl dringt durch das dichte Blätterwerk aus breiten Palmwedeln. Der Wind, der dort oben sanft über die Wipfel streicht, verursacht seltsam klagende Laute. Fast klingt es, als ob tropischer Regen auf sie niederfallen würde. Irgendwo rauscht ein Bach; kreischende Vogellaute durchbrechen die Stille. Schweigend pirschen wir durch ein bedrückend wirkendes Dikkicht und erreichen schließlich erleichtert die friedliche Idylle eines verlassen liegenden Rasthauses.

Unser letztes Ziel, bevor wir die Seychellen endgültig verlassen werden, ist die kleine Insel Curieuse am nordwestlichen Ende Praslins. In einer weiten und flachen Bucht finden wir ausreichend Schutz vor dem Ansturm des inzwischen recht kräftig wehenden Monsuns. Nackte, dunkelhäutige Kinder toben lärmend am Strand. Verwahrloste Palmendächer ragen über dichtes Buschwerk. Ein paar Familien bewirtschaften hier eine Kopraplantage. Am tiefen Ende der Bucht trennt eine breite Steinmauer das Wasser von einem dichtumschlossenen großen Teich, in dem einst feine Suppenschildkröten gezüchtet wurden. Aber das war einmal. Heute ist der Wall zerbröckelt, und nur gelegentlich benutzen ihn die Einheimischen, um darauf schneller ans andere Ufer zu gelangen.

Für uns besitzt der Wall jedoch eine ganz andere Bedeutung. Er ist Ausgangspunkt für unsere Suche nach einer besonders seltenen maritimen Kreatur. Das rare Geschöpf, von dessen Existenz wir erstmalig durch einen Biologen in Port Victoria erfuhren, soll angeblich zu jenen sagenhaften Meeresbewohnern zählen, die abergläubische Seeleute über viele Jahrhunderte als Meerjungfrauen verehrten. Es gehört wie Wale und Robben zur Familie der Säugetiere, wird etwa drei Meter lang, 170 Kilo schwer und weist verblüffende menschliche Züge auf. Die abgeplatteten, rundlichen Vordergliedmaßen erinnern an Arme und die wohlgerundeten Brüste mit ihren großen Zitzen vielleicht weniger an eine Jungfrau als an eine Kuh. Und so heißt es denn auch Seekuh oder Dugong dugong, wie es die Wissenschaft nennt. Unser Freund aus Victoria, der die Dugong-Jungfrauen bereits mehrfach unter Wasser beobachten konnte, hatte uns besonders eingeschärft, bei ihrem Anblick nicht unnötig zu erschaudern. Sie seien zwar völlig harmlos, aber häßlich wie des Teufels Großmutter.

Die Jagd nach dem Dugong und das Bewußtsein, hier auf Curieuse zum letztenmal eines der mit vielfältigem Leben gesegneten Tauchgründe des Indischen Ozeans zu durchstreifen, läßt uns für die folgenden Tage bald mehr unter als über Wasser leben. Während Brigitte am Meeresboden nach seltenen Muscheln und anderen Kleinoden taucht, durchstöbere ich die Weiten der Korallengärten auf der Jagd nach der Seejungfrau. Immer wieder durchkreuze ich mit großer Beharrlichkeit jeden Meter der Bucht. Aber das Dugong bleibt außer Sicht. Dafür entschädigt uns die ungeahnte Palette uns zum größten Teil bereits bekannter Fischarten: mächtige Zackenbarsche, buntgescheckte Picassofische, weiße Kugelfische, Harlekin-, Trompeten-, Putzer- und Einhornfische, Neon- und Weißbinden-Korallenfische, große Schwärme Kaiserschnapper und die gefährlichen Rotfeuerfische. Dazwischen die überall präsenten Muränen, Mantas und kleinen Riffhaie. Und all das vor der üppigen Kulisse bunter Korallenbauten und farbenprächtiger Seeanemonen mit ihren wehenden Blüten in einer unvorstellbaren Vielfalt an Formen und Farben, daß wir uns nur schwer daran sattsehen können.

Nach einer guten Woche im Reich der ,,Seekuh" werfen wir schließlich die Flinte ins Korn. Ihr Nichterscheinen erklären wir mit der Wahrscheinlichkeit, daß es sich bei ihr vielleicht doch um eine reine Sagengestalt handelt. Außerdem wird es langsam Zeit, Segel zu setzen, um pünktlich Anfang März Kilifi zu erreichen. Im Dorf beschenkt man uns zum Abschied mit einer großen Staude noch grüner Bananen, die wir in einem Netz in der luftigen Umgebung der Unterwanten festzurren und hoffen, daß nicht alle zur gleichen Zeit zu reifen beginnen.

Dann hören wir den Wetterbericht von Radio Mahe: Ein tropischer Wirbelsturm mit Windgeschwindigkeiten von mehr als 150 Stundenkilometern fegt im Süden nur 80 Meilen dicht an den Seychellen vorbei. Eine niederschmetternde Nachricht, die uns überstürzt zwei weitere Anker ausbringen läßt. Solange die Meteorologen zurückdenken, ist dies der erste Zyklon, der die Inseln aus so großer Nähe bedroht. Und ausgerechnet heute wollten wir lossegeln! Vier Tage lang gehen die wütenden Ausläufer mit Sturmstärke über uns hinweg. Jeder Schiffsverkehr zwischen den Inseln kommt zum Erliegen. Fischerei und Berufsschiffahrt erhalten striktes Auslaufverbot.

Ich habe bereits die beliebten Hochrechnungen erwähnt, mit denen wir vor jedem Törn so gerne herumjonglieren, um dann betrübt festzustellen, daß . . . Und so ist es auch diesmal. Aus den veranschlagten zwei Wochen bis nach Kilifi werden 37 entnervende Tage. Fast dreimal so lange! Nur gut, daß wir trotz aller Planerei dabei dem Grundsatz treu geblieben sind, auch dreimal soviel Vorräte zu fahren.

Dabei fängt alles so erfolgversprechend an. Frischer nördlicher Wind schiebt SEVEN SEAS rasch in südwestliche Richtung. Alle Segel gesetzt, die Luks weit offen, gleiten wir für volle 24 Stunden über das weite Wasser der flachen Seychellen-Bank. Als die Amiranten scheinbar zum Greifen nahe vorausliegen, setzt unvermittelt bleierne Flaute ein. Wir bergen die Segel und warten. Zwei Tage später werfen wir den Motor an, pflügen durch eine spiegelglatte See und erreichen am frühen Morgen des vierten Tages eine Position nur wenige Meilen nördlich von African Island. Unsere erste Insel in den Amiranten. Aber wir gehen nicht an Land, sondern lassen uns in Sichtweite treiben, um auf Wind zu warten.

Und damit beginnt eine enervierende Treibfahrt in unregelmäßig laufender Strömung. Treiben wir eben noch über dem tiefen Wasser der offenen See, so trägt uns ein Gegenstrom wieder zurück ins Türkisblau der flachen Amiranten-Bank. Es ist zum Verzweifeln! Schließlich machen wir das Beste daraus, gehen vor der winzigen Insel Eagle vor Anker, treiben uns einen Tag lang an Land herum, sammeln Kokosnüsse und fangen am Riff ein gutes Dutzend mächtiger Lobster.

Die nun folgenden 32 Tage gestalten sich zu einer Aneinanderreihung anstrengender Wechselbäder aus Flauten, Gegenwinden, Sturmböen, hochlaufender Dünung und erneuten Flauten. Die Etmale schwanken zwischen 0 und 30 Seemeilen. Zwischendurch platzt uns der Kragen. Dann werfen wir den Motor an und ergeben uns der Illusion, voranzukommen. Nur für Stunden, bis wir einsehen, daß der Dieselvorrat nur allzu begrenzt ist. Dabei schlagen wir uns regelmäßig mit dem Aufblinken der Ölkontrollampe herum. Ein Phänomen, das uns tagelang beschäftigt und Anlaß zu wilden Spekulationen gibt. Aber dann finden wir die Ursache: ein Leck in der kupfernen Öl-Rücklaufleitung am Zylinderkopf. Mit Araldite, Hansaplast, Draht und einer halben Schachtel Streichhölzer wird die Unglücksstelle fachmännisch geschient. Es geht eben auch ohne Lötkolben!

Und weil sowieso Flaute herrscht und der ganze Salonboden gerade mit Werkzeugen und Kästen bepflastert ist, entschließe ich mich kurzerhand, auch das ständige Tropfen der Süßwasserkühlung zu beheben und die Dichtung der Jabscopumpe zum x-ten Male zu erneuern. Das längst überfällige Auswechseln der rußenden Brenner unseres Primus-Kochers bildet dann den abschließenden Höhepunkt. Ein Umstand, der mich mit Brigitte, die während der ganzen Zeit nicht wußte, wo sie vor Werkzeugen hintreten sollte, wieder restlos versöhnt.

Als wir nach 32 Tagen auf See etwa 300 Meilen östlich vor Kilifi stehen, weicht unsere bisher so niedergeschlagene Stimmung schlagartig neuer Zuversicht. Endlich verwandelt ein frischer Nordost das bisher träge Dahindümpeln in stürmische Fahrt. Gleichzeitig befinden wir uns für die folgenden 24 Stunden überraschend in erhöhter Alarmbereitschaft. Der breite Schiffahrtsweg, den wir jetzt zu kreuzen haben, ist so dicht befahren, daß wir mehr als einmal in den Wind schießen müssen, um in letzter Minute Zusammenstöße zu vermeiden.

Drei Tage später erreichen wir den nahen Dunstkreis des Schwarzen Erdteils. Mannigfache Wolkenformationen und der vertraute Geruch von Erde künden das weitreichende Küstenfeuer Kilifis, und die zweite Nachthälfte bringt die Gewißheit: Noch wenige Stunden, und wir sind am Ziel. Als der Tag anbricht, stehen wir so dicht unter der Küste, daß wir die nahe Brandung hören und bereits deutlich den tiefen Einschnitt erkennen, der scharf durch die Klippen der kargen Steilküste schneidet: die Mündung des Kilifi River. Wir bergen Segel, starten die Maschine und bringen zwei weit sichtbare Leitbaken in Deckung. Mit ihrer Hilfe gelangen wir sicher in den inneren Riffbereich. Eine weitere Peilung führt uns unmittelbar in die befahrbare Mitte der tiefen Flußmündung.

Und da entdecken wir zu unserer Freude das große Dingi von Jenny und Maurice. Schon längst haben uns die beiden mit ihren Gläsern ausgemacht. Jetzt kommen sie heraus, um uns auf halbem Weg willkommen zu heißen. Bereits im Dezember waren sie mit ihrer FANDANGO hier angekommen, um Weihnachten mit den Kindern zusammen zu verbringen. Sie gestehen, bange Minuten während des langen Wartens auf uns durchgestanden zu haben. Aber das ist schnell vergessen. Dann erfahren wir, daß gerade gestern meine Mutter angereist sei und uns im Mnarani-Club-Hotel erwartet. Wenn das keine exakte Zeitplanung ist!

Unterhalb der am Steilhang gelegenen Clubanlagen erreichen wir mit Jennys Hilfe einen geschützten Liegeplatz, werfen den Anker ins lehmige Flußwasser und stecken ausreichend Kette. Dann geht ein zweiter und dritter Anker über Bord. Reißender Strom und großer Tidenhub verlangen größte Voraussicht.

Obwohl wir während der letzten Nacht vor lauter Ankunftsfieber kaum geschlafen haben, befällt uns jetzt der übliche Tatendrang, der uns für gewöhnlich nach geglückter Landung zunächst ausgiebig klar Schiff machen läßt. Erst dann fühlen wir uns mit gutem Gewissen für den ersten Landgang bereit.

Als Ferienort der letzten britischen Farmer und Pflanzer erlebt Kilifi an jedem Wochenende eine regelrechte Invasion. Schwere Range Rover und flinke Dune Buggys füllen die Parkreihen vor luxuriösen Bungalows, und die holprige Landebahn, nur einen Steinwurf entfernt, erdröhnt im steten Ansturm einfliegender Cessnas und Pipers. Doch mit jedem Wochenende wird es ein wenig ruhiger. Auf sanften Druck der Regierung hin steigen mehr und mehr Farmer aus dem Geschäft, um einheimischem Nachwuchs zu weichen. Ganz im Gegensatz zu den angrenzenden Nachbarstaaten geht der Umbruch hier jedoch auf legalem Wege vonstatten. Viele der ehemaligen Farmer, für die Kenia längst zur zweiten Heimat geworden ist, beschließen daher, im Land zu bleiben und Kilifi zu ihrem Alterssitz zu machen. Zu ihnen gehören auch Jenny und Maurice. Als ehemalige Kaffeepflanzer sind die beiden viel zu jung und aktiv, um sich bereits dem Ruhestand zu ergeben. Aus dem Erlös der Plantagen entstand daher vor einigen Jahren kurzentschlossen die Fandango, mit der sie seither ein einträgliches Chartergeschäft auf den Seychellen betreiben. Mitte März kehren sie dorthin zurück, um pünktlich die neue Saison zu beginnen.

Tags darauf beziehen wir ihr weiträumiges Landhaus auf der anderen Seite des Kilifi River.

In diesen Tagen kommt uns zu Bewußtsein, daß mit dem baldigen Erreichen des Mittelmeeres auch das Ende unserer Reise drohend bevorsteht. Und trotzdem befinden wir uns in Aufbruchstimmung. Der Drang, das Begonnene zu vollenden, war noch nie so stark. Nicht auszudenken, wenn auf dieser letzten Strecke noch etwas passieren sollte! Denn die Passage, die jetzt vor uns liegt, halten wir für die schwierigste der gesamten Reise: das Rote Meer und die winterlichen Gefilde des Mittelmeers.

Genau am 1. Mai setzt mit verblüffender Pünktlichkeit der stete Südwestmonsun ein. Weit draußen auf See ziehen bereits die ersten großen arabischen Dhaus ihre zügige Bahn nach Norden. Eine stolze Flotte meist reiner Segelfahrzeuge. Sie haben in diesen Tagen Mombasa verlassen, um beladen mit wertvollen Waren den schnellen Weg vorm Wind nach Arabien zu nutzen. Die Segelsaison ist eröffnet. In letzter Minute erreicht uns ein längst überfälliges Luftpostpaket aus Deutschland. Die passenden Ventile für die Maschine. Nun brauchen wir es doch nicht bei der in Mahe entstandenen Improvisation zu belassen.

Nach einem turbulenten letzten Vormittag voller Vorbereitungen lichten wir die Anker und preschen vor kräftigem Monsun und schwerer See mit gepreßter Sturmfahrt nach Norden. Drei Tage später verbuchen wir ein für uns einmaliges Rekordergebnis: 455 Seemeilen in 72 Stunden. Wenn das so weitergeht, fabulieren wir bereits genüßlich über die Weiten der Seekarte schweifend, dann könnten wir bereits . . . Aber um Himmels willen, nur nicht darüber sprechen!

Wir sind wildentschlossen, das noch 1200 Seemeilen entfernte Djibouti schon innerhalb der nächsten acht Tage zu erreichen. Immerhin ist zu erwarten, daß, je mehr wir nach Norden vordringen, der mitlaufende Strom uns dabei mit vier bis sechs Knoten unterstützen wird. Vom Geschwindigkeitsrausch geradezu besessen, beschließen wir sogar, anstelle der kleinen Sturmfock das weit größere und schwerere Arbeitssegel zu setzen. Eine folgenschwere Entscheidung! Denn bei der steil nachlaufenden See und den gut sechs Windstärken wäre es zweifellos klüger gewesen, mit der Hand zu steuern. Der starken Luvgierigkeit, die einsetzt, sobald eine nachlaufende See das Heck zu sehr nach Lee wegdrückt, vermag die Selbststeueranlage nicht ausreichend entgegenzuwirken. Die Folge sind Bruch der Steuerseile und eine durch zu hohen Winddruck in zwei Teile zerfetzte Naht in der Arbeitsfock.

Eine ganze Nacht und einen Tag sind wir pausenlos mit der Reparatur beschäftigt. Gleichzeitig gehen wir diesmal, nachdem unsere Reserve-Arbeitsfock gesetzt ist, abwechselnd Ruderwache. Während der Rudergänger mit aller Kraft versucht, das schwer voranpreschende Schiff auf Kurs zu halten, kauert die Freiwache jeweils auf dem Kajütboden und näht . . . einmal rund um die Uhr. Eine mühevolle Angelegenheit, während der die Freiwache sich meist schnell danach sehnt, wieder zurück ans Ruder zu kommen.

Aber wir preschen voran! Stunde um Stunde, Tag für Tag, mit steten sechseinhalb Knoten durchs Wasser und oft zehn Knoten über Grund. Eine wahre Höllenfahrt! Zweimal tauchen morgens große Schiffe achteraus auf. Schnelle, reichverzierte arabische Dhaus mit ihrer wirksamen Lateinertakelung. Pralle Segel schieben die schweren Frachter unaufhaltsam an uns vorbei. Am Abend liegen sie querab. Freundliche Burschen mit bunten Kopftüchern und Turbanen kauern winkend an Deck. Und fast ohne jede Roll- oder Stampfbewegung entschwinden sie voraus in die Nacht. Wie gern würden wir jetzt noch mehr aus SEVEN SEAS herausholen, einen weiteren Gang einlegen . . . Aber nein, vor fast 30 Meter Länge dürfen wir getrost kapitulieren.

Die karge Landschaft, die uns an Backbord seit Tagen in ihrer monotonen Eintönigkeit begleitet, wird nur selten von einer Ortschaft unterbrochen; gelegentlich von einem Hafen. Wie gern würden wir hier einlaufen! Wir besitzen dafür sogar jede einzelne Seekarte und hatten ursprünglich auch mit dem Gedanken gespielt, mindestens Mogadischu anzulaufen. Aber dann erhielten wir noch vor der Abfahrt die Warnung, uns überhaupt von der gesamten Gegend am besten völlig fernzuhalten. Beim Anlaufen eines Hafens, so warnte man uns, müsse man mit Inhaftierung der Besatzung und Beschlagnahme der Yacht rechnen. Man wäre dort reinster Willkür preisgegeben.

Am siebten Tag erreichen wir gerade die Höhe von Ras ul Khyle, ein kleines Kap nördlich von Mogadischu, als eine besondere Tücke der Elemente all unsere Rekordbemühungen schlagartig zunichte macht. Dabei fängt alles so harmlos an: leichte Bewölkung über dem kargen Küstenstreifen, erfrischende Regenschauer aus der Hauptwindrichtung und eine gelegentliche Bö; aber ohne jede Beeinträchtigung unserer prächtigen Fahrt. Und sogar nachdem erste grelle Blitze neben dem Rumpf ins Wasser zucken, halten wir auch das für eine vorübergehende Erscheinung.

Bis auf einmal die Hölle über uns hereinzubrechen scheint. Der elektrische Sturm, der uns von nun an für ganze 48 Stunden pausenlos wie ein Fegefeuer umtost, ist mit herkömmlichen Begriffen kaum noch zu schildern. Die Blitze, die bei krachenden Donnerschlägen scheinbar meterdicht neben der SEVEN SEAS ins schwarzgraue Wasser zucken, werden noch übertroffen durch das nervöse Zucken des Wetterleuchtens. Mit psychedelischem Licht wird die Nacht zum Tage. Die Furcht, jeden Moment könne ein Blitz ein Loch in den Rumpf schlagen, läßt uns,

apathisch abwartend, die bewährte Kauerhaltung einnehmen: Mit angewinkelten Beinen hocken wir auf den Schaumgummimatratzen.

Draußen prasseln inzwischen Sturzbäche peitschenden Regens an
Deck, und gelegentlich erfassen uns so heftige Sturmböen, daß SEVEN SEAS
unter kahlen Masten voranpreschend in Lee das Schanzkleid wegsteckt.
Kettenrauchend starre ich in die Finsternis, Brigitte kaut Fingernägel.

Während der zweiten Gewitternacht entgehen wir unserem Schicksal
nur noch um Haaresbreite. In den frühen Morgenstunden zwingt mich
heftiges Segelschlagen an Deck. Ein Teil der Rollfock ist im Wind
losegekommen, und nun droht das Segel unter heftigem Peitschen in
Fetzen zu schlagen. Es muß unbedingt aufgerollt werden. Aber das
schaffe ich nicht, denn der obere Wirbel am Vorstag ist überraschend
blockiert. Nur mit Brigittes Hilfe gelingt es mühsam, das gesamte Segel
Meter für Meter vom Stag zu reißen. Als es schließlich an Deck liegt,
fehlt eine Bahn.

Aber darüber nachzusinnen, fehlt uns jetzt die Zeit. Denn für den
Bruchteil einer Sekunde sehen wir nur wenige Kabellängen an Backbord
brandungsumspülte Felsenklippen. Um Himmels willen, die Küste!
Durch eine querlaufende Strömung versetzt, drohen wir auf die Klippen
zu treiben. In fieberhafter Eile starten wir den Motor, setzen Ostkurs ab
und laufen mit Höchstgeschwindigkeit der offenen See zu. Kein zweites
Mal soll uns der Strom so nah ans Ufer versetzen.

Tags darauf ist der Spuk vorüber. Als Belohnung dafür verbuchen wir
das nie zuvor erlebte Ergebnis von 195 Meilen in 24 Stunden. Nur wenig
später umrunden wir mit schäumender Bugwelle die berühmte Spitze des
Horns von Afrika, durchpflügen noch immer mit rauhen Winden den
dichtbefahrenen Golf von Aden und erreichen nach 14 Tagen sicher den
Hafen von Djibouti. Es ist der 14. Mai 1976. Der Indische Ozean mit
seinen Stürmen und Flauten liegt hinter uns.

Sturm, Sand und Hitze: Fünf Monate im Roten Meer

Aufregungen auf Gabal at Tayr – Sandsturm vor Port Sudan – Katrinas Geburt – Quseir: Im Behördendschungel – Ein freundlicher Colonel – Unter ägyptischem Feuer

Erwartungsvoll liegen wir am Steg vor dem alten Yachtclub von Djibouti, unserem Ausgangshafen für das Rote Meer. Indes, die anfänglich so euphorische Stimmung ist längst einem unentschlossenen Brüten gewichen. Denn was wir so oft als dummes Gerede wichtigtuerischer Spinner abgetan haben, ist in unserem Bewußtsein mittlerweile zur Gewißheit geworden: Das Seegebiet, das wir in einer Länge von fast 1300 Seemeilen sicher zu durchkreuzen hoffen, wimmelt nur so von Piraten! Wer in die Klauen arabischer „Freibeuter" gerät, so heißt es nach einhelliger Ansicht aller „Red-Sea-Spezialisten", ist verloren. Zwar stammen durchweg alle Greuelmärchen, die man uns zuraunt, aus zweiter Hand, aber irgend etwas muß an den Berichten ja dran sein.

Durch Zufall fällt uns eine französische Segelzeitschrift in die Hände. Am Ende einer Serie haarsträubender Berichte über die Gefahren, denen man als Segler im Roten Meer ausgesetzt sein soll, rät der Verfasser, sich vor der Durchfahrt unbedingt zu bewaffnen. Er empfiehlt sogar Marke und Kaliber: die gute alte Winchester 30/30, bekannt aus jedem Cowboyfilm. Ausgerechnet diese Flinte haben wir bereits vor Jahren im Pazifik angeschafft. Wir sind gerettet!

Startklar sind wir jedoch noch lange nicht. Drückende Hitze – nur ein Vorgeschmack auf noch kommende Temperaturen – zwingt uns zu bedächtigerem Handeln. Um die Backskisten der SEVEN SEAS mit einem

172

Auswirkung westlicher Zivilisation oder: Zeichen aufkommender Gleichberechtigung im Land der Papuas.

Brigitte — ein zuverlässiger Navigator.

Ein 400 kg schwerer Tigerhai — vom Strand aus mit der Angel gefischt.

Im Roten Meer. Die nächste Mahlzeit der achtköpfigen Moana Vahine-*Crew ist sichergestellt.*

Lebensmittelvorrat für drei Monte aufzufüllen, taumeln wir Schlafwandlern gleich von Basar zu Basar. Unser Grundsatz, stets dreimal soviel Vorräte an Bord zu nehmen wie nötig, wird bei dieser Hitze zur Bürde. Außerdem müssen zehn zusätzliche 20-Liter-Wasserkanister und sechs nagelneue 50-Liter-Dieselkanister zum Teil an Deck festgezurrt werden.

Was uns jetzt am stärksten beschäftigt, ist die Frage, auf welche Art wir die vor uns liegenden 1300 Seemeilen am einfachsten hinter uns bringen können. Dabei muß mit allerlei unkalkulierbaren Risiken gerechnet werden. Sie können durch Sandstürme, Wasserknappheit oder Motorschaden auftreten, aber auch – wir sind noch nicht frei von der Vorstellung – ,,Freibeuter'' können uns zur Gefahr werden. Und wer weiß, ob die südlichen Winde im Mai auch tatsächlich halten, was das Seehandbuch verspricht.

Aus Sicherheitsgründen wollen wir stur in der Mitte des Schiffahrtsweges – ohne Landsicht – bis nach Suez unter Maschine durchknüppeln. Einzig zulässige Abweichung hierbei: Zwischenstopp in Port Sudan zum Dieselbunkern. Voraussichtliche Fahrtzeit: 14 Tage! (1300 Seemeilen : 5 Knoten = 260 Stunden, also rund 11 Tage plus 3 Tage Aufenthalt.) Ganz einfach!

Am Abend vor dem Start läuft die britische Yacht Moana Vahine, ein 16,50 Meter langer Taiwanclipper, im Hafen ein. Die Eigner Jim und Jill befinden sich, von Hongkong kommend, wie wir auf dem Weg nach Norden. Sechs zahlende Crewmitglieder sind seit Indien mit an Bord und hoffen, Ende Juli sicher in Griechenland zu landen. Jill hat besonderen Grund zur Eile: im siebten Monat schwanger, hat sie den Wunsch, das Rote Meer so schnell wie möglich zu durchfahren. Nachdem Jim und ich eine ganze Nacht lang Piratenmärchen ausgetauscht haben, kommen wir zu dem einzig wahren Entschluß: Wir werden im Verband starten, um uns im Ernstfall gegenseitig Feuerschutz geben zu können. Da Jim über keine Winchester 30/30 verfügt, versucht er mit einigen Molotow-Cocktails gleichzuziehen. Unter den Grätings im Cockpit werden sie fein säuberlich aufgereiht.

Mit dem ersten Tageslicht des 20. Mai verlassen wir den Hafen. Als wir mit sechs Knoten in den Golf von Tadjoura hineinpreschen, empfängt uns ein herrlicher Morgen. Glatte See und von Wind keine Spur. Aber das vergrämt uns wenig.

Wir wollen zunächst auf die Jezira-Seba-Inseln am Eingang zum Roten Meer zuhalten, hoffen jedoch, diese kleine Granitgruppe noch vor

Einbruch der Dunkelheit achteraus zu lassen, so daß wir während der Nachtstunden das offene und tiefe Wasser des Schiffahrtsweges erreichen. Die Insel Perim wollen wir dagegen unbedingt bei Dunkelheit passieren. Vor kurzem nämlich, so erfuhren wir vor der Abfahrt in Djibouti, seien von dieser Insel aus (sie gehört zum Jemen) große Frachtschiffe beschossen worden. Ein Gefühl der Erleichterung überkommt uns daher, als wir im Laufe der frühen Nacht das Leuchtfeuer dieser so ungastlichen Stätte hinter der mondlosen Kimm versinken sehen. Die ersten Meilen im Roten Meer liegen somit hinter uns.

Unerwartet brechen in den frühen Morgenstunden böige Nordostwinde über uns herein. Zum erstenmal entsteht innerhalb weniger Minuten die für das Rote Meer typische und für uns unbekannte steile See. Ein Phänomen, mit dem wir bei unserer Zeit- und Streckenplanung nicht gerechnet hatten. Schon bald schlägt der Bug schwer gegen die Wellen, deren kurze Folge unsere Fahrt auf weniger als zwei Knoten herabdrückt und uns teilweise auf der Stelle stampfen läßt. Dieser Zustand währt fast zwei Tage.

Als wir östlich der Hanish-Inseln vorbeilaufen, setzt zu unserer großen Erleichterung erst einmal Wetterbesserung ein. Gesicht und Hals müssen von dicken Salzkrusten befreit werden. Sodann gelingt es uns sogar, den etwas schräg einfallenden Wind im Großsegel aufzufangen. Mit sechs Knoten liegen wir bald wieder auf Kurs. Die Hanish-Gruppe versinkt im Kielwasser; voraus am leeren Horizont zeichnen sich unheilvoll die ersten milchigen Zirruswolken ab. Schon setzt erneut Starkwind ein, natürlich aus Nordost – wie gehabt. Wo bleibt die südliche Brise, die das Seehandbuch so verheißungsvoll verspricht?

Nur wenige Minuten braucht die See, um sich erneut aufzubauen. Eine Steilwand nach der anderen wirft sich schwer gegen den Bug. Schutzlos sind wir im Cockpit dem permanenten Gischtregen ausgesetzt. Trotz sengender Hitze befällt uns bald fröstelndes Unbehagen: Übermüdung! An ein Vorankommen ist nicht zu denken, denn der Motor vergeudet den wertvollen Kraftstoff einzig, um das Schiff mit dem Bug gegen die See zu halten. Beim Blick zurück auf die schwer stampfende MOANA VAHINE mit ihren mehr als 30 Tonnen erschrecken wir. Was muß im Vergleich dazu unsere federleichte SEVEN SEAS für ein Bild abgeben? Wenn es so weitergeht, kommen wir mit dem Sprit nicht aus. Unser Dieselvorrat von 450 Litern reicht nur bis Port Sudan, vorausgesetzt, daß wir die geplanten vier Seemeilen pro Stunde durchhalten. Aber das gelingt uns

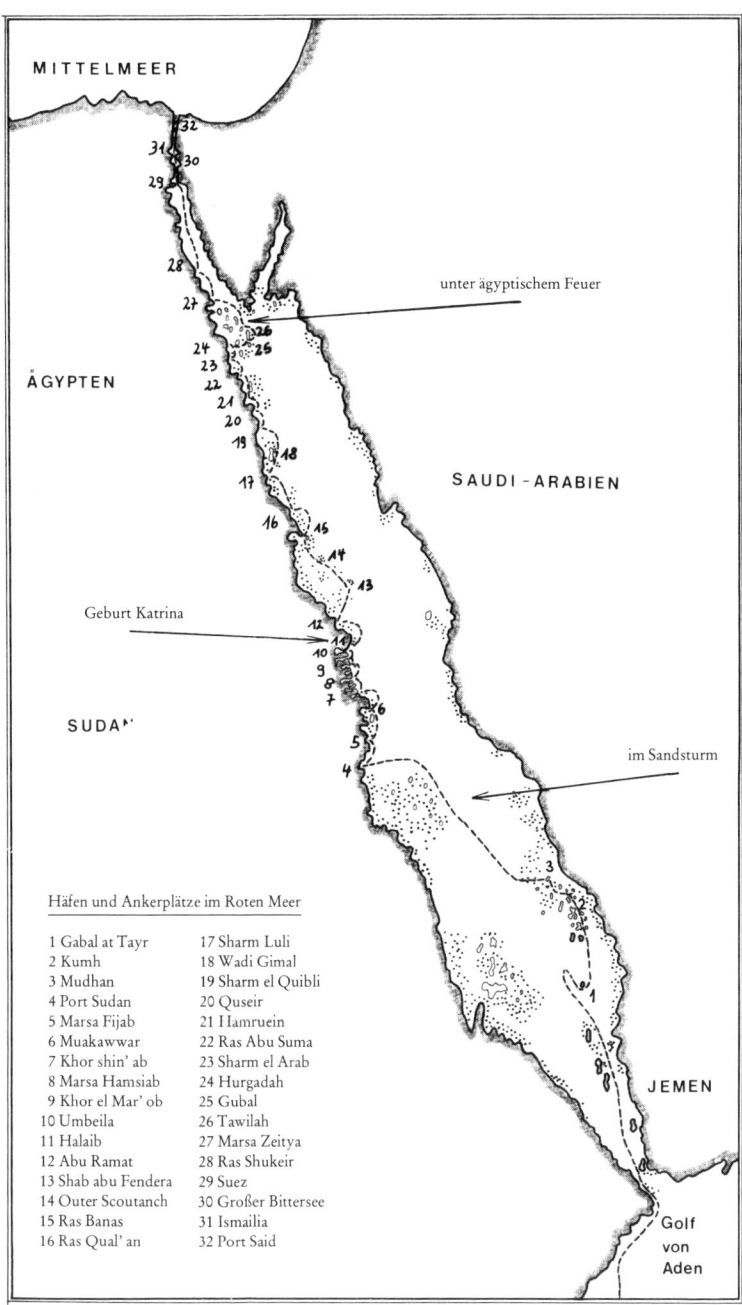

MITTELMEER

ÄGYPTEN

SAUDI-ARABIEN

unter ägyptischem Feuer

Geburt Katrina

SUDAN

im Sandsturm

JEMEN

Golf
von
Aden

Häfen und Ankerplätze im Roten Meer

1 Gabal at Tayr
2 Kumh
3 Mudhan
4 Port Sudan
5 Marsa Fijab
6 Muakawwar
7 Khor shin' ab
8 Marsa Hamsiab
9 Khor el Mar' ob
10 Umbeila
11 Halaib
12 Abu Ramat
13 Shab abu Fendera
14 Outer Scoutanch
15 Ras Banas
16 Ras Qual' an

17 Sharm Luli
18 Wadi Gimal
19 Sharm el Quibli
20 Quseir
21 Hamruein
22 Ras Abu Suma
23 Sharm el Arab
24 Hurgadah
25 Gubal
26 Tawilah
27 Marsa Zeitya
28 Ras Shukeir
29 Suez
30 Großer Bittersee
31 Ismailia
32 Port Said

schon lange nicht mehr, und deshalb müssen wir versuchen, unbedingt irgendwo zu ankern, bis Wetterbesserung eintritt.

Als die MOANA VAHINE in Rufweite kommt (ihr Funkgerät ist mittlerweile ausgefallen), einigen wir uns, die schutzversprechende Insel Centre Peak anzulaufen. Wir müssen versuchen, den etwas schwierigen Ankerplatz dort noch vor Dunkelheit zu erreichen. Im Schneckentempo beginnt jetzt ein Wettrennen mit der Zeit. Wir verlieren! Als wir bei tiefster Dunkelheit an den schwarzen Klippen unseres heißersehnten Zieles vorbeistampfen, gibt es keine Wahl – wir müssen weiter!

Die folgende Nacht und einen weiteren Tag kämpfen wir uns Meile für Meile voran, bis es einfach nicht mehr vorwärtsgeht. Der Seegang, mittlerweile bedrohlich steil, will uns immer wieder auf die Seite drücken. Es gibt nur eine Möglichkeit: beidrehen und abwarten. Doch das würde bedeuten, binnen kurzer Zeit all die Meilen zu verlieren, die wir uns unter viel Schweiß erkämpft haben.

Wir entschließen uns deshalb, die Insel Gabal at Tayr anzulaufen, die bereits 30 Seemeilen achteraus liegt. Es gibt keine andere Wahl. Da wir keinen Plan der Insel besitzen, zeichne ich nach den Beschreibungen unseres Handbuches eine halbwegs detaillierte Karte.

Es ist bereits tiefe Nacht, als wir erleichtert in Lee der im Dunkel drohend wirkenden Vulkaninsel ankommen. Fast bis auf eine halbe Kabellänge müssen wir uns ans schwarze Ufer heranpirschen, um endlich Ankergrund zu finden. Tagelang fegen sturmartige Böen über die grauen und öden Hänge der scheinbar gottverlassenen Einöde hinweg. An ein Auslaufen ist nicht zu denken. Fünf Tage liegen wir hier fest.

Am Tag vor unserer geplanten Weiterfahrt ereignet sich ein Vorfall, der mir besonders geeignet erscheint, unsere psychische Verfassung näher zu beleuchten. Wie gesagt, wir stehen nach wie vor im Bann der Piratenmärchen. Am besagten Tag halten sich Bob und Göran von der MOANA VAHINE als einzige von uns auf der Insel auf. Sie wollen dort ewas umherpirschen. Nachmittags erscheinen sie wieder am Strand und winken – wir sollen sie im Beiboot abholen. Doch der starke ablandige Wind erlaubt kein Übersetzen. Mit Handzeichen erklären wir ihnen deshalb, so lange auszuharren, bis die Abendflaute einsetzt. Scheinbar verständnisvoll setzen die beiden ihre Klettertour an Land fort und entschwinden bald wieder unseren Blicken. Das war um 16 Uhr. Etwa zwei Stunden später, der Wind hat vorübergehend abgeflaut, warten wir auf die zwei. Aber nichts geschieht. Inzwischen ist es fast 23 Uhr, wir werden langsam unruhig. Gebannt beobachten wir den dunklen Strand. Doch es fehlt jedes Lebenszeichen. Ihr Verschwinden gibt inzwischen zu allerlei Spekulationen Anlaß.

Am folgenden Morgen – kaum jemand hat in den letzten Stunden ein Auge zugetan – sprechen wir aus, was die meisten von uns bereits von Anfang an vermutet haben: Auf der scheinbar unbewohnten Insel befindet sich der Unterschlupf von Piraten. Und genau dort hält man unsere Freunde gefangen. Wildentschlossen, die beiden Pechvögel zu befreien, lassen wir uns zu dritt zum Ufer übersetzen.

Die übrigen sollen für den Ernstfall zurückbleiben, um die Schiffe zu verteidigen: die 30/30 bleibt deshalb bei ihnen. Mit festem Schuhwerk, ausreichenden Wasservorräten und meiner kleinen automatischen Browning streifen wir jetzt über kahle Klippen und zerklüftete Felshänge. Jeden Moment können wir auf das Lager der Freibeuter stoßen.

Doch plötzlich tauchen die Vermißten, wie aus dem Boden gestampft, vor uns am Hang auf. Gutgelaunt und scheinbar bester Dinge – Göran ist zu aller Verwirrung sogar glatt rasiert –, traben die beiden auf uns zu. Fröhlich berichten sie, als Gäste im kargen Heim der jemenitischen Leuchtturmwärter am anderen Ende der Insel bereits ausgiebig gefrühstückt zu haben.

,,Wenn das nicht die Höhe ist, man sollte euch . . .''

Mit dem ersten Tageslicht des folgenden Morgens stehen wir inmitten flacher Sanddünen und ausgedehnter Riffbarrieren: Die saudiarabischen Farasan-Inseln liegen vor uns. Tagesziel ist die unbewohnte Insel Kumh. Irgendwo in diesem Labyrinth muß sie liegen.

Überall tauchen jetzt Fischerboote auf, Dhaus mit ihren malerischen Linien. Berge von Netzen türmen sich auf ihren Decks. Nur Turbane und Gesichter ragen hinter dem hohen Schanzkleid der kleinen Schiffe hervor. Uns verblüfft das Tempo, mit dem die Burschen zwischen den Inseln umherfahren. Wir schätzen es auf zwölf bis 15 Knoten. Doppelt so schnell wie wir und ganz leise. Sie scheinen alle Sechszylinder-Benzinmotoren unter der Haube zu haben. Benzin kostet hier nicht viel. Als einer dieser Flitzer längsseits kommt, um uns mit getrocknetem Korallenfisch zu beschenken, nehmen wir dankend an. Auf keinen Fall dürfen wir merken lassen, daß wir vorhaben, auf Kumh selbst mit der Harpune auf Unterwasserjagd zu gehen. In Saudi-Arabien steht bereits auf bloßes Schnorcheln die Beschlagnahme der Yacht und Inhaftierung aller Besatzungsmitglieder.

Da wir das Wetter in dieser Gegend einzig nach der Stärke des Gegenwindes beurteilen, empfinden wir die Bedingungen am folgenden Morgen als geradezu ideal. Denn es herrscht Totenflaute. Unser Vorhaben, nun auf kürzestem Wege wieder in offenes Fahrwasser zu gelangen, scheitert jedoch nach dem Auslaufen abrupt. Um aus dem Kumh vorgelagerten Riffbereich sicher herauszusteuern, muß einer schmalen, natürlich unbetonnten Fahrrinne gefolgt werden. Unsere neueste Seekarte der britischen Admiralität zeigt in dieser Korallenpassage auch ausreichend Wasser. Doch übersehen wir leider die Tatsache, daß Korallen auch wachsen. Denn ausgerechnet dort, wo wir tiefes Wasser vermuten, wäre ein kleiner Kielschwerter bereits mit aufgeholtem Schwert aufgelaufen.

Als wir den ersten bräunlichen „Niggerhead" im seichten Wasser direkt vorm Bug sanft durchs Wasser schimmern sehen, ist es bereits zu spät. Wir sitzen fest! (Das erste Mal, wie ich betonen möchte.) Unser erstaunter Blick in die Seekarte verrät auch, weshalb wir aufgebrummt sind. Seit über zwei Jahrzehnten ist hier nichts mehr vermessen worden. Ich lasse für einige Minuten den Motor voll aufheulen, und schon schwimmen wir wieder im tiefen Wasser.

Unter Groß und Genua – welch seltene Gelegenheit – preschen wir anschließend mit Höchstgeschwindigkeit unserem Tagesziel, der kleinen Insel Mudhan am Rand der Farasan-Gruppe, entgegen. Doch leider entpuppt sich das Inselchen als viel zu klein, um ausreichend Leeschutz zu bieten. So entschließen wir uns, schon am gleichen Abend weiterzusegeln. Allerdings nicht, ohne dem winzigen Eiland ein halbes Dutzend gewaltiger Langusten für unser Abendbrot zu entreißen.

Im Laufe der Nacht entsteht um den Mond ein recht beängstigender Hof, und die bald eintretende Dünung nimmt uns auch schnell jeden Zweifel: Da braut sich was zusammen!

Aus heiterem Himmel treffen uns im Morgengrauen die ersten Böen mit Sturmstärke; außerdem beträgt die Sicht zu unserer Bestürzung bald nur noch wenige Meter. Als kurz darauf unsere Freunde achteraus in einer dichten Wolke aus rasendem Sand verschwinden, beginnt ein wildes Chaos. Blitzschnell geht es uns durch den Kopf: Sandsturm! Sand ist jetzt überall. Die vom Wind gepeitschten Körnchen aus der nahen Wüste streifen uns wie aus dem Sandstrahlgebläse. Sie pflastern das Deck, dringen in Augen, Nase und Mund und werden ins Bootsinnere gepreßt. Es bildet sich eine braune, schleimige Masse, die sich bald über das ganze Schiff ausbreitet. Schon längst liegen wir vor Topp und Takel und hoffen auf ein Wunder. Deprimiert hocken wir in der feuchten Hitze des Salons und denken an tausend Gefahren, die aus dieser bedenklichen Situation entstehen können.

Doch endlich – ein Lichtblick! So unvermittelt, wie er einsetzte, schläft der Wind nach einigen Stunden fast schlagartig wieder ein. Zurück bleibt nur Sand, überall Sand! Drohend hängen Myriaden Sandkörnchen wie ein dichter Schleier scheinbar schwerelos in der Luft. Mast und Segel, Wanten und Stage sehen aus wie mit Zement beworfen.

Endlich werfen wir wieder die Maschine an, gehen auf Kurs und pflügen, noch immer recht beklommen, durch eine See, die zur Wüste geworden zu sein scheint. Jeder Zentimeter der Wasseroberfläche ist mit einer dicken Schicht braungelben Sandes bedeckt. Er ist so fein, daß er im Kielwasser zu schleimigen Streifen gerinnt. Der Sandsturm, der hier offenbar tagelang gewütet hat, hinterläßt eine gespenstische Atmosphäre.

Als wir die der Küste weit vorgelagerten Inselchen Hindi Seil, Barra, Musa Kebir und das Owen-Riff achteraus lassen, um die weitreichenden Leuchtfeuer vor Port Sudan anzusteuern, treten wieder normale Verhältnisse ein. Nachdem die Sandwolken verzogen sind, trifft uns das beißende, weißbläuliche Licht der Sonne bald wieder mit gewohnter Stärke. Die Temperatur im Salon steigt auf 52 Grad Celsius.

Port Sudan ist ein betriebsamer kleiner Hafen. Ein Dutzend Frachter aus aller Welt liegen in langer Reihe an der Hauptpier. Überall sieht man wild aussehende Sudankrieger mit verfilzten Strubbelköpfen, die als Hafenarbeiter das Laden und Löschen besorgen. Schnelle Felukken und schwere Handelsdhaus kreuzen den Hafen in allen Richtungen. Und die flachen Fährboote, meist von alten Männern mit bunten Turbanen gerudert, setzen dem Durcheinander die Krone auf.

Nachdem wir erfahren, daß der alte englische Yachthafen bereits seit über 25 Jahren nicht mehr existieren soll, ankern wir schließlich am westlichen Ende des Hafens. Inmitten einer Vielzahl arabischer Handelsdhaus mit ihrem merkwürdig hohen Freibord sind wir alle Augenblicke zu ermüdenden Verholmanövern gezwungen. Wir sind dennoch froh. Die erste, wenn auch einfach zu bewältigende Hälfte des Roten Meeres liegt hinter uns!

Eigentlich wollten wir hier nur eben Diesel bunkern, den Lebensmittelvorrat aufstocken und unsere wertvollen Wasservorräte ergänzen – drei, vier Tage allerhöchstens, so dachten wir, dann geht es weiter. Doch leider haben wir unsere Rechnung ohne die Einklarierungsbehörden, die Polizei, den Hafenmeister und die uns unbekannten Devisenbestimmungen gemacht. Nur unser abendlicher Bummel durch die engen Gassen der Altstadt und die dort überall feilgebotenen eiskalten Mango- und Grapefrucht-Getränke in gestoßenem Eis sind Lichtblicke im Behörden- und Bestechungsdschungel. Brigitte und Jill verhindern mit weiblicher List die Einziehung unserer Pässe durch den Assistenten des Hafenmeisters als Pfand.

Doch nicht jeder macht uns Schwierigkeiten. Dem Hafenarzt müssen wir unsere Anerkennung aussprechen. Bei einigen von uns ist die Gelbfieber- und Cholera-Impfung abgelaufen. Pünktlich zur verabredeten Zeit erscheint der Doktor. Ohne sich aufzuhalten, verteilt er so schnell und schmerzlos ein gutes Dutzend Spritzen, daß Frank, noch bevor er protestieren kann, bereits ein zweites Mal geimpft ist. Das ist am zweiten Tag.

Am dritten und vierten Tag traben wir schweißgebadet von einem zum anderen Ende des Hafens. Denn nachdem der Zoll uns am Ankunftstag wiederholt versichert hat, daß ein Besuch der Fremdenpolizei überflüssig sei, läßt uns diese schließlich ultimativ vorladen. Dort wird dann von uns eine bestimmte Bescheinigung vom Zoll verlangt, der hingegen will erst eine vom Hafenmeister sehen.

Ein weiterer Vorgang wird bei uns später als „Aktion Dieselkauf" ins Logbuch eingehen: Shell, die einzige Bunkerstation am Ort, liefert nämlich ihren Kraftstoff nur aus, wenn gleichzeitig eine Bankbescheinigung vorgelegt werden kann, daß die Devisen bei einer der Staatsbanken des Landes eingetauscht worden sind. Doch dadurch erhöht sich der ohnehin stolze Dieselpreis glatt auf das Doppelte. Denn bei den Banken gibt es für 100 D-Mark nur zwölf Pfund. Auf dem Schwarzmarkt erhält man jedoch an jeder Straßenecke statt zwölf 24 Pfund. Wir einigen uns mit dem Kapitän des Shell-Bunkerschiffes auf einen Schwarzhandel, also Spritverkauf ohne Devisenbescheinigung. Als es jedoch während tiefster Nacht zur Übernahme der heißen Ware kommt, entpuppt sich der gute Mann als übler Schurke. Mit finsterer Miene verlangt er nun unvermittelt den vollen Preis – bei halber Lieferung! Die restlichen 400 Liter erstehen wir also notgedrungen bei einer Tankstelle am Rande der Stadt. Für den Transport mit Eselskarren und 20-Liter-Kanistern benötigen wir einen ganzen Tag, die zeitraubenden Preisverhandlungen mit den zahllosen Fuhrleuten eingeschlossen.

Die langwierige Jagd nach Lebensmitteln und Wasser erweist sich als nicht weniger problematisch. Der Konservenvorrat beim lokalen Einzelhandel ist mehr als dürftig. Mit einer schriftlichen Genehmigung des Zolls gelingt es aber schließlich, die wichtigsten Lebensmittel auf einigen der an der Pier liegenden Frachter zu kaufen.

Als wir schließlich startklar sind, beginnen die Schwierigkeiten erst richtig. An Bord der MOANA VAHINE herrscht seit Tagen höchste Alarmstimmung. Drei Leute haben kurzentschlossen abgemustert, um über Land weiterzureisen. Verschiedene, nicht überwindbare Probleme (unter anderem schlicht Hunger) an Bord sind der Anlaß, Frank und Gabriele jedoch müssen zu ihrem Leidwesen ausharren. Da Franks Paß abgelaufen ist, erhält er keine Genehmigung, über Land auszureisen.

Jill und Jim sind total pleite. Kein Piaster ist in der Bordkasse. Irgend etwas müßte deshalb geschehen. Zu Jims Glück sind jetzt zwar nur noch fünf Personen zu verpflegen, aber es fehlt eben mittlerweile an allem. Einige Nächte lang rudern dunkle Gestalten durch den stillen Hafen, und bald darauf ist die Bordkasse wieder leidlich aufgefüllt. Jim ist es gelungen, ein halbes Dutzend Radios und Kassettenrecorder (billig eingekauft in Singapur) auf dem Schwarzmarkt zu verscherbeln.

Nachdem ein Arzt Jill schließlich bescheinigt, daß die Geburt ihres Kindes innerhalb der nächsten sechs Wochen ausgeschlossen ist, kann endlich aufgebrochen werden. Es ist auch höchste Zeit, denn wir haben hier mittlerweile mehr als zwei Wochen vertrödelt. Aber da tritt wider Erwarten eine weitere Verzögerung ein. Ein Wüstensturm begräbt uns erneut unter Schwaden von Sand. Deck und Segel sind kaum wiederzuerkennen. Auch in der Kajüte knirscht es bei jedem Schritt. Die trockene Hitze, die dabei herrscht, muß man erlebt haben!

Am 22. Juni endlich beginnt der Start zur zweiten Etappe. Für die nächsten 50 Meilen bildet ein breites, der Küste dicht vorgelagertes Riff eine kleine, vom Seegang geschützte Innenpassage. Die Navigation, die dort ausschließlich mit den Augen betrieben werden muß, zwingt uns deshalb, nachts entweder zu ankern oder aber hinaus aufs offene Wasser zu schlüpfen. Letzteres wollen wir nur wagen, wenn sich das Wetter vielversprechend entwickelt. Falls es jedoch wechselhaft bleibt und täglich nicht mehr als 40 Meilen auf dem Log stehen, können wir immer noch spätestens in drei Wochen Suez erreichen. Rechtzeitig also für Jill und die bevorstehende Niederkunft.

Ein frischer Nordost verwandelt schon bald das sonst ruhige Wasser der Innenpassage in eine unangenehm kurze und, wie üblich, steile See. Marsa Darur, eine schmale Öffnung im Küstenriff, liegt nur wenige Meilen hinter uns, als Seegang und mittlerweile recht heftiger Gegenwind unsere Marschgeschwindigkeit auf leidige zwei Knoten herabzwingen. Je deutlicher sich mit zunehmendem Wind die See am Küstenriff bricht, desto schwieriger wird es, die an Steuerbord befindlichen Pricken auszumachen. Meile für Meile kriechen wir voran, bis endlich am frühen Nachmittag der Anker im geschützten Naturhafen Marsa Fijab fällt. Einige Fischerboote – flachgehende Felukken – suchen hier dicht am Ufer ebenfalls Schutz.

Endlich wieder frischer Fisch auf dem Speiseplan – das ist unser größter Wunsch. Für den Rest des Tages tummeln wir uns deshalb im geschützten Wasser hinter dem Riff. Einige Höhlen sind fast ausschließlich von Red Snapern bewohnt, einem kleinen, roten und sehr schmackhaften Fisch.

Beim allgemeinen Wecken – es ist vier Uhr morgens – herrscht bleierne Flaute. Wir bestimmen das Tagesziel. Es heißt zunächst Marsa Selak, eine 25 Seemeilen entfernte Bucht. Bei günstigem Wetter wollen wir jedoch versuchen, die 20 Meilen weiter entfernte Insel Muakawwar anzusteuern. Bei anfänglich ruhiger See laufen wir gute sechs Knoten, doch schon bald setzt wieder die alte nordöstliche Brise ein. Da Küsten- und Außenriff sich optisch eindrucksvoll durch ihr leuchtendes Türkis von der tiefblauen Fahrrinne unterscheiden, ist die Navigation hier ein Kinderspiel. Etwas kompliziert wird der Kurs jedoch, als wir in Höhe der Salaka-Bucht durch das Außenriff auf die offene See hinaus wollen.

Die Seekarte zeigt eine schmale Fahrrinne dicht neben einem weitreichenden, stark verzweigten Korallenriff. Immer aufs neue bemühen wir uns, die Passage ausfindig zu machen. Doch stets endet die Suche in engen Sackgassen. Oft ist es dann schwierig, wieder hinaus in tiefes Wasser zu manövrieren. Brigitte sitzt während solcher Manöver meist an der Pinne, während ich vom Mast aus Kursänderungen angebe. Sie muß dabei mit großer Aufmerksamkeit steuern und häufig blitzschnell reagieren. Doch endlich finden wir zu unserer Erleichterung ein Nadelöhr in diesem Korallen-Labyrinth. Allerdings dort, wo die Seekarte nur Riffe zeigt!

Bald darauf erreichen wir die Taila-Inseln – eine kleine Gruppe flacher Sandinseln dicht unter der Küste. Leider endet hier unsere detaillierte Seekarte. Zum Glück jedoch beschreibt das Handbuch die schmale Durchfahrt zwischen den Inseln und dem Küstenriff so ausführlich, daß wir im Verein mit der bewährten Augennavigation vom Mast aus bald sicher in Lee der Insel Muakawwar vor Anker gehen. Das Wasser ist so klar, daß wir beobachten können, wie sich die Anker in den weißen Sandboden einbeißen.

Wetterprognosen bilden bei uns stets ein Thema, das – wie so häufig – in wilde Spekulationen ausartet. Aber im Roten Meer ist es auch besonders schwierig, da Wolken in diesen Regionen so gut wie unbekannt sind. Hinzu kommt, daß das Barometer – normalerweise recht verläßlicher und bewährter Wetterprophet – im Roten Meer völlig unberechenbar reagiert. Exakte Wetterberichte sind schwer erhältlich. Nur Djibouti gibt täglich für alle Regionen des Roten Meeres eine Vorhersage. Zweimal jedoch sind wir auf völlig falsche Prognosen hereingefallen. Seitdem verlegen wir uns hauptsächlich auf die Raterei.

Bei ungünstiger Sicht runden wir bei Sonnenaufgang die Mayetiv-Inseln und steuern darauf im Norden das Abington-Riff-Leuchtfeuer an. Als wir nach Passieren von Ras Abu Shagara wieder hinter das dicht der Küste vorgelagerte Riff Sha'ab Quweira schlüpfen, setzt erneut der unvermeidliche Nordostwind ein. So sind wir froh, die letzten Meilen bis Khor Shin'ab – eine fjordähnliche Bucht – gegen die übliche kurze See gerade noch zu schaffen.

Der neue Ankerplatz verblüfft uns alle durch seine verästelte Ausdehnung. Dort nämlich, wo die Seekarte nur einen groben Einschnitt im Küstenverlauf zeigt und das Seehandbuch unbedingt Ortskenntnisse für die Ansteuerung empfiehlt, finden wir zu unserer Überraschung eine breite und sichere Riffeinfahrt. Durch eine schmale Fahrrinne geht es dahinter fast drei Meilen tief in die Wüste hinein. Mehr Verlassenheit kann ein Ort kaum ausstrahlen, die Szenerie in ihrer Ursprünglichkeit ist atemberaubend. Flach und ungebrochen erstreckt sich die unendlich erscheinende Wüste direkt neben uns und steigt weit im Landesinneren hinter ständigem Hitzegeflimmer zu schroffen, rötlich schimmernden Bergketten an. Unmittelbar dahinter ahnen wir die trockene und menschenfeindliche Nubische Wüste, die sich bis zum fast 600 Meilen entfernten Nil erstreckt. Die steten, alles austrocknenden nördlichen

Winde entstehen in diesem Gebiet. Stürmischer Wüstenwind jagt Wolken dichten Sandes über uns hinweg, das Thermometer zeigt 52 Grad Celsius im Schatten. Mit brennenden Augen und ausgedörrten Kehlen erreichen wir schließlich das Ende des Fjordes. In 30 Meter Tiefe fällt der Anker. Keine Hütte, kein Boot, kein Strauch – weit und breit nur Wüste. Das Gefühl völliger Isolation ist perfekt. Wir nutzen die Zeit für allerlei Aktivitäten. Zunächst werden haarsträubende Improvisationen notwendig, um zum x-ten Male verschiedene Lecks im Kühlsystem der Maschine zu dichten. Immer wieder muß das Deck von der dicken Salz-Sand-Schicht befreit werden.

Am Morgen sitzt der Anker fest. Zwei Stunden dauert es, ihn unter Anwendung aller Finessen wieder aus den Korallen freizubrechen. Auf den nächsten 40 Meilen stehen uns laut englischer Seekarte zehn weitere, ebenfalls fjordähnliche Buchten als Ankerplatz zur Verfügung. Bei frischer Brise und anfänglich ruhiger See folgen wir der Brandungskette und passieren bald die Buchten Halaka und Abu Immama. Und wieder beginnt es mit 35 bis 40 Knoten zu wehen. Doch all die hervorragend geschützten Ankergründe an Backbord können uns nicht locken. Nur voran! Marsa Hamsiab, ein tiefer Einschnitt im stets gleichförmigen Küstenverlauf, bietet uns nach 15 Meilen Schutz.

Vor drei Ankern liegend, verbringen wir eine recht friedliche Nacht. Doch am frühen Morgen sind wir zu blitzschnellem Handeln gezwungen. Die Vorleine, die uns mit der Moana Vahine verbindet, bricht unter dem starken Druck des Windes. Im Handumdrehen drückt der Sturm die beiden Boote vorn auseinander. Der starke Winddruck trifft die Seven Seas jetzt genau von der Seite und läßt den Anker slippen. Nur 20 Meter in Lee beginnt das flache Riff. Doch im letzten Moment können wir mit fliegenden Händen den Motor starten und einen weiteren Anker bereitlegen.

Unter Vollgas gelingt es, den Bug in den Wind zu bringen. Frei vom Riff, werfen wir hastig Anker, um jetzt den Leuten auf der Moana Vahine schnellstens zu Hilfe zu rudern. Bei ihnen will nämlich die Maschine nicht anspringen. Scheinbar unaufhaltsam driftet das schwere Schiff dem kantigen Riff entgegen. In größter Hast übernehmen wir Anker und Leine ins Dingi, kämpfen Meter für Meter gegen Wind und See bis zum anderen Ufer. In letzter Minute gelingt es, mehrere Meter Kette um einen starken Korallenblock zu wickeln. Doch bevor die Leine steifkommt, knirscht der schwere Kiel der Moana Vahine bereits hart an scharfen Korallen. Aber mit vereinten Kräften schaffen wir es, das Schiff aus seiner Riffberührung zu befreien.

Am sechsten Tag wagen wir einen Ausbruchversuch. Es ist windstill. Doch nur eine knappe Stunde später schlüpfen wir in letzter Minute in die Geborgenheit der weitverzweigten Bucht Khor el Mar'ob – nur zehn Meilen vom morgendlichen Ausgangspunkt entfernt. Es weht bereits mit Sturmstärke, als der Anker fällt.

Am folgenden Mittag unternehmen wir einen neuen Versuch, denn so geht es nicht weiter, wir müssen einfach voran. Nur wenige Meilen vor der Umbeila-Bucht müssen wir erneut vor dem Sturm kapitulieren. Am 2. Juli erreichen wir sie dann doch.

Zwei Tage vergehen. Es weht noch immer mit Sturmstärke, als das Unerwartete eintritt. Wir sitzen gerade beim Abendbrot über einer frischen Languste, als Jim bei uns im Cockpit erscheint und mitteilt, daß Jill die ersten Wehen verspüre. Brigitte verschwindet zunächst eilig auf der MOANA VAHINE, um nach Jill zu sehen. Jim und ich dagegen sitzen uns einige Minuten sprachlos gegenüber und vertiefen uns dann in das Buch ,,The Ship Captain's Medical Guide". Jim hat dieses Werk gleich mitgebracht und zitiert daraus die ersten Lehrsätze. Der Vorgang einer kompletten Geburt wird hier auf einer ganzen Seite ausführlich dargestellt. Ein Blick hinüber auf öde und leere Wüstenfelder ermahnt uns, wie wichtig diese mageren Zeilen vielleicht noch werden können. Eine Liste aller nötigen Utensilien wird zuallererst zusammengestellt. Brigitte gibt Jim Order, mit der Stoppuhr die Abstände der Wehen zu verfolgen, und bettet ihn gleich neben seine Frau, die tapfer lächelnd ihrem Mann Mut zuspricht.

Während Jim kettenrauchend neben seiner Frau liegt und Gabriele große Töpfe mit Wasser bereitstellt, schneide ich aus Dacron-Segelgarn fein säuberlich die im ,,Medical Guide" angegebenen Längen zum Abschnüren des Nabels zurecht. Bis Mitternacht sitzt Brigitte an Jills Lager, dann treten plötzlich die Wehen halbstündlich auf. Darauf übernimmt Jim wieder seinen Platz.

Gegen drei Uhr morgens weckt er uns aufgeregt. Die Wehenabstände sind nun viertelstündlich. Wieder sitzen wir im Salon und warten. Spannung und Unruhe steigen. An Schlaf denkt keiner. Gegen sechs Uhr morgens kommen uns Zweifel, ob wir auch das Richtige tun. Denn die Wehen sind in den letzten Stunden kürzer und unregelmäßiger aufgetreten. Außerdem haben alle Angst, daß etwas schiefgehen könnte. Wir wollen sofort aufbrechen, um das 25 Seemeilen nördlich liegende Halaib anzulaufen – eine winzige Niederlassung, von der wir kaum etwas wissen. Doch Kinder werden überall geboren, also wird man uns dort auch helfen können. Hinzu kommt, daß an diesem Morgen Flaute herrscht. Um elf Uhr erreichen wir den Ort. Es kommt uns wie eine Ewigkeit vor, ehe wir das weit nach See ragende Küstenriff vor Halaib umrundet haben und vor einem alten, verfallenen Steg vor Anker gehen.

Eine große Menschenmenge versammelt sich vor den kargen Hütten am Strand, um uns zu beobachten. Militärfahrzeuge fahren polternd ans Ufer, und nur einige Kamele und Ziegen bleiben gelassen in dem Durcheinander, das unser Erscheinen offenbar ausgelöst hat.

Empfangen von Scharen lärmender Kinder, erreichen Frank und ich den Strand. Die erste Frage nach einem Doktor verhallt ungehört im Lärm des Empfangsspektakels. Kein Mensch scheint zuständig, bis sich aus dem bunten Durcheinander der Menge nach und nach jene Personen herauskristallisieren, die tonangebend sind: der Geheimpolizist, der Polizeichef, ein Offizier der Armee, ein Sprecher der Marine und eine gewaltige Amtsperson im arabischen Gewand – umrahmt von einem Dutzend Uniformierter aller Ränge. Wortfetzen schwirren durch die Luft und machen zunächst jedes vernünftige Gespräch zunichte. Aber die Uhr läuft, und wir haben es eilig.

Da gelingt es Frank schließlich, mit ausladender Gestik eine schwangere Frau zu beschreiben. Nachdem ein anerkennendes „Ah" und „Oh" durch die Reihen der Umstehenden gegangen ist, überstürzen sich zu unserer Erleichterung plötzlich die Aktivitäten. Schon erscheint der Doktor, ein kleiner schwarzer und schüchterner Mann. Hinter ihm eine völlig verschleierte Frau – die Hebamme. Ihre Ausrüstung setzt sich lediglich aus einem geschnürten Bündel und einer bronzenen, reichverzierten Kanne zusammen. Gemeinsam rudern wir zur Moana Vahine.

Jill, die nun schon 16 Stunden lang ausgeharrt hat, empfindet das Erscheinen des Doktors als Erlösung. Doch der Arzt stellt fest: Der Fall sei recht ernst, und so rät er zu einer sofortigen Überführung nach Port Sudan, da das hiesige Militärhospital nicht für solche Fälle vorbereitet sei. Aber leider, so fügt er sofort hinzu, befänden sich sämtliche sonst hier stationierten Armee-Hubschrauber zur Zeit in Khartum, wegen der dort herrschenden Unruhen. Das Land befinde sich seit Tagen im Ausnahmezustand! Bleibt also als Transportmittel nur ein zurückgelassener Lastwagen. Aber auf den Holperstraßen? Außerdem würde die

Reise gut acht Stunden dauern. Also völlig indiskutabel. Die Spannung an Bord steigt erneut. Doch endlich entschließt sich der Doktor, das Kind zur Welt zu bringen. Er verabreicht Jill zur Unterstützung der Geburt eine Spritze.

Um 13.52 Uhr Ortszeit wird ein kleines, gesundes Mädchen geboren! Mutter und Vater sind erschöpft und glücklich zugleich – wir alle atmen erleichtert auf. Mit der alten Fischwaage von der SEVEN SEAS und einer netzartigen Aufhängung wird Katrina gewogen.

Bald ist auch die Geburtsurkunde ausgefüllt – ein malerisches Dokument. Später wird Katrina entscheiden können, ob sie sudanesische, englische (Schiffsregister), australische (Vater) oder neuseeländische (Mutter) Staatsangehörige werden möchte. Zu Jims großer Erleichterung verlangen Doktor und Hebamme kein Honorar. Es ist nämlich üblich im Sudan, solche Tätigkeiten ausschließlich mit Geschenken zu honorieren.

Die folgenden acht Tage in Halaib sind besonders turbulent. Eine Einladung folgt der anderen. Die Angehörigen der Marine spielen Karten oder Schach mit uns, und so manchen Abend scharen wir uns um ihren großen Eßnapf, aus dem wir alle mit den Fingern essen. Oft kreist nach einer solchen Mahlzeit unter der Aufsicht des Kommandanten eine dickgerollte Haschisch-Zigarette.

Das Baby gedeiht prächtig, auch Jill fühlt sich wieder kräftig, und so geht es am 10. Juli weiter. Der Sprung nach Abu Ramat wird navigatorisch zum Alptraum. Um das zehn mal fünf Seemeilen große, der Küste vorgelagerte Riffgebiet sicher an Steuerbord zu lassen, muß ein Ausguck aus der Saling eine schmale Durchfahrt finden. Wir entdecken zwar eine Einfahrt, aber nur, um uns daraufhin anstrengende drei Stunden durch ein mit Korallen durchwachsenes Gewässer zu pirschen – immer mit der Ungewißheit im Nacken, schließlich in einer Sackgasse zu landen.

Als wir schließlich heil angelangt sind, begrüßen uns der Polizeichef und der Verwalter der dortigen Phosphatmine. Freundlich füllt man hier unsere wertvollen Wasservorräte auf und lädt zum Kartenspiel in die Stube des Polizeichefs. Unsere Gastgeber verblüffen wir mit den gerade in Halaib erworbenen Kenntnissen sudanesischen Kartenspiels.

Nach kurzen Stationen in Shab abu Fendera und der Outer Scout-anchorage genießen wir tagelang das kleine Paradies Ras Banas. Jede Ebbe nutzen wir, um die meilenlangen Riffe nach Muscheln abzulaufen. Fast jeder Stein wird dabei umgedreht, um ihm die kleinen Schätze an

Kaurischnecken und Katzenaugen zu entreißen. An Bord häufen sich bereits zahllose Dosen und Kästen, alle beschriftet mit lateinischen Namen. Oft arbeiten wir die halbe Nacht hindurch, um unsere zahlreichen Funde zu säubern, zu sortieren und zu verstauen. Häufig geht es im Anschluß daran noch mit der Drucklampe aufs Riff, um dort bis zum Hellwerden wie Schatzsucher umherzustreifen.

Nach einem Zwischenstop vor der Phosphatmine von Ras Qual' an runden wir die nahe Mahabis-Gruppe und ankern 30 Seemeilen weiter in der kleinen Bucht Sharm Luli. Es dauert gar nicht lange, da bekommen wir Besuch. Am Strand stehen vor ihrem schweren Magirus-Deutz ein Offizier und acht Mann. Sehr höflich kontrolliert der Ranghöchste unsere Papiere und gestattet uns, die Nacht über zu bleiben.

Schließlich erreichen wir über Wadi Gimal die kleine, sehr geschützte Bucht Sharm el Quibli, die im Seehandbuch mit keinem Wort erwähnt ist. Die nahe Küstenstraße entdecken wir zu unserem Ärger erst, als wir nach langwierigen Manövern geankert haben. Bald winken auch schon die ersten Soldaten vom Ufer.

Bereitwillig führen uns die freundlichen Gastgeber auf einen Hügel, von dem aus wir zu unserer Verblüffung einen dünnen Antennenwald wahrnehmen können. Antennen, soweit das Auge reicht. Überall befinden sich Bunkerstellungen, so sagt man uns. Wir stehen vor einer gewaltigen Küstenfestung – Teil des ägyptischen Verteidigungsgürtels gegen Israel. Alles ist streng geheim, wie man uns versichert. Und so versprechen wir, nichts darüber verlauten zu lassen.

Spontan werden wir zum Essen eingeladen. Bei Reis, Bohnen und Tee verzichtet man schließlich auf jede Überprüfung unserer Papiere und bereitet uns schließlich sogar ein bequemes Lager unter einem Zelt, geriggt aus alten Decken. Für Unterhaltung ist ebenfalls gesorgt. Die große Geheimantenne der Funkzentrale überträgt einen plärrenden Singsang von Radio Kairo. Alle Augenblicke meldet der Posten vom Dienst ein herannahendes Automobil. Unsere Freunde springen dann jedesmal in heller Aufregung sofort auf, schlüpfen in ihre schweren Armeestiefel und heften sich mit Sicherheitsnadeln flink die Rangabzeichen an ihre Jackenärmel. In jedem Auto – so erfahren wir – könne nämlich ein Offizier dahergefahren kommen. Wer dann ohne Stiefel und Rangabzeichen angetroffen wird, dem gnade Gott.

Doch dann hält ein Jeep direkt vor unserem Zelt. Schwerbewacht tritt ein Mann auf uns zu, der sich als Major ausweist. Hinter ihm ein dunkler

Typ in Zivil – Geheimpolizei! Wir werden aufgefordert, ihnen unmittelbar nach Quseir zu folgen. Dort befinde sich das Hauptquartier der Streitkräfte Südost. Jim und ich sind sofort startklar. In rasanter Fahrt geht es die Küstenstraße entlang. Wir passieren mehrere Straßensperren und müssen jedesmal Paßkontrollen und Leibesvisitationen über uns ergehen lassen. Zu unserem Erstaunen entdecken wir bald überall gewaltige Radarstationen und neue Raketenbasen hinter dreifachen Stacheldrahtverhauen. Im Hauptquartier erwartet uns bereits ein stattliches Komitee. Der Vorsitzende, ein Schwarzer, heißt uns wie alte Freunde willkommen. Er ist Colonel und oberster Befehlshaber der Streitkräfte dieses Distrikts.

Bei heißem Tee und frischen Feigen werden endlose Fragebogen ausgefüllt. Schließlich gipfelt das freundliche Verhör in der forschenden Frage nach unserer Religionszugehörigkeit. Über unsere Antwort „protestantisch" scheint man sichtlich erleichtert zu sein und vermerkt lediglich „nicht jüdisch" im Protokoll.

Damit scheint die Angelegenheit erledigt zu sein, und obwohl dies militärisches Gebiet ist, will man nun alles veranlassen, damit wir uns im Hafen von Quseir neu verproviantieren können. Man zeigt uns den Hafen, stellt den Schiffshändler vor und fährt uns über die öde Straße wieder zurück.

Eines Abend – wir liegen mittlerweile im Hafen von Quseir – besucht uns Housseney, der Schiffshändler, an Bord und verspricht schnellste und billigste Lieferung aller gewünschten Artikel. Doch auf direkte Fragen nach Preisen hören wir: „Never mind, never mind!" Er beteuert unter Tränen, alles zu Marktpreisen zu liefern. Denn als Schiffshändler von Rang und Namen liege ihm daran, durch unsere Fürsprache in Zukunft Yachten aus aller Welt hier in Quseir bedienen zu können. Doch schnell erfahren wir, daß seine Preise 70 Prozent höher sind als bei den Krämern im Ort. Als wir den Wunsch äußern, im Ort selbst einzukaufen, gibt es Ärger. Obwohl Fremdenpolizei, Zoll, Hafendoktor und Hafenmeister uns bereits einen vollen Tag lang an Land „abgefertigt" haben, erfahren wir jetzt von Housseney, daß es streng verboten ist, das Schiff zu verlassen, da dies Militärgebiet sei. Doch listig fügt er hinzu, daß wir einen „Shore Leave Pass" über die Geheimpolizei in Safagah (30 Seemeilen im Norden) beantragen könnten.

Alle Versuche, aus dem bewachten Zollgebiet des Hafens herauszukommen, scheitern jedoch kläglich. Denn dafür, so erfahren wir beim Posten (einem Bruder von Housseney), werde eine Genehmigung der lokalen Polizeistation (in Sichtweite) benötigt. Endlose Verhandlungen mit Subalternen, die sich uns von allen Seiten in den Weg werfen, vergehen – bis uns der Kragen platzt.

Kurz entschlossen durchbrechen wir die Linien der doppelten Posten am Hafenportal und dringen zur Polizeistation vor. Dort scheitert unser Ausbruch beinahe erneut, wirbelt allerdings so viel Staub auf, daß man uns zu einer für den Abend angesetzten Besprechung lädt.

Bis auf Jill und das Baby erscheinen wir alle zur ,,Audienz". In einem saalähnlichen Raum des Präsidiums wartet bereits heißer Tee auf uns. Die Porträts von Nasser und Sadat, würdig umrahmt von zahlreichen Schriftbildern und Grafiken, zieren die Wand hinter einem gewaltigen Schreibtisch. Gespannt harren wir der Dinge, die da kommen sollen. Da betritt unvermittelt der Chef der Geheimpolizei die Bühne, nimmt Platz, stellt sich als Major Ali vor und heißt uns aufs freundlichste willkommen.

Zuständig sei für unser Problem, so erfahren wir, nur Safagah; da kann man nichts machen. Na, dann nichts wie hin, bestürmen wir den Major, müssen jedoch zu unserer Bestürzung hören, daß solche Angelegenheiten der Schriftform bedürfen. Na, und das Telefon. . . Das funktioniere leider nicht. Also bringen wir alles fein säuberlich zu Papier: ,,. . . bitten wir um die Genehmigung, beim lokalen Krämer einige Dosen . . ." Nach drei Tagen erfahren wir, daß die Sache genehmigt wird. Wir dürfen unbeschränkt einkaufen – jedoch alles nur über den lizenzierten Schiffshändler. Aber das ist doch die Höhe! Weitere Verhandlungen bei Ali, erneute Gesuche – aber schriftlich. Was uns zur Raserei bringt, ist die grenzenlose Unlogik, in der hier jeder befangen scheint. Tagelang dreschen wir leeres Stroh, trinken mit unseren Widersachern literweise Tee, doch nichts, gar nichts geschieht. Wir lassen nichts unversucht. Eine Karte haben wir noch im Ärmel.

In arabischer Kluft schleiche ich mich eines Abends unbemerkt zum Stadtrand. Im Hauptquartier des Oberkommandos der Streitkräfte Südost treffe ich auf den schwarzen Colonel vom Tag unserer Festnahme. Bei kaltem Tee erfahre ich jedoch, daß in diesem Falle leider nur die Leute in Safagah . . .

Aber schließlich bleiben wir doch noch siegreich. Nach einer lauten Offensive, in der wir Housseney der gemeinen Übervorteilung beschuldigen, läßt dieser uns freiwillig aus seinen Klauen. Und ohne Safagah stehen uns plötzlich alle Krämerläden der Stadt offen.

Mittlerweile ist es August, der windreichste Monat in diesen Breiten, und tatsächlich weht es auch fast ununterbrochen. So nutzen wir die windstillen Stunden eines schönen Nachmittags, um Hamruein elf Seemeilen nördlich zu erreichen. Unsere nächsten Tagesziele sind dann Ras Abu Suma und schließlich die kleine Bucht Sharm el Arab. Kaum haben wir hier geankert, fällt der erste Warnschuß. Sogleich erscheinen hinter den umliegenden Hügeln Soldaten. Ein Offizier, der unsere Papiere kontrolliert, erteilt uns höflich Ankergenehmigung für die Nacht.

In aller Frühe schrecken uns plötzlich Sirenen aus tiefem Schlaf. Als wir an Deck stürzen, ist ein mit Raketen bestücktes Küstenwachboot im Begriff, bei uns längsseits zu gehen. Ein Offizier prüft Papiere, verschwindet in der Funkbude und teilt bald darauf mit, daß wir für weitere 24 Stunden ankern dürften. Als wir gemütlich beim Frühstück sitzen, ertönen wieder Sirenen. Erneut eilt unser morgendlicher Besucher mit 2000 Pferdestärken auf uns zu. Über Megaphon wird uns nun befohlen, unverzüglich nach Hurgadah aufzubrechen. Wir müßten dort bei der Marine-Kommandantur vorstellig werden. In Hurgadah ist das Hauptquartier der ägyptischen Marine im Roten Meer.

Eine kleine Fregatte und zahlreiche Patrouillenboote russischer Bauart liegen dort an der Pier. Wir werden schon von einem großen Kommandoaufgebot erwartet. Zunächst nehmen uns die zivilen Behörden in Beschlag: Fremdenpolizei, Zoll, Hafenmeister, Geheimdienst und Arzt. Doch halb so schlimm, im Verlauf von einer Stunde sind wir einklariert. An Land dürfen wir allerdings trotzdem nicht.

Nicht lange, und es erscheint ein Abgesandter der Marine. In der Rangfolge ägyptischer Offiziere mittlerweile geschult, erkenne ich in ihm (dekoriert mit Wappen und zwei großen Sternen) auf Anhieb den Colonel. Der Oberst, selbst Seemann, bekundet großes Verständnis für unsere Taktik der kurzen Sprünge. Er weiß, welchen Gefahren man hier draußen im Sturm ausgesetzt sein kann. Deshalb plant er jetzt zusammen mit uns das so gefahrvolle Stück bis nach Suez. Die Karte der Gubal–Inselgruppe liegt ausgebreitet vor ihm. Mit einem Bleistift markiert er all die Ankerplätze, wo wir unbehelligt liegen dürfen. Außerdem verspricht er, die einzelnen Marine-Stützpunkte in der Gegend entsprechend zu informieren. Zum Schluß erfahren wir noch, wo sich die wichtigsten Raketenbasen in diesem Gebiet befinden.

Die 25 Seemeilen zur Insel Gubal bringen wir bei leichten Winden hinter uns. Zum erstenmal sehen wir durch den feinen Dunstschleier im Nordosten die wie eine Festung wirkende Silhouette der Berge von Sinai. Dicht unter der Südküste der Insel suchen wir gerade einen Ankerplatz für die Nacht, da geschieht es: Zwei Gestalten hetzen im Laufschritt einen kahlen Hügel hoch und fangen plötzlich an zu schießen. Ich sage noch zu Brigitte: ,,Sieh mal, die jagen ja Möwen", brauche jedoch nur Sekunden, um meinen Irrtum zu begreifen. Denn schon erreicht uns der erste Feuerstoß. Blitzschnell gehen wir in Deckung, dann reiße ich die Pinne herum, und wir ergreifen die Flucht. Wir müssen höllisch aufpassen, um nicht auf ein Riff oder einen Korallenkopf aufzulaufen.

Wie besessen und bar jeder Deckung feuern die beiden weiterhin in unsere Richtung. Mehrere Salven schlagen dicht neben uns ins Wasser. Ich drücke jetzt voll auf den Gashebel und suche tief im Cockpit kauernd Schutz, wobei ich ständig befürchte, daß wir von der schmalen Fahrrinne abkommen. Doch wir haben noch einmal Glück und befinden uns bald außer Reichweite der Heckenschützen.

Im tiefen Endeavour-Hafen der Insel Tawilah finden wir Zuflucht für die Nacht. Die unbewohnte Insel, nur aus Sand und Korallen bestehend, ist flach, und nirgends zeigt sich auch nur der Ansatz einer Vegetation. Die Unterwasserwelt dieser sonst so trostlosen Gegend birgt für uns als Ausgleich reiche Schätze. Im flachen Wasser tauchend, brechen wir Dutzende der schönsten Perlmutter-Muscheln aus Sand und Korallen. Bald packt uns ein regelrechtes Perlmuttfieber, sind es doch die ersten Exemplare, die wir im Roten Meer finden können. Am Ufer, verwachsen in kantigen Felsen, entdecken wir die herrlichsten Austern. Mit Hammer und Meißel werden sie herausgebrochen. Bei schwerer See runden wir die Insel Gubal – diesmal in sicherem Abstand –, laufen in die Straße von Gubal ein und steuern direkten Kurs Richtung Ashrafi-Leuchtturm, wichtigstes Feuer in der Einfahrt zur Gubal-Straße. Die Insel Ashrafi dicht an Backbord und ein vorgelagertes Riff an Steuerbord, halten wir auf den Leuchtturm zu, der am nördlichsten Ende der Insel auf einem flachen Korallenplateau steht. Denn an dieser Stelle befindet sich auf unserer Seekarte ein Kreuz der ägyptischen Admiralität. Sicherer Ankerplatz also!

Als wir auf unseren vorgesehenen Ankerplatz vor dem Leuchtturm zustreben, entdecken wir eine dichte Ansammlung von Soldaten auf dem Landungssteg davor. Es ist hellichter Tag, was haben wir also zu befürchten? Obwohl einige ziellos mit ihrer Flinte in der Gegend herumzuballern scheinen, sind wir nicht beunruhigt, und als wir schließlich, nur noch eine knappe Meile entfernt, genau auf den großen Landungssteg zuhalten, ziehen sich die Soldaten sogar völlig ins Leuchtturm-Innere zurück. Sicherlich wollen sie zu Mittag essen oder Karten spielen. Doch da wird plötzlich vom Leuchtturm aus aus allen Rohren das Feuer auf uns eröffnet. Gewitzt durch Gubal, drehen wir unverzüglich ab und treten unter Vollgas die Flucht an, die uns jämmerlich schleichend erscheint und durch eine hohe kabbelige See erschwert wird. Brigitte stürzt in den Niedergang, während ich bewährte Deckung im Cockpit finde – über mir die Pinne. Mit einem Auge zum Kompaß versuche ich, unser Schiff Meter für Meter aus der Gefahrenzone zu bringen.

Der Lärm um uns ist ohrenbetäubend. Da geschieht das Unvermeidliche: Drei Kugeln treffen den Rumpf. Mit furchtbarem Krachen überträgt sich der Aufprall ins Schiffsinnere. Jeden Moment erwarten wir eindringendes Wasser – doch zu unserer großen Erleichterung bleibt alles dicht. Die Geschosse sind am Stahl abgeprallt, wie wir später feststellten.

Nach etwa zwei Meilen passieren wir das Wrack einer 10-Meter-Slup. Hoch und trocken liegt sie auf dem nördlichen Ashrafi-Riff. Die Segel liegen ordentlich verstaut an Deck, kein Schaden ist zu erkennen, und der noch saubere Anstrich läßt vermuten, daß sie erst kürzlich hier gestrandet ist. Ein Opfer der glorreichen Scharfschützen vom Ashrafi-Leuchtturm? Von ägyptischen Offizieren hören wir später widersprüchliche Aussagen. Einmal hieß es, es sei ein lokales Fischerboot (eine Bermuda-Slup?), das im Sturm auflief; ein anderer gab an, es handele sich um eine französische Yacht, deren Skipper volltrunken aufs Riff gelaufen sei.

Mit wahrer Erleichterung finden wir am späten Nachmittag Schutz in der weiten Bucht Marsa Zeitya – fünf Seemeilen östlich von Ashrafi. Dem nach zwei Tagen erscheinenden Armee-Kommando erzählen wir wahrheitsgemäß von der uns in Hurgadah erteilten (leider nur mündlichen) Genehmigung, hier ankern zu dürfen. Man läßt uns auch in Ruhe, doch nur vorübergehend. Plötzlich sind wir in eine private Fehde zwischen Armee und Marine verstrickt. Erteilt uns heute die Marine Erlaubnis zu unbegrenztem Aufenthalt, so wird sie am nächsten Tag von der Armee bedingungslos widerrufen – oder umgekehrt.

Eines Nachts schleicht der Matrose Fathy zu uns an Bord, um zu warnen: „Sie halten euch für Spione, seid vorsichtig!" So ein Blödsinn! Um endlich ein wenig Frieden zu finden, verfassen wir einen Brief an unseren Colonel in Hurgadah mit der Bitte, die lokalen Behörden doch entsprechend unserer Vereinbarung zu informieren. Die Offiziere jedoch, denen wir das Schreiben zwecks Weiterleitung übergeben, halten es bereits für die „Genehmigung" und weisen uns triumphierend darauf hin, daß sie ja mit dem heutigen Tage ablaufe! Sie tippen dabei ständig auf das Datum neben meiner Unterschrift. Wir sind ratlos – und erhalten einen weiteren Tag Aufschub.

Zweimal im Laufe von drei Wochen wagen wir vergeblich den Sprung nach Norden. Jedesmal müssen wir vor den steilen Seen und Windgeschwindigkeiten von 30 bis 35 Knoten kapitulieren. Geduld und wieder Geduld wird deshalb unsere Devise.

Das zermürbende Hin und Her mit unseren Widersachern spitzt sich langsam zu. Wirklich in letzter Minute rettet uns ein vorbeilaufendes Küstenwachboot. Wir erfahren zu unserer Überraschung, daß es nicht zufällig hier vorbeikam. Vielmehr hat der Kapitän Order, so lange bei uns zu bleiben, bis das Wetter endlich erlaubt, weiterzufahren. Außerdem soll er uns kostenlos mit Diesel, Öl und Lebensmitteln versorgen. In der gleichen Nacht ereignet sich etwas Unangenehmes. Das erste Mal während unseres mittlerweile dreiwöchigen Aufenthaltes erlöschen unvermittelt alle Lichter. Resultat einer militärisch angeordneten Stromsperre. Auch an Bord wird es dunkel. Es heißt, daß ein israelischer Angriff nicht ausgeschlossen sei. An die grenzenlose Naivität unserer Freunde mittlerweile gewöhnt, beruhigen wir uns bald. Aber nur so lange, bis die ersten Wasserbomben fallen. Und zwar alle drei Minuten, eine direkt hinter unser Heck. Reine Vorsichtsmaßnahmen gegen feindliche Froschmänner, wird uns erklärt.

Am kommenden Mittag wagen wir dann den dritten Ausbruch. Wir erreichen ohne größere Zwischenfälle Newport Rock – bange Minuten bleiben auch diesmal nicht aus. Den unbeleuchteten Bohrtürmen, die etwa fünf Meilen vor der Küste arbeiten, können wir einige Male erst in letzter Minute ausweichen. Aber was soll's, die Einfahrt zum Golf von

Suez liegt vor uns. Es ist geschafft! 1621 Seemeilen in 131 Tagen – kein Geschwindigkeitsrekord, dafür haben wir aber eine Menge Erlebnisse und tiefe Eindrücke in uns aufgenommen, die wir nicht missen möchten.

Port Tawfiq, das Hafenviertel von Suez, ist seit dem letzten Krieg fast völlig zerbombt. Das einzige unzerstörte Gebäude an seiner Südwestseite gehört der Kanalbehörde. Dort residiert Herr Tamboli, der Verantwortliche für den Transit von Yachten. Mit größter Freundlichkeit lügt er munter drauflos, indem er uns weiszumachen versucht, daß die Abwicklung der Formalitäten ein Agent vornehmen müsse, der 35 Pfund für seine Tätigkeit verlange. Ein Spottpreis, wie Herr Tamboli sogleich hinzufügt.

,,Aber die Kosten für die eigentlichen Kanalgebühren betragen doch nur 21 Pfund", wendet Brigitte sofort entrüstet ein, denn an höherer Stelle wurden wir bereits über Preis und Abwicklung genauestens informiert.

,,Never mind, Madam, never mind, ich werde mit dem Agenten reden, also dann 20 Pfund Spezialpreis für Sie. Wir Ägypter sind ehrliche Leute, aber erkundigen Sie sich ruhig beim Hafenmeister. . .''

Doch Ägypter hin, Hafenmeister her, an Herrn Tamboli führt kein Weg vorbei. Zu unserem Leidwesen müssen wir nun, um den Agenten bezahlen zu können, auch noch Geld aus Deutschland überweisen lassen. Ganze zehn Tage sitzen wir in Suez wie auf Kohlen, warten auf das Geld, aber nichts passiert. Die Bankfiliale in Suez kann nicht nachforschen, wo der angeforderte Betrag bleibt. Denn leider funktioniert das Telefon nicht. Als ich schließlich nach Kairo fahre, liegt das Geld dort bereits seit über einer Woche auf der Bank.

Täglich fahren ein nach Norden und zwei nach Süden bestimmte Konvois durch den Suezkanal. Sportboote sind immer erst ganz zum Schluß an der Reihe. Sie benötigen normalerweise zwei Tage für die Durchfahrt, wobei sie einmal, auf halber Strecke in Ismailia, über Nacht liegenbleiben müssen. Die Konvoi-Geschwindigkeit von siebeneinhalb Knoten könnten sie zwar einhalten, doch die für die Nachtfahrt vorgeschriebenen Scheinwerfer sind zu groß für sie. Da der uns entgegenkommende Konvoi – angeführt von dem schmucken deutschen Passagierdampfer EUROPA aus Bremen – Verspätung hat, müssen wir die Fahrt im Großen Bittersee unterbrechen, um dort für die Nacht zu ankern. Nach weiteren zwei Stunden Fahrt erreichen wir am Morgen Ismailia.

Unvergessen bleibt für uns der dortige Hafenmeister. Nachdem uns der wackere Mann bereits um etliche Zigarettenpäckchen erleichtert hat, stellt er ein Ultimatum: Falls wir nicht unverzüglich die ägyptische Gastflagge setzten, wäre die Fahrt hier für uns beendet – ich bin außer mir. Brigitte bremst glücklicherweise meine Wut, also ziehen wir die Flagge hoch, von der nach den vielen Wochen im Roten Meer nur noch ein Fetzen vorhanden ist.

Obwohl der 87 Meilen lange Kanal meist wüstenähnliches Land durchschneidet, wird unsere Aufmerksamkeit durch mancherlei Dinge in Anspruch genommen. Da sind die riesenhaften Baggerfahrzeuge der japanischen Firma Penta, die den Kanal verbreitern, Signalstationen, Fischerkähne, eine Drehbrücke und immer wieder militärische Stellungen.

Als wir um 13.15 Uhr Èl Ballah passieren, wird dort unserem Lotsen mitgeteilt, daß der Kanal in wenigen Minuten gesperrt werde. Er drängt deshalb zur Eile. Aufgeregt versucht er uns zu erklären, daß wir Port Said heute nicht mehr erreichen, wenn wir nicht alles aus der Maschine herausholen. Kurz darauf kommen wir an ein riesiges Militärlager. Panzer, Lastwagen und Mannschaften beherrschen auf fast einen Kilometer Länge das Westufer. Auf einer langen Reihe flacher Pontons vor der Böschung rennen aufgeregt Soldaten umher, UN-Beobachter verfolgen das emsige Treiben. Die lange Pontonreihe wird im Handumdrehen über den Kanal gezogen. Innerhalb von Minuten schließt sich die Brücke – hinter uns.

Gegen 18 Uhr erreichen wir Port Said. Es ist bereits dunkel, außerdem erweist sich unser Lotse plötzlich als völlig hilflos. Der seit über 20 Jahren existierende Yachtclub ist ihm unbekannt. Immer wieder irren wir deshalb von einer dunklen Hafenecke in die andere. Notgedrungen setzen wir die Suche selbst fort. Doch die Verwirrung steigert sich, als uns kurz darauf eine kleine Barkasse in beängstigendem Abstand zu umkreisen beginnt. Ein Herr im Anzug und mit Diplomatenkoffer steht aufgeregt am Bug und stellt sich immer wieder als „unser Agent" vor. Wir versuchen ihm höflich klarzumachen, daß wir bereits einen Agenten hätten. Aber der Mann bleibt hartnäckig – aufs neue werden wir umkreist.

Da macht sich unser Lotse wieder bemerkbar. Er unternimmt einen letzten kläglichen Versuch, uns zum Yachtclub zu führen. Triumphierend weist er auf das markante Gebäude der Kanalverwaltung und meint:

,,Das ist er!" Es ist zum Verzweifeln! Wir zeigen ihm die große Hafenkarte von Port Said mit der Bitte, sich an ihr zu orientieren. Das sei ja eine englische Seekarte – die könne er nicht lesen. Das ist zuviel! Endgültig verbannen wir den Mann aufs Vorschiff. Schon macht ,,unser Agent" einen neuen Annäherungsversuch, und nur durch blitzschnelle Manöver gelingt es uns, ihn am Übersteigen zu hindern.

Wir wollen an einem kleinen Küstenfrachter längsseits gehen, aber auch das mißlingt. Schließlich finden wir zu unserer Erleichterung ein Plätzchen neben einem türkischen Frachter. Kaum haben wir festgemacht, stiehlt sich der Lotse heimlich davon. Als Ersatz kreuzt ,,unser Agent" auf. Mit ihm erscheinen auch die Fremdenpolizei und der Hafenarzt. Die Visite des Doktors kostet ein Pfund. In wenigen Minuten sind wir einklariert. Wozu eigentlich? Seit Monaten sind wir in Ägypten einklariert und im Besitz unserer ,Landpässe'. Jetzt sind wir aber müde, doch da sitzt noch ,,unser Agent" gemütlich rauchend im Salon. Resigniert und völlig erschöpft versuchen wir, ihm nun zum x-ten Male klarzumachen, daß wir wirklich keinen Agenten benötigen.

Es ist schon früher Morgen, als er endlich verschwindet und wir in die Kojen fallen. Doch schon wenig später ist die Ruhe wieder vorbei. Unser Türke von nebenan befindet sich im Aufbruch. Hals über Kopf liegen wir erneut mitten im betriebsamen Hafen. Die Sonne ist bereits aufgegangen, und es gelingt nun nach wenigen Anläufen, den Yachtclub ausfindig zu machen. Es gibt also doch einen! Hier endlich finden wir Muße, über die Tage zwischen Hitze, Sand, Sturm und Flaute nachzusinnen.

Wieder im Mittelmeer

Nun haben wir sie wieder erreicht: die herbstlichen Gefilde des Mittelmeers. Mit seinen wechselnden Winden, dem unberechenbaren Schiffsverkehr und der ständig drohenden Landnähe. Entweder Sturm oder Flaute, so haben wir es in Erinnerung.

Als wir an einem frühen Morgen den betriebsamen Hafen von Port Said verlassen, herrscht bleierne Flaute. Aber wir trauen dem Frieden nicht. Die schmalen Zirruswölkchen am nördlichen Himmel, sind das wohl Vorboten eines aufkommenden Sturms? Und seltsam, diese beiden Fischerboote dort am Horizont, die rasen ja mit einer Fahrt in Richtung Hafen . . ., ob die schon von dem Unwetter Kenntnis haben?

Das flache Land ist bereits seit mehr als zwei Stunden an der Kimm versunken, und noch immer sind wir unschlüssig über das Ziel. Aber darüber soll der Wind entscheiden! Entweder werden wir im Osten Haifa anlaufen oder im Westen Alexandria – vielleicht gelingt es sogar, auf geradem Kurs nach Zypern zu segeln. Uns ist das völlig gleich, solange wir nach einer gemütlichen Segelpartie in einem Hafen ankommen, in dem wir bequem überwintern und Seven Seas unter halbwegs annehmbaren Bedingungen überholen können. Das ist im Moment eigentlich das Wichtigste.

Gegen Mittag wird uns das Warten lästig. Wir kratzen am Mast. Und siehe da, es wirkt. Drei bis vier Windstärken blähen die Segel, endlich kann es weitergehen. Die südwestliche Richtung, aus der es so munter bläst, befreit uns von der Qual der Wahl. Das Ziel steht fest. Es heißt Zypern. Zwar ist es die längere Strecke, doch von dort nicht mehr allzu weit bis zur Türkei und nach Griechenland, wo das Überwintern vielleicht noch am günstigsten sein wird.

Während der Nacht wird es zum erstenmal schneidend kalt. So kalt, daß wir warme Pullover und Wollsocken aus den untersten Stauräumen hervorkramen. Eine völlig neue Situation. Also halten wir die Luks geschlossen, stellen die Spritzpersenning im Cockpit auf und tragen zu allem Überfluß wieder Schuhe und lange Hosen.

Am folgenden Nachmittag erreichen wir den kleinen Hafen von Pafos auf Zypern. Der Kontrast zu Ägypten ist überwältigend, nicht allein das Landschaftsbild oder die friedliche Atmosphäre des Hafens, sondern auch die kurze und sachliche Art der Einklarierung. Sie ist ein Erlebnis besonderer Art. Lange wollen wir uns jedoch nicht aufhalten.

Nächstes Ziel ist die Insel Kastellorizon, östlicher Vorposten der griechischen Inselwelt unter der türkischen Küste. Als wir zwei Tage später in der Nacht in den Hafen hineinkreuzen, ist es auch höchste Zeit. Draußen tobt ein heilloser Sturm. Bereits den ganzen Nachmittag und die halbe Nacht lief SEVEN SEAS unter stark gekürzten Segeln vor einer unglaublich konfusen See. Ein Umstand, der uns noch in letzter Minute zwang, das vielgehaßte Ölzeug aus der Mottenkiste zu kramen. Aber das paßte nur allzu trefflich zur heißen Hühnerbrühe und den dicken Wolldecken, die den Rudergänger endgültig daran erinnern sollten, daß auch im Mittelmeer nicht nur die Sonne scheint.

Wir sind die einzige Yacht am Ort. Das Heck von SEVEN SEAS der malerischen Häuserfront mit ihren Läden und kleinen Restaurants zugewandt, genießen wir die verträumte Atmosphäre eines typisch griechischen Hafens. Ausgedehnte Spaziergänge über stille Berghänge und einsame Strände gipfeln meist im Besuch einer gemütlichen Taverna, von denen es scheinbar in jeder Gasse mindestens eine gibt. Bei kräftigem Ouzo und kühlem Retsina, die in Strömen fließen, wird uns bald offenbar, wie gemütlich und träge man hier in den Tag hineinlebt. Segelmüdigkeit befällt uns.

Nach einer guten Woche jedoch raffen wir uns schließlich auf, um weiter nach Rhodos zu laufen. Kaum sind wir dem Dunstkreis der Insel entronnen, beginnt es plötzlich zu wehen. Wieder steile See, wieder schneidend kalter Wind, aber zum Glück von achtern. Wir setzen die Sturmfock und erreichen in schneller Fahrt den Hafen von Mandraki. Die Maschine brauchen wir nur für die letzte Meile. Mehr können wir ihr auch kaum abverlangen, denn erst gestern fanden wir Wasser im Öl.

Als wir in den Hafen einlaufen, wird uns die explosionsartige Entwicklung des Wassersports bewußt, die während der letzten Jahre im Mittelmeer stattgefunden hat. Wir hatten uns ruhige und leere Piers vorgestellt, doch statt dessen sind sie überfüllt mit etlichen Dutzend

Yachten. Wer hier glücklich einen Platz für den Winter gefunden hat, ist eisern darauf bedacht, die Stellung zu halten.

Vor der alten Mole, auf der sich einst der sagenhafte Koloß von Rhodos erhob, finden wir schließlich einen turbulenten Liegeplatz inmitten ständig ein- und auslaufender Fischerboote. Heute stehen dort drei ausrangierte Windmühlen, die am Abend in gleißendem Licht erstrahlen. Darbietung für den Massentourismus, der auch im Winter nicht zum Erliegen kommt. Und in der Altstadt, in deren weitverzweigtem Labyrinth enger Gassen sich die Souvenirläden zu Hunderten aneinanderreihen, werden die gestreßten Pauschalreisenden aus dem kühlen Norden in ungehemmten Konsumrausch versetzt.

Schon nach wenigen Tagen beschließen wir, SEVEN SEAS auf den Slip zu verholen. Schließlich haben wir bereits Ende November. Höchste Eisenbahn also, das Schiff noch vor Weihnachten wieder auf „Mittelmeer-Standard" aufzupolieren. Aber daran ist leider gar nicht zu denken. Denn wie so oft verzögern unerwartete Reparaturen und verschiedene technische Probleme jede halbwegs brauchbare Prognose. Unnötig aufzuzählen, was diesmal alles auf unseren engbeschriebenen Listen verzeichnet steht. Welche Arbeiten auch immer an einer Yacht anfallen können – sie sind dort aufgeführt. Ganz zu schweigen vom besonderen Aufwand, den uns der Motor abverlangt. Wir haben uns nämlich in den Kopf gesetzt, während der ohnehin fälligen Durchsicht gleich auch die sich seit Port Moresby an Bord befindlichen nagelneuen Zylinder einzubauen.

Aber was sind das für Umstände, auf die wir uns da eingelassen haben! Der trockene Platz, den man uns für die Arbeit am Motor leichtfertig zugesagt hatte, wird grundlos verweigert, und die Zwischenrechnung, die der französische Werftleiter mit aus dem Stegreif erfundenen Gebühren würzt, setzt unserem Slipaufenthalt nur die Krone auf.

Aus vier Wochen werden schließlich zwei volle Monate. Eine deprimierende Zeit in ungeheizter Kajüte über offenen Bodenbrettern, zwischen Öl und Farbe und ohne jegliche sanitäre Einrichtungen. Beim nächsten Mal ziehen wir aber wirklich ins Hotel!

Anfang Januar fliegt Brigitte nach Berlin. Sie will dort ein paar Monate arbeiten, um erst dann wieder zurückzukehren, wenn sich das Mittelmeer wieder in ein vernünftiges Segelrevier verwandelt hat. Ich selbst plane, in der Zwischenzeit mit meinen Reiseaufzeichnungen zu beginnen. Doch zunächst gilt es, SEVEN SEAS endgültig wieder flottzumachen.

Im Hafen herrscht Zar-und-Zimmermann-Atmosphäre. Von allen Yachten tönt Sägen und Hämmern, Pläne werden geschmiedet. Noch ein paar Wochen, dann beginnt die neue Saison. Besondere Unruhe herrscht unter den Eignern der Charteryachten. Wie wird das Geschäft wohl dieses Jahr? Konkurrenzdruck und hohe laufende Kosten gestalten es häufig zum Kampf. Nur die wenigsten sind für den Sommer ausgebucht. Doch jährlich kommen neue hinzu. „Wer den Job nicht wie ein Geschäft betreibt und es straff organisiert, bleibt hoffnungslos auf der Strecke", erklären die alten Charterhasen.

Viel unproblematischer ergeht es der kleinen Kommune der Fahrtensegler. Einige von ihnen leben bereits seit Jahren an Bord. Jeder Sommer führt sie in ein neues Segelgebiet, den Winter verbringen sie im Schutz des Hafens. Meist dort, wo auch befreundete Yachten liegen und wo die Hafengebühren und die Kosten für den Lebensunterhalt nicht allzu hoch sind.

Während der letzten Märztage kommt Brigitte aus Berlin zurück; und obwohl wir nicht unter Zeitdruck stehen, zieht es uns bereits am folgenden Morgen auf See hinaus. Noch ein paar hundert Meilen bis Korsika, dann haben wir endgültig die Welt umrundet. Es ist ein recht stürmischer Tag. Unter kleiner Fock und dreifach gerefftem Groß segeln wir vor unangenehm rauh laufender See zur kleinen Insel Syme. Der Druck auf den Segeln ist derart stark, daß unsere Blicke zum erstenmal flehend über das Achterstag wandern.

„Stell dir vor, das bricht jetzt weg", meint Brigitte, über ihr Unken selbst ein wenig erschrocken, „sollten wir nicht lieber . . .?"

Für einen Moment zweifle auch ich. Vor meinem geistigen Auge entsteht die Vision berstender Stage. Ich sehe den Mast splittern und erkenne mit Schrecken, daß die Maschine nicht starten will; schon treibt SEVEN SEAS rettungslos kahlen, brandungsumspülten Felsklippen zu . . Aber ich sage: „Unsinn, was soll da schon wegbrechen."

Und dennoch, solange wir nicht sicher Korsika erreicht haben, befällt uns von nun an immer wieder die Furcht, es könne zu guter Letzt doch noch irgend etwas schiefgehen. Trotzdem versuchen wir uns nicht allzu bange zu machen, denn der Törn, der jetzt vor uns liegt, führt schließlich durch jene Regionen, in denen wir hoffen, tatsächlich das zu verwirklichen, worauf wir uns schon seit Jahren freuen: endlich jede Nacht einen geschützten Hafen anzulaufen, ohne Sorge um SEVEN SEAS, die Sehenswürdigkeiten am Weg zu erleben und zum Essen an Land zu bleiben. Unser Kurs soll dabei ausschließlich von den jeweils herrschenden Windverhältnissen abhängen. Ohne sinnloses Abklappern jener Inseln, die uns im Laufe der letzten Monate so widersprüchlich empfohlen wurden. Bloß kein Erfolgszwang! Der einzige Hinweis, an den wir uns halten wollen, ist das, was man hier „den Meltemi überlisten" nennt, den vorherrschenden nördlichen Wind, der im Handumdrehen eine böse See aufwirft und nicht selten mit voller Sturmstärke weht.

Unsere „List" besteht darin, auf unserem Kurs nach Nordwesten zunächst der türkischen Küste weit genug nach Norden zu folgen, um anschließend mit Meltemi von Steuerbord direkt nach Westen zu laufen.

Mit dem Heck zur Pier liegend, genießen wir für ein paar Tage das idyllische Syme. Wie ein Hufeisen umschließt der friedliche Ort den Hafen; weiß, blau und orange strahlende Häuser erheben sich terrassenförmig über das Tiefblau der Bucht. Die Luft ist klar und kühl, die Atmosphäre so ungetrübt, daß Farben und Formen zu einer fast unwirklich erscheinenden Kulisse verschmelzen. Im labyrinthartigen Gewirr enger Gassen herrscht hektisches Treiben: Vorbereitungen für das Osterfest. Der Duft frischen Backwerks zieht einladend durch den Ort. Vor den Häusern wartet ein Heer fetter Osterlämmer darauf, geschlachtet zu werden. Ihr Blöken klingt zum Gotterbarmen.

Obschon es uns reizt, das Fest gerade hier im sympathischen Syme zu erleben, befällt uns eines Morgens die übliche Rastlosigkeit. Denn bestimmt ist es im nächsten Hafen noch weit schöner als hier. So übrigens trösten wir uns vor jedem Aufbruch.

Mittags erreichen wir den Hafen von Kos, Geburtsort des griechischen Arztes Hippokrates. Als wir mit auslaufender Ankerkette eben das Heck an die Pier bringen wollen, steht Brigitte, die Achterleine in der Hand, ratlos an Deck. Verzweifelt hält sie Ausschau nach einer helfenden Hand. Aber weit und breit kein einziger Mensch, der Notiz davon nimmt. Und da erscheint unvermittelt Dr. Martin Bangemann. Eilig verläßt er seinen tonnenschweren Wishbone-Schoner Marc Aurel, um uns mit fliegenden Händen Hilfe zu leisten.

„Das nenne ich Profil", gesteht Brigitte nach gelungenem Manöver begeistert. „Hast du den Knoten gesehen, den er gemacht hat? Das war nicht mal ein halber Schlag – nur rumgewickelt. Aber er hat die Situation erkannt und ohne zu zögern zugepackt, und genau das ist Profil."

Auf Kos herrscht bereits allgemeiner Osterrummel. Deutsche und schwedische Volkslieder dringen markig aus Hotels und Tavernen, und sogar der Ouzo kostet hier doppelt soviel wie im abgelegenen Syme. Signale, unseren Aufenthalt nicht unnötig auszudehnen.

So setzen wir am Karfreitag Segel, um noch rechtzeitig zum Osterfest Kalymnos zu erreichen. Als wir am frühen Nachmittag in den Hafen einsteuern, befällt uns Ratlosigkeit. Unmöglich, auch nur einen halbwegs bequemen Liegeplatz zu finden. Das Hafenbecken ist hoffnungslos überfüllt. Überall drängen sich klobige Fischerboote päckchenweise an den Piers. Und immer neue kommen hinzu, um das Osterfest an Land zu verbringen. Aber dann finden wir zu guter Letzt doch noch einen. Obwohl die Schanzkleider der hölzernen Nachbarn uns zwar fast an der Saling kratzen, haben wir wenig zu befürchten. Vor Dienstag wird hier kaum jemand verholen.

Sonntag abend erleben wir den Osterumzug. Ein monumentales Spektakel, bei dem sich die zahlreichen Kirchengemeinden zu einer eindrucksvollen Prozession vereinen. Im Trubel der Feierlichkeiten geraten wir unversehens ins bunte Umzugsgewirr. Man hält uns offenbar für anschlußsuchende Glaubensgenossen und nimmt uns ohne zu zögern lebhaft auf und wacht mit verstohlenen Seitenblicken darüber, ob sich beim Singen auch unsere Lippen bewegen – bis uns endlich ein unauffälliger Ausbruch gelingt.

Dienstag früh starten wir zu einem längeren Tagestörn in Richtung Norden. Die Sonne strahlt, SEVEN SEAS läuft prächtige Fahrt. Weit an Steuerbord ragt das türkische Festland steil in den ungetrübten Himmel.

Zum erstenmal weicht die leidige Winterkluft wieder Badehose und Sonnenbrille. Wir sitzen zufrieden an Deck, zählen die Inseln, die wie im Fluge an uns vorüberziehen, und übernehmen zur Abwechslung sogar das Ruder. Wenn das kein Segeln ist!

Am Nachmittag ein jäher Wechsel: Der Wind frischt auf, weht plötzlich kühl und heftig aus Norden, zwingt uns, die Sturmfock zu setzen, Hals über Kopf das Großsegel zu bergen, und läßt uns deprimiert in Felljacken und Seestiefel schlüpfen. Unter Maschine erreichen wir spät abends schwer stampfend und rollend den Geburtsort des Pythagoras – Pythagoreion auf Samos.

Für zwei volle Wochen genießen wir den Frieden von Samos. Unter schattigem Baumwerk der Uferpromenade bestellen wir schwarzen griechischen Kaffee oder kosten lokale Spezialitäten: frische Kalamaris,

Krevetten und dazu den Wein der Insel. Während ausgedehnter Wanderungen durch die nahe Umgebung stoßen wir überall auf Spuren der Vergangenheit, erforschen den Verlauf des alten Stadtgemäuers, geraten dabei bis in abgelegene Berglandschaften, entdecken Zisternen aus vorchristlicher Zeit und verfolgen mit der Taschenlampe den Verlauf des zweieinhalbtausend Jahre alten Wassertunnels des Eupalinos.

Eines Tages zieht Sturm auf. Wir verdoppeln die Heckleinen und bringen einen zweiten Anker aus. Gerade rechtzeitig, bevor ein unvorsichtiger Charterskipper mit seiner Schraube den ersten kappt. Ja, das sei das Mittelmeer, beruhigt uns der Gute anschließend und fügt hinzu, daß es übrigens üblich sei, hier mindestens drei Anker zu fahren.

Bei wechselnden und leichten Winden verlassen wir eines Morgens unter Maschine das unmittelbare Küstengebiet und geraten schon bald in den Bereich eines kräftigen Südost. Wir setzen Segel. In zügiger Fahrt lassen wir am Nachmittag die Inseln Furnoi und Ikaria an Steuerbord versinken und sind nun für eine Weile außer Landsicht. Dabei haben wir nur einen Wunsch: nicht unvermittelt in einen wütenden Meltemi zu geraten. Denn die noch recht kühlen Temperaturen lassen uns eine solche Situation als wenig erfreulich erscheinen, auch nicht die Tatsache, hier im engen Bereich zwischen den Inseln eventuell beidrehen zu müssen.

Dafür umgibt uns bald Flaute. Hemmungslos starten wir den Motor und durchfahren in tiefer Nacht die Passage zwischen Mykonos und Tinos. Angesichts der Vielfalt der uns hier umgebenden Inseln mit ihren zahlreichen Landemöglichkeiten befallen uns jetzt Zweifel, ob Mykonos davon wirklich die beste ist. Um ehrlich zu sein, uns geht es hauptsächlich darum, einen sicheren Liegeplatz zu finden. Denn Sehenswürdigkeiten und Abwechslung bieten die Inseln eigentlich alle. Jede auf ihre Weise. Auf Mykonos ist es der Touristenrummel, auf Tinos die ,,Heilige Frau", zu der die Griechen zu Tausenden wallfahren, um sich – ähnlich wie in Lourdes – von ihren Gebrechen heilen zu lassen.

Unsere Entscheidung fällt zugunsten der ,,Heiligen Frau". Denn das nahe Tinos verheißt uns, noch vor Mitternacht in die Kojen kriechen zu können.

Nach wenigen Tagen Aufenthalt kreuzen wir gemächlich weiter. Meist weht es aus wechselnden Richtungen, und verschiedentlich brist es so heftig auf, daß wir vorm Wind ablaufen, um in Lee einer Insel oder Bucht vorübergehend Schutz für die Nacht zu finden.

Über Aigina und weitere Ankerplätze am Weg erreichen wir schließlich den Eingang zum Kanal von Korinth. Die kurze Passage kostet umgerechnet 100 DM, weit mehr, als ich damals in Panama bezahlte. Und das, obwohl es weder Schleusen gibt noch Lotsenzwang besteht. Aber immerhin sparen wir den wenn auch eigentlich gar nicht mal so weiten Umweg um die Halbinsel Peloponnes und genießen dafür die schnurgerade und ungestörte Fahrt hinüber in den engen Golf von Korinth. Nur Motorschaden wünschen wir uns nicht. Die steil abfallenden Seitenwände laden nämlich nur wenig zum Längsseitsgehen ein.

Zwei Wochen später erreichen wir Ithaka. Die Fahrt durch den engen Golf von Korinth war durch anhaltende Flautenperioden und stürmische Winde aus wechselnden Richtungen gekennzeichnet. Kaum zu glauben, wie unangenehm kurz und steil sich die See dort innerhalb Minuten aufbaut und den Rudergänger in Wolken fliegender Gischt hüllt! Aber es gab auch beschauliche Stunden. Zum Beispiel in Itea, wo wir ein paar Tage verbrachten, um in den nahen Bergen die Tempelruinen des Apollo zu bewundern.

Jetzt wird es Zeit, Griechenland zu verlassen. Laut Terminplan verfügen wir zwar noch über einige Tage Vorsprung, doch wer weiß, wodurch sich die Reise möglicherweise unerwartet verzögern kann. Wir sehen daher vor, auf direktem Kurs nach Sizilien zu segeln, um von dort langsam die italienische Küste hinaufzuschippern. Doch zunächst versuchen wir vergeblich, auszuklarieren. Da Ithaka kein Port of entry sei, verweist man uns nach Sami auf dem benachbarten Kefallinia. Dort übrigens, wo man nach neuesten Erkenntnissen der Wissenschaft die Niederlassung des Odysseus vermutet. Aber auch hier kann uns nicht geholfen werden. Wir sollten unser Glück in Argostolion im Südwesten der Insel versuchen.

Vorher müssen wir bunkern. Mangels Tankwagens trage ich den wertvollen Dieselkraftstoff kanisterweise aus einer fernen Tankstelle heran. Als ich bezahlen will, überläßt mir der Tankwart das Öl als Zugabe – vorausgesetzt, ich sei wirklich Deutscher und kein Engländer. Denn die Briten hätte er gefressen. Darauf dreht er ein vergilbtes, verkehrt an der Wand hängendes Bild um und hält es mir verschwörerisch unter die Nase: Die Größen der Nazizeit zeigen sich dort in bekannter Imponierpose während irgendeiner Massenversammlung. Ich bin begeistert und bekomme das Öl umsonst. Nachdem er sich vergewissert, daß keine Zeugen anwesend sind, hängt er sein Heiligtum nervös um sich spähend zurück an die Wand, schlägt mir unablässig auf die Schulter und verfällt – nicht ganz akzentfrei – in wohlbekanntes Amtsdeutsch: ,,Achtung! Jawohl! Raus!"

Am nächsten Tag laufen wir spät am Nachmittag in den Hafen von Argostolion ein, klarieren aus und befinden uns bereits in erneuter Aufbruchstimmung, als überraschend eine französische Yacht einläuft. Kurz darauf steht ihr Skipper auf der Pier vor der SEVEN SEAS. Ein offenbar älterer Herr mit wehendem Bart und in gebückter Haltung. Auf einen Krückstock gelehnt, fragt er ein wenig schelmisch, ob wir Hans und Brigitte kennen. Ein Blick zu seiner Yacht, ein Blick zurück – Mensch, das ist ja Jean mit der ALPAMAIO! Jean, den wir vor fünf Jahren in Las Palmas trafen und der mit seiner SORTILÈGE so schnell nach Martinique gesegelt war. Wir sind sprachlos, wie er sich verändert hat. Er scheint um Jahre gealtert. Doch unser Staunen schlägt in jähe Verblüffung um, als wir erfahren, daß er geradewegs vom Roten Meer komme und ebenfalls die Welt umsegelt habe. Unser Entschluß, unmittelbar weiterzusegeln, ist natürlich dahin.

Den Rest des Tages und die halbe Nacht verbringen wir mit dem Austausch unserer Abenteuer der vergangenen Jahre und brechen am nächsten Tag gemeinsam auf, um nach Sizilien zu segeln. Doch wir verlieren uns schon bald aus den Augen.

Von gelegentlichen Regenschauern und hart einfallenden Böen begleitet, läuft SEVEN SEAS prächtige Fahrt und erreicht in den frühen Morgenstunden des dritten Tages eine Position südwestlich des Capo Spartivento an der Südküste Italiens – noch ein paar Stunden, und das Ziel liegt in Sichtweite. Aber das ist ein Trugschluß. Noch bevor wir überhaupt den Eingang zur Straße von Messina erreicht haben, zwingt uns ein heftig aufkommender Nordwind, unvermittelt beizudrehen.

Unmöglich, gegen den im Handumdrehen steil laufenden Seegang auch nur halbwegs erfolgreich anzukämpfen. Da heißt es abwarten. Eingekeilt in die schwankenden Kojen, lauschen wir dem Lärm in der Takelage – ein wenig besorgt, jedoch ohne Veranlassung, ängstlich zu sein –, setzen schließlich Kaffeewasser auf und laufen, nachdem wir ausgiebig hin und her überlegt haben, auf direktem Kurs in Richtung Catania. Zwar genau in die entgegengesetzte Richtung von Messina, aber die sicherste Möglichkeit, ohne detaillierte Küstenkarte Unterschlupf zu finden und vielleicht gleichzeitig etwas mehr von Sizilien kennenzulernen. Aber dann empfängt uns ein übler Hafen mit breiten Öllachen, verdreckten Piers und der offiziellen Warnung, alles zu verstauen, was nicht niet- und nagelfest ist. Falls wir nicht höllisch aufpassen, stehle man uns im Schlaf sogar die Festmacher. Schöne Aussichten! Besonders nach Griechenland, wo man das Schiff zu jeder Zeit völlig sorglos und sogar mit offenen Luks tagelang unbewacht liegenlassen kann.

Also verlassen wir SEVEN SEAS nie gemeinsam und nehmen die erste Gelegenheit wahr, um mit abflauendem Wind zurück nach Norden zu laufen.

Nach einer ruhigen Nacht im Schutz eines kleinen Fischerhafens ziehen wir am rauchspeienden Ätna vorbei, verbringen ein paar Tage an einer neuen Yachtmole vor Taormina und erreichen schließlich mit einer Woche Verspätung den betriebsamen Hafen von Messina. Auch Jean ist erst gestern eingelaufen. Genau wie wir fand er für einige Tage Schutz in verschiedenen Häfen unter der Küste. Gemeinsam mit zwei weiteren Yachten aus Frankreich liegen wir im Päckchen an der langen Hauptpier direkt vor der Sadt. Ein ausgesprochen unbehaglicher Liegeplatz. Ständig werden wir zu Verholmanövern gezwungen und vom hereinstehenden Schwell schwer gegen die hohe und von Längsbalken durchzogene Kaimauer geschlagen.

Unser nächstes Ziel sind die Liparischen Inseln. Seit Jahren reden wir von ihnen – jetzt wollen wir sie endlich kennenlernen. Vulkanischen Ursprungs, ist der kleine Archipel an vielen Küsten in dicke Schwaden von Schwefeldämpfen gehüllt. Erst kürzlich erfuhren wir von einem merkwürdigen Phänomen, mit dem man dort als Segler unbedingt zu rechnen habe. Ankert man dort vor bestimmten Küsten zu dicht unter Land und gerät in den giftigen Bereich zufällig nach See hin treibender Dämpfe, so sollen sich im Laufe einer einzigen Nacht wie von Geisterhand sämtliche Nirostabeschläge zu schwarzen und bröckligen Überresten zersetzen. Seemannsgarn?

Aber dann müssen wir die sagenhaften Vulkaninseln leider außer Sichtweite an Backbord lassen. Denn unmittelbar nach dem Verlassen der Straße von Messina weht es so heftig aus West, daß wir etwas betrübt abdrehen, um mit halbem Wind dem italienischen Festland zu folgen. Schließlich wäre es auch sinnlos, mit Gewalt gegen Wind und See zu kreuzen, nur um ein paar Inseln zu besuchen, auf denen uns beizende Dämpfe die Spannschrauben zerfressen. Da bleiben wir besser dem

Vorsatz treu, lieber gemütlich und sicher Umwege zu segeln, als auf direktem Kurs in Gefahr zu geraten.

Aber heute zeigt sich sogar der sichere Kurs als wenig behaglich. Die See läuft meterhoch, wir rollen zum Gotterbarmen und sind heilfroh, als wir bei tiefer Dunkelheit sicher im Fischerhafen von Vibo Valentia landen. Dort fallen wir in ohnmachtartigen Schlaf, bis wir beim ersten Hahnenschrei, von heftigem Poltern und Schaben geweckt, erschrocken an Deck stürzen. Ein einlaufendes Fischerboot hat mit seinem ausladenden Klüver die Fahne der Selbststeueranlage zu Bruch gefahren. Die einzelnen Streben liegen verbogen an Deck. Auf der Pier herrscht ein großes Spektakel, niemand scheint zuständig. Doch nach vielen „Mama mias" läßt man den Schaden schließlich mit allen Mitteln fachmännisch beheben und beschenkt uns im Anschluß sogar mit einem ganzen Korb frischer Fische.

Für die kommenden vier Wochen schippern wir gemächlich an der Küste entlang, genießen die Idylle zahlloser Häfen und Ankerplätze und erkennen zum erstenmal bewußt die Ausmaße der Umweltverschmutzung. Plastiktüten, Plastikflaschen und ein nicht enden wollender Strom weiterer Kunststoffabfälle bedecken in kilometerlangen Bahnen die gesamten Küstengewässer.

Nach einer Woche an der neuen Yachtpier von Capri erreichen wir Ischia. Leider ist der kurze Aufenthalt von zwei unerwarteten Zwischenfällen gekennzeichnet: Wieder einmal rasiert uns ein zu dicht manövrierendes Schiff den Anker weg und zwingt uns zu zahllosen Tauchversuchen. Als wir ihn wiederfinden, streikt der Motor. Die Einspritzpumpe ist blockiert und muß gereinigt werden.

Doch wozu wir in Neuguinea ein halbes Jahr gebraucht hätten, das dauert bei Bosch in Neapel nur eine dreiviertel Stunde. Staunend erlebe ich einen Service, der mich ehrfürchtig stimmt. Es geschehen noch Zeichen und Wunder.

Eines Morgens segeln wir hinüber zu den Pontinischen Inseln. Schwache Winde zwingen uns, die schleppende Fahrt häufig mit dem Motor zu unterstützen. Aber so dicht vor dem Ziel ist uns jedes Mittel recht, zügig voranzukommen. Ponza ist unser letzter Hafen vor Korsika. Die Mole ist randvoll mit einer chromblitzenden Flotte mittlerer Motoryachten.

Als wir nach zügiger Fahrt zwei Tage später die Nordküste Sardiniens sichten, weicht auch die Befürchtung, zu guter Letzt vielleicht doch noch eins auf die Mütze zu bekommen. Statt dessen strahlender Himmel, leichte Landbrise und eine See so glatt wie ein Teich. Der Gedanke, schon nach wenigen Meilen endgültig am Ziel zu sein, erscheint uns plötzlich unerträglich. Ankommen ist gar nichts.

Als wir Anfang Juni 1977 inmitten der Straße von Bonifacio unseren inzwischen fünf Jahre alten Kurs kreuzen, entkorken wir eine Flasche italienischen Rotwein und segeln in seltsamer Stimmung in die tiefe Bucht von Bonifacio ein. Sicher vertäut im Pulk der Yachten, erfüllt uns die sang- und klanglose Ankunft schließlich doch mit einer Flut unaussprechlicher Gedanken. 33000 Seemeilen, mehr als 200 Häfen und Ankerplätze und fünf reiche, unvergeßliche Jahre liegen unwiederbringlich hinter uns.

Europa

Asien

Port Sudan

Kilifi

Seychellen

Afrika

Indischer Ozean

Neuguinea

Timor

Salomo

Australien

30°   60°   90°   120°   150°